KB249735

중국의 대북정책에 관한 최초의 본격 연구서

중국의 대북정책

초판 발행 2013년 3월 30일

지은이 문대근 **펴낸곳** (주)늘품플러스 **펴낸이** 전미정 **기획·교정** 방소은 이동익 **디자인·편집** 남지현 조선희
출판등록 2008년 1월 18일 제2-4350호 **주소** 서울 중구 필동 1가 39-1 국제빌딩 607호
전화 070-7090-1177 **팩스** 02-2275-5327 **이메일** go5326@naver.com **홈페이지** www.npplus.co.kr

ISBN 978-89-93324-48-8 03340 정가 14,500원
© 문대근, 2013

 늘품은 항상 발전한다는 순수한 우리말입니다.

중국의 대북 정책

문대근 지음

정책 결정 요인 연구

늘품플러스

지금으로부터 28년 전이다. 내가 통일부 장관이었던 때 전국에 방을 붙여 5급 직원을 채용한 적이 있었다. 일종의 조선시대 과거(科擧)와 같은 방식이었다. 지방에서 올라온 저자는 그 시험에서 1등으로 합격해 통일부 직원이 되었다.

내가 정치를 그만두고 2001년 중국 북경에서 공부할 때는 저자와 같은 아파트(동)에 살았다. 2009년 '한반도 통일과 중국'이라는 책을 받아 본 나는 저자를 협회 자문위원으로 위촉했다. 한중관계의 과거와 현재, 미래를 정리한 그 책은 내게 깊은 인상을 주었다.

학창시절부터 나의 주요한 관심은 한반도 통일과 중국이었다. 내가 오랫동안 중국과 인연을 맺고, 한중친선을 위해 일하고 있는 이유는 북한과 가까운 중국과의 협력이 남북통일을 이루는 데 관건이라고 보았기 때문이다. 북한의 생명줄인 중국의 대북정책 여하에 따라 한민족의 운명이 달라질 수 있다.

이 책은 우선 '지피지기(知彼知己)'라는 측면에서 의미가 있을 것이다. 우리가 통일을 원만하게 이루기 위해서는 남북관계 발전과 함께 주변국들, 특히 중국과의 소통·협력, 전략적인 신뢰가 필수적이다. 급선무는 중국의 대북정책과 중북관계를 보다 정확히 이해하는 일일 것이다. 이 책은 이 문제를 큰 틀에서 조망할 수 있는 안목을 제공하고 있다.

또한, 이 책은 중국의 대북정책에 관한 본격 연구서라는 의미가 있다. 그동안 이 주제의 중요성에도 불구하고 관련 저작물이 나오지 않았던 것은 문제의 복잡성 때문일 것이다. 중국의 대북정책에는 강대국 관계에서 비롯되는 중국의 동북아 전략과 대한반도 정책, 중북관계의 역사와 지정학 등이 얽혀 있다. 꾸준히 찾고 조합하지 않으면 안 될 것인 바, 저자는 관련 업무와 공부를 게을리하지 않은 전문가이다.

사실, 저자는 내가 지금까지 함께한 많은 사람들 중에서 보기 드문 보배였다. 놀랄 때가 많았다. 주어진 일을 신속하고 정확하게 해내는 능력은 탁월한 것이었다. 한 분야에서 내공을 쌓으려면 피나는 노력과 각고의 과정이 필수적일 것이다. 함께한 나로서는 다행이고 고마운 일이 아닐 수 없다.

북한의 3차 핵실험 후 국내외 주요 관심사는 단연 중국의 대북정책 변화 여부이다. 과연 중국은 북한을 포기하고 한반도 통일을 선택할 것인가? 이 책은 많은 자료와 중국인들의 이야기를 통해 이에 대한 답을 주고 있다. 탈냉전 이후 20여 년 동안의 복잡한 내외 현상들을 분석·정리하며 중북관계의 본질과 실체를 설파하고 있다.

나는 저자의 주장과 견해에 특별한 이론이 없다. 저자와 나는 중국문제에 관한 많은 토론 과정에서 견해의 차이가 거의 없었다. 기꺼이 일독을 권하는 이유들이다. 이 책은 독자들의 중국 이해는 물론 한반도 통일에 대한 전망과 정책에도 좋은 참고가 될 것이다. 저자의 학위 취득과 책자의 발간을 축하하며, 앞날에 무궁한 발전이 있기를 바라마지 않는다.

2013년 3월 26일

前국토통일원장관·現한중친선협회 회장 李 世 基

책으로 내면서

지난 2월 28일 중국공산당 당교 직원 덩위원(鄧聿文)은 영국 파이낸셜 타임지(FT) 기고("중국은 제멋대로인 북한을 버려야 한다; China should abandon North Korea")를 통해 "중국은 평양을 포기, 한반도 통일을 추구해야 한다"고 주장했다. 같은 날 현 중국외교부 정책기획국 참사관 숭룽화(宋榮華)는 광동성 당 기관지인 광주일보(廣州日報) 칼럼("평화 확보: 한반도에서 중국의 최대 이익")에서 "한반도 평화는 중국의 최우선 목표이자 최대 이익으로, 어떤 상황이 발생하더라도 모든 방법을 동원해 평화를 지켜야 한다"고 강조했다.

3월 13일 미국 오바마 대통령은 ABC 방송에 출연, "북한의 잘못된 행동을 참아 온 중국의 대북 태도에 두드러진 변화가 나타나고 있다, 중국이 계산을 다시 하고 이제 북한 붕괴에 손을 쓸 수 없게 됐다고 말할 것"이라고 말했다. 3월 16일 중국 시진핑 주석은 취임 후 북한 김정은의 축전에 대한 답전에서 "전통적인 중조 친선협조관계의 끊임없는 발전"을 강조했다. 또 3월 22일 중러 정상회담 후에는 "현재 중러관계는 역사상 가장 좋은 시기를 맞고 있다"고 말하면서, 미국의 '아시아 회귀'에 대한 공동대응을 분명히 했다. 같은 날 중국의 대북제재 이행에 대한 국제사회의 부푼 기대에 대해 중국외교부는 중국의 한반도 관련 입장(평화·안정, 냉정·절제, 대화해결)은 매우 명확하며, 변화가 없을 것임을 재강조했다.

이처럼 북한의 3차 핵실험 이후 중국 조야에 확산된 북한에 대한 실망감은 중국 내외에서 '대북정책 실패론', '북한 용도폐기론', '북한 포기론' 등을 낳고 있다. 그럼에도 중국 당국 및 주류 언론(인민일보, 신화사, CCTV)은 대북정책 조정 가능성을 부인하거나 무관심한 태도로 일관하고 있다. 한국 내에서는 중국의 대북제재 동참을 기존 대북정책 전면 재검토의 신호탄으로 받아들이는 분위기 속에서 반신반의(半信半疑), 일희일비(一喜一悲)가 교차하고 있다.

이러한 현상을 어떻게 보는 것이 옳은 것인가? 중국은 한국인들의 희망대로 북한을 포기하고 한반도 통일을 선택할 것인가? 특히 중국의 시진핑은 구소련의 고르바초프가 될 수 있을 것인가?

이 책은 2013년 2월 북한대학원대학교 졸업 논문("탈냉전기 중국의 대북정책 결정요인 연구")을 책자화한 것이다. 2009년에 저술한 졸저(『한반도 통일과 중국』)의 내용 중 관련 부분을 구체화한 '후속편'이자 '각론'이기도 하다.

필자는 1985년부터 북한과 남북한관계, 통일을 공부하면서 통일부에서 근무해 왔다. 북한만 바라보던 필자에게 1990년 독일통일은 남북통일에 대한 새로운 지평을 열어 주었다. 통일이 주변국의 이해관계와 연계된 민족문제라는 사실을 실감한 것이다.

독일통일은 동독의 시민혁명과 정권 붕괴에도 불구하고, 결국 소련이 동독을 포기하고 서독에게 내준 것이나 다름없었다. 1987년 6월 서독을 방문한 레이건 대통령은 브란덴부르크 문 앞에서 "고르바초프, 이 문을 여시오"라고 외쳤다. 그해 9월 서독을 방문한 동독 수상 호네커는 "동서독은 마치 물과 불처럼 통일되지 않을 것"이라고 천명했다. 1989년 가을 동독을 방문한 고르바초프는 "늦게 오는 자는 천벌을 받게 될 것"이라고 호네커의 반개혁적 자세를 경고했다. 독일통일은 고르바초프의 등장으로 가능해졌던 것이다. 동서독과 남북한의 환경여건 차이에도 불구하고 남북통일 또한 북한 변화와 함께 중국의 대북정책이 관건이 될 것으로 보였다.

독일통일 후 필자의 관심과 직무는 '북한'과 '통일'에서 나아가 '중국'이 더해져 갔다. 1995년 중국 심양(요녕사회과학원) 연수는 중국 공부의 시작이었다. 1999년부터 3년간 북경 한국대사관 근무 시에는 많은 것을 보고 듣고 배울 수 있었다. 광활한 대륙을 두루 여행하며 각기 다른 중국지역의 공기를 마시고자 했다. 중국 공산당과 정부 관계자들은 물론 학계·연구소의 한반도 전문가들과 교류하면서 남북한 문제에 대한 중국인들의 인식과 정책마인드를 엿볼 수 있었다. 2008년부터 1년간 상해사회과학원 연수에서는 '한반도 통일과 중국'이라는 주제를 총정리할 수 있었다.

그 과정에서 필자는 '북한은 중국에게 어떤 존재인가? 왜 중국은 보답 받지도 못하면서 문제아인 북한을 끌어안고 가는가? 대체

중국의 대북정책과 중북관계의 실체·본질은 무엇인가? 중국은 언제, 어떤 상황·조건에서 북한을 포기하고 한반도 통일을 수용할 것인가?'라는 의문을 풀 수 없었다. 상황에 따라 가끔 흔들리는 나뭇잎과 가지(중국의 대북정책과 중북관계)를 보면서 그 뿌리(정책결정 요인)가 무엇인지 캐보고 싶었다. 논문을 작성하는 과정에서 바로 '이거다.' 손에 잡히는 게 있었다.

한마디로, 중국의 대북정책과 중북관계의 결정 요인은 중북 양자 간의 관계보다 강대국 관계와 관련된 지정학적·전략적 이해라는 것이었다. 중국이 세계 최빈국인 북한을 안고 갈 수밖에 없는 이유는 북한이 자국 안보문호, 완충지역이기 때문이다. 중국에게 중요한 것은 '북한'이라는 나라, 정권·체제가 아니라 북한지역이라는 '땅'의 보존이다. 지금과 같이 미중관계가 협력·갈등보다 협력·경쟁·대립으로 치달을 경우 중국의 북한 보호 태도는 쉽게 변할 수 없게 되어 있는 것이다.

이를 전제한다면, 사실 한반도 통일은 매우 간단한 문제일 수 있다. 통일한국이 중국의 전략적 이해를 침해하지 않는다면, 즉 중국이 자국의 안보이익을 걱정하지 않도록 보장할 수 있다면 굳이 통일을 반대할 이유가 없기 때문이다. 동북아 긴장과 불안의 원천인 북한이 사라진 통일된 한반도는 중국에게 평화와 안정 속에서 번영을 가져다줄 이상적인 상태가 아닐 수 없다. 결국, 한반도 통일의 관건은 중국의 태도 변화 조건과 직접 관련된 한미동맹과 주한 미군 문제로 귀결된다. 미중관계라는 구조가 중북관계와 남북관계를 규정한다는 것이다.

실제로 중국의 대북정책과 중북관계는 한국의 대북정책과 남북관계, 특히 미국의 대중국·대한반도 정책과 직결되어 있다. 중국의 대북정책은 다분히 한미의 대북정책에 대한 대응이자 그 결과라는 성격을 갖고 있다. 미국의 대북정책 또한 동북아 질서 속에서 대중국 전략을 고려해 결정되고 있다. 한반도가 지구상의 유일한 분단 상태인 것은 한민족의 분파성보다 한반도를 둘러싼 미국과 중국의 상이한 전략적 이해관계 때문이다.

이러한 필자의 주장은 국내의 기존 연구 및 정책론과 다소 다른 것으로 논쟁의 여지가 있다. 어쩌면 자기 완결적 확신이나 추측에 의한 우김인지도 모른다. 논리의 한계와 오류도 없지 않다. 그러나 새로운 관점이나 이론·주장은 발전을 위해서 바람직한 것이고, 학문은 논쟁 또는 반증을 거치면서 진리에 보다 가까이 다가설 수 있을 것이다.

필자는 1997년 "중국의 대한반도 정책 검토"라는 논문[1]을 발표한 이후 이 문제에 관심을 가지고 공부해 왔다. 많은 중국인들과

---

[1] 통일원, "중국의 대한반도 정책 검토," 『직원연구과제 발표논문집』(1997.12), pp. 367–428.

토론하고 고민하면서, 또 지속적인 관련 정책의 시행착오·실패를 목
도하면서 다분히 희망적인 사고가 문제일 수 있다고 생각했다. 감히
'그게 아니다'는 주장을 당당하고 폼 나게 우겨보자고 마음먹었다.

임진왜란(抗倭援朝)과 한국전쟁(抗美援朝) 참전, 2009년 이후
대북정책 강화에서 보듯 중국의 북한(지역)에 대한 역사적 인식과
지정학적 이해는 깊고 끈질긴 것이다. 중국은 북한을 사활이 걸린
'핵심전략이익' 지역으로 간주하고 있다. 부상한 중국과의 소통과
협력, 신뢰프로세스 없이 한국이 북한·통일문제를 해결할 수 없다.
북한의 대남 도발, 북핵 등 한반도 문제를 해결하는 과정에서 중국
의 입장은 늘 열쇠 역할을 해왔다. 한미 등 국제사회는 한반도 상
황의 핵심변수인 중국의 정책변화 여부를 주목하고 있다.

문제는 미중관계의 구조가 긍정적으로 변하고, 특히 한국이 균
형과 주도의 길을 걷지 않으면 중국이 한국에 통일의 열쇠를 내주
지 않을 것이라는 점이다. 경쟁국에 편승하는 한국에 중국이 '전략
적 협력 동반자'의 길로 나올 수 있다는 생각은 순진한 것이다. 중
국의 대북정책에는 북한지역에 대한 역사적 인식과 경험의 연장선상
에서 미중관계와 중북특수관계, 국내 정치경제 상황, 한중관계와
남북관계 등 다양한 요인들이 중층적으로 작용하고 있다.

이에 대한 올바른 이해와 함께 급변하고 있는 미중관계 속에서
중국의 표명된 정책(stated policy)과 실질 목표(real purpose), 공공

외교(public diplomacy) 등이 무엇을 의미하는 것인지 읽어내야 한다. 중국의 대북정책 결정 요인들을 자세히 보면 한국의 성공적인 대북·통일외교 정책을 그릴 수 있다. 동북아 세력구조 속에서 통일은 갑자기 올 수 있는 것이 아니라는 사실도 알 수 있을 것이다. 그렇게 한다면 민족의 숙원인 한반도 통일의 방략과 전망이 보일 수 있다. 대략적인 통일의 시기도 예측이 가능할 것이다. 좀 특이하다 싶은 이 책의 논리와 주장이 독자 여러분들의 중국 이해에 조금이나마 도움이 되기를 바란다. 한반도 평화통일에 기여할 수 있다면 더없는 영광이겠다.

이 지면을 통해 그동안 필자의 중국 연구에 도움을 주신 여러분들께 감사의 인사를 전해 드리고 싶다. 부족한 저에게 중국 공부의 길을 터주고 격려해 주신 조건식 차관님과 정세현·박재규 장관(총장)님, 중국 현지에서 따뜻하게 보살펴 주신 권병현·김하중·이규형 대사님께 인사드린다.

무엇보다 제게 통일부 근무 기회를 주시고, 생생한 경험담 등으로 중국 이해를 한 단계 높여 주신 이세기 장관(한중친선협회 회장)님, 처음부터 세심한 배려와 채찍으로 논문 작성을 적극 지도해 주신 최완규 총장님께 머리 숙여 감사드린다. 논문 심사위원장이셨던 류길재 교수(장관)님과 양무진, 김흥규, 전성흥 교수(위원)님의

애정 어린 지도편달은 논문다운 논문을 작성하는 데 결정적인 도움이 되었다. 심심한 감사의 인사를 드린다.

상해사회과학원 방문학자 초청과 중국자료 구입 지원 등 적극 도와준 15년 중국친구 리우밍(劉鳴) 주임, 한국 유학 중인 복단대학의 리신(李薪)에게도 고맙다는 인사를 전한다.

사실, 이 책은 훌륭한 선행 연구자들, 특히 아무 조건 없이 휴일조차 반납하며 중국 외교안보 연구에 열성적인 '외안독회(중국외교안보독서회)' 회원 여러분들에게 힘입은 바 크다. 그분들의 중국 연구에 대한 열정과 노고에 감사와 경의를 표한다. 어려운 사정에도 불구하고 두 번이나 흔쾌히 출판을 허락해 주신 전미정 늘품플러스 사장님과 관계직원 여러분들, 정말 고맙다.

많은 고마운 분들, 국가로부터 받은 성원과 혜택에 보은하기 위해 더욱 정진할 것을 다짐하면서, 이 책을 세상에 내놓는다. 謝謝!

2013년 3월 28일
저자 문대근

목 차

서 론

중국의 대북정책

대북정책과 중북관계 전개 양상

대북정책 결정의 특징

결론

서 론

I

제1절 연구의 목적

산을 제대로 보려면 숲을 봐야 하는가, 아니면 나무를 봐야 하는가?

한반도 문제는 국제문제인가, 아니면 남북한 당사자 간의 국내 문제인가? 중북관계는 어떤가? 미중관계가 규정하는 동북아 질서 구조의 문제인가, 아니면 주 행위자인 중국의 인식 또는 중북 간 상호작용의 문제인가? 이 글은 이와 같은 문제인식에서 출발하고 있다.

국제관계이론을 포함, 사회과학에서 '구조'와 '행위자'의 문제는 오랫동안 학문적 쟁점이었다. 구조주의적 관점에서는 객관적 조건 (국제체제·힘)이 부여하는 국가행동의 제한을 중시한다. 행위자 중심의 논리는 행위자(국가)의 의도와 선호가 대외정책을 결정하는 주 요인이라고 본다.[1] 구성주의적 입장은 구조와 행위자 간의 상호작용과 관계를 중시한다.

중국의 대북정책과 중북관계에 관한 국내 연구들 또한 대체로

---

[1] 서진영, 『21세기 중국외교정책』(서울: 폴리테리아, 2006), p. 53.

구조적 요인을 중시하는 입장과 행위자 요인을 강조하는 입장으로 구분할 수 있다. 중국의 대북정책을 동북아 질서라는 구조적 관점에서 보면 변화보다 지속성이 강조된다. 중국과 북한이라는 행위자 중심으로 중북관계를 보면 많은 곡절과 변화가 돋보일 수밖에 없다. 국내의 대다수 연구들은 전자보다 후자의 관점에서 중국의 대북정책과 중북관계를 바라보는 경향이 있다. 대북정책의 지속성보다 변화·조정, 중북관계의 특수성보다 일반성을 강조하는 것이다.

이 글은 중북관계의 역사와 현상을 두고 볼 때, 중북관계는 미중관계라는 동북아 질서 속에서 구조의 영향을 크게 받으며 변화해 왔다고 본다. 중북관계는 남북관계와 마찬가지로 당사자 간의 문제이면서도, 주변 강대국관계와 연계된 국제문제의 성격이 강하다고 보는 것이다.

이를 전제한다면 북한 및 한반도 문제 해결 과정에서 미국과 함께 중국변수의 중요성은 아무리 강조해도 지나치지 않을 것이다. 미국과 중국은 1950년대 초 한국전쟁에서 싸운 이후 줄곧 한반도 문제를 공동 관리해 왔다고 해도 과언이 아니다. 지금도 미국과 중국은 한국과 북한의 동맹으로서 양국의 대한반도 또는 대북정책은 상대방에 대한 전략적 대응 차원에서 결정되고 있다.

사실, 중국에게 북한은 그 자체로는 거의 가치가 없는 존재이다. 세계에서 가장 가난하고 위험하며, 밑 빠진 독인 북한을 안고 갈 이유가 없다. 그런데도 중국은 지난 60여 년 동안 북한을 지원·지지하면서 보호하고 있다. 왜? 중국의 한국전쟁 참전에서 보듯 북한(지역)은 강대국인 미국과의 관계에서 '핵심전략이익'이 걸려있기 때문이다. 북한지역은 중국의 평화로운 발전에 대단히 중요한 전략 요충인 것이다.

한반도 문제에서 중국변수의 중요성은 북한(지역)에 대한 중국의 오랜 역사적 인식과 경험, 즉 지정학적·전략적 이해에서 비롯되고 있다. 자고이래로 중국은 한반도의 북부지역을 순망치한(脣亡齒寒)의 전략적 자산으로 인식하고 영향력의 끈을 놓지 않으려 했다. 전통시대에는 기미부절(羈縻不絕) 또는 조공관계(租貢關係)를 유지하면서 평화적인 관계를 유지하려고 했다.[2] 임진왜란·한국전쟁과 같이 북한지역(朝鮮/조선)이 위기에 처할 때 중국은 만난의 위험을 무릅쓰고 군사적으로 개입했다.

전통시대 중국의 이 같은 인식과 행태는 냉전기는 물론 탈냉전기 북한·북핵문제 해결 과정에서도 그대로 나타났다. 북한의 후견 보호국으로서 중국은 그동안 북한의 생명줄 역할을 해왔다. 국제사회의 거센 비난과 압박, 자국의 이미지 손상을 무릅쓰고 북한을 적극 보호하고 있다.

한국과 미국의 북한변화(또는 변동) 유도, 북핵·탈북자 문제 해결 등을 위한 대북정책은 중국의 소극적 입장으로 소기의 성과를 볼 수 없었다. 중국은 북한에 대한 압박·제재를 곧 자국에 대한 압박·견제로 간주하는 태도를 보였다. 2009년 이후 한미동맹이 강화되면서 북한이 보다 심각한 위기에 처하자 중국은 북한을 정치·경제적으로 적극 끌어안고 있다.

---

[2] 기미(羈縻)는 소나 말의 굴레(羈)와 고삐(縻)를 의미한다. 기미부절 제도는 중국이 인접국과의 안정적인 관계를 유지하는 가운데 기미를 느슨하게 매어놓고 인접국을 견제·통제하는 주변외교 정책이었다. 조공관계는 그 연장선상에서 인접국과 평화적이고 안정적인 관계를 유지하기 위한 것이었다. 자세한 내용은 杨军·王秋彬, 『中国与朝鲜半岛关系史论』(北京: 社会科学文献出版社, 2006), p. 154; 王小甫 主编, 『盛唐时代东北亚政局』(上海辞事出版社, 2003), pp. 3-22; 문대근 지음, 『한반도 통일과 중국』(서울: 늘품 플러스, 2009), pp. 64-84 참조.

그 결과, 북한이 압록강·두만강을 건너면서 북한의 의미 있는 변화와 남북통일은 멀어져 가고 있다. 북한의 핵능력은 더욱 강화되었다. 탈북자의 국내 입국은 지난 1년 사이 절반으로 줄었다. 중북관계의 본질을 간과한 채, 압박을 통한 변화·변동을 기대한 연구와 정책론이 역효과를 낸 것이다.

그동안 중국은 미국 요인을 가장 중요하게 고려해 한반도에서 전략적 균형과 영향력을 확대하는 정책을 추진해 왔다. 그 연장선상에서 북한(지역)에 대한 중국의 전략적 이해는 정책 변화의 하한선(下限線)이자 상수로 작용해 왔다.

한국의 대북·통일정책은 미중 간의 경쟁구조에서 중국변수를 고려하지 않으면 안 되게 되어 있다.[3] 중국의 대북정책과 중북관계는 한국의 대북정책과 남북관계, 특히 남북통일과 직결되어 있다. 남북통일 과정에서 G2로 부상한 중국의 역할은 더 중요할 수밖에 없게 되었다. 우리가 중국의 대북정책과 중북관계를 잘 이해할 필요가 여기에 있다.

이 책은 이와 같은 문제인식에서 출발, 우선 탈냉전기 중국의 대북정책과 중북관계를 총 정리하는 가운데, ①중국의 대북정책 결정과 중북관계에 가장 큰 영향을 미치는 핵심요인은 무엇인가? ②중국은 어떤 상황과 조건에서 대북정책을 어떻게 조정해 왔는가? 에 대한 답을 찾는 것이다. 부가적인 목적은 그동안 중국의 대북정책과 중북관계가 어떤 패턴과 특징을 보여 왔는가를 규명하는 것이다.

---

[3] 2010년 천안함 사건 처리 과정에서 한미의 대중 압박 움직임에 대해 중국『環球時報』는 6월 8일, 사설을 통해 "한반도 문제에 있어 중국의 이해와 협력 없이 한국은 그 어느 행동 하나 발을 내딛기 어려울 것"이라고 비난했다.

이 책에서 필자는 탈냉전기의 중북관계가 일부 국익을 중심으로 한 일반 정상국가 관계의 모습을 보여주었음에도 불구하고 근본적인 변화는 없었다고 주장한다. 중국이 때로 얼굴색을 바꾸었을지라도 북한에 등을 돌린 것은 아니었다. 대북정책(나무) 및 중북관계의 본질(뿌리)은 변하지 않았고, 일부 입장(나뭇잎)과 태도(나뭇가지)가 흔들렸을 뿐이다. 동북아의 전략상황(구조)이 변하지 않았는데 북한에 대한 중국의 전략적 이해가 변할 리 없다는 것이다.

중국의 대북정책 결정 요인에 대한 이 같은 시각과 연구는 중국의 대북정책과 중북관계에 대한 통찰력을 제공할 수 있을 것이다. 특히 2009년 10월 중국의 원자바오(溫家寶) 총리 방북 이후 강화되고 있는 대북정책의 실체와 중북관계의 본질을 이해하는 데 도움이 될 것이다. 나아가 향후 한반도 평화·통일에 대한 중국의 정책을 예측할 수 있게 해줌으로써, 한국의 효과적인 대북·통일정책 설정에도 유용한 정책적 함의를 제공해 줄 것이다.

제2절 기존 연구의 문제점

1. 국내 연구

중국의 대북정책에 관한 국내의 본격적인 연구는 1992년 한중수교와 함께 시작되었다. 한중관계가 발전하고, 중국에 유학한 학생들이 귀국해 자리를 잡기 시작한 2000년 이후 연구가 활성화되었다. 중국 현지 유학경험이 있는 전문가와 미국과 유럽 등에서 사회과학적 훈련을 받은 연구자도 많아졌다. 현지 연구 및 관련 정보자료의 수집도 보다 용이해졌다.

그럼에도 중국의 대북정책에 관한 연구는 아직 역사가 짧고, 연구 인력 또한 상대적으로 많지 않은 편이다. 언어상의 제약과 중국 내 정보자료의 비밀성 등으로 인한 한계도 여전하다.

초기에는 통시적인 연구와 함께 국제관계이론, 동맹이론, 지정학 등을 원용한 연구가 주류를 이루었다. 연구가 축적되면서 다양한 방법론을 동원한 의미 있는 연구결과들이 생산되었다. 1992년 한중수교와 2002년 후진타오 시대의 출범, 특히 2006년 북한의 1차 핵실험 이후 중국이 대북정책을 재검토하는 모습을 보이고, 중북관계가 흔들리면서 〈표I-1〉에서 보는 바, 다양한 해석과 정책론이 제기되었다.

〈표I-1〉 관련 연구 주요 내용·주장

(발표시기·성명 순)

연구자	연구 대상시기	대북정책 결정 주요인	중북관계의 성격
이종석[4]	1945-2000	실리	전략적 협력관계(실용 → 동맹요소)
최춘흠[5]	1999-2001	안보의 완충지대 존속	전통적인 정치적 우호협력관계
신상진[6]	후진타오집권 초	양국의 전략적 필요성 (국내적 고려, 국제정세 변화)	전술적 협력관계 (상황에 따라 결속력 강화·이완)
안인해[7]	1990-2006	전략적 이해	일반 정상국가 관계
박종철[8]	1953-1994	실리	혈맹 → 실용적 우호친선관계
박창희[9]	탈냉전, 21세기	국익 −지정학적 이익 (대외안보와 체제안정)	특수한 동맹관계 유지 (일반 정상국가 간의 관계 부정)
김흥규[10]	탈냉전기	상호 전략적 이해	정상적인 국가관계로 전환 중 (상호 결박된 불안정한 유대관계)
이상숙[11]	1970년대 이후	북한에 대한 복종 기대	복종(기대)/자주(추구) 비대칭관계

---

[4] 이종석, 『북한–중국관계, 1945-2000』(서울: 중심, 2000);___, 『2차 핵실험 이후 북한·중국관계의 변화와 함의』(세종정책연구, 2012-21).

[5] 최춘흠, 『중국의 동아시아 전략과 대북한 정책』(통일연구원 연구총서 2001-20), pp. 1-71.

[6] 신상진, "후진타오 집권 초기 중국의 대북정책 결정 요인 분석,"『북한연구학회보』, 제10권 1호 (2006), pp. 207-228.

[7] 안인해, "북핵실험이후: 중국의 대북정책 현황과 전망,"(한국국제정치학회 하계학술회의, 2006), pp. 210-232.

[8] 朴種喆, 『演變中的中朝關係研究: 走出血盟, 1953年-1994年』(中國社會科學院研究生 博士學位論文, 2007).

[9] 박창희, "지정학적 이익 변화와 북·중 동맹관계: 기원, 발전, 그리고 전망,"『중소연구』, 제31집 1호 (2007). pp. 25-57.

[10] 김흥규, "김정은 정권의 출범과 중국의 대북정책,"『통일방송연구』(KBS 남북협력기획단, 2012); "후진타오 신외교노선과 북중관계,"『주요국제문제분석』(외교안보연구원, 2008); "변화하는 북중관계와 한국의 국가전략,"『제114회 흥사단 금요통일포럼 자료집』(2011) 등.

연구자	연구 대상시기	대북정책 결정 주요인	중북관계의 성격
문흥호[12]	후진타오 집권기	제반 요인과 결부	특수성 축소, 보편성 확대(이중성)
전병곤[13]	2008-2009	전략적 이해	이해 일치로 중북관계 강화 추세
최명해[14]	냉전기	편승 저지, 결박	불안한 동거, 동맹의 딜레마 관계
박병광[15]	후진타오 시기	북핵문제	현실 이해득실에 기초한 협력관계
한광희[16]	2006-2010	다양한 전략적 고려	역사와 안보에서 특수한 관계
이기현[17]	냉전기-탈냉전기	동아시아 질서 구조	중북 동맹관계 유지·강화 추세
이남주[18]	1992년 이후	전략적 이해	전략적 이익이 상호작용, 동적관계
이동률[19]	2010년 이후	북한의 전략적 자산 가치	비대칭적 상호의존관계
이정남[20]	냉전기	강대국관계에서 전략적 이해(자국 지지 필요성)	갈등·우호관계 교차, 불고정적
이희옥[21]	김정은 정권	미국의 대북정책	중국이 지정학적 트랩에 갇힌 관계
정재호[22]	탈냉전기	북한의 전략적 가치	중북 유대감이 명시적으로 변화

---

[11] 이상숙, "데탕트 시기 북중관계의 비대칭 갈등과 그 영향,"『한국정치학회보』, 제42집 제3호 (2008), pp. 439-456.

[12] 문흥호, "후진타오 집권기 중국의 대북한 인식과 정책,"『중소연구』, 제33권 2호 (2009), pp. 15-48.

[13] 전병곤, "중국의 세계금융위기 인식과 대북정책: 지속과 변화,"『중국학연구』, 제50집 (2009). pp. 737-762.

[14] 최명해, 『중국·북한 동맹관계: 불편한 동거의 역사』(서울: 오름, 2009);__, "북한의 2차 핵실험과 북중관계,"『국방정책연구』, 제25권 제3호 (2009년 가을), pp. 115-147.

[15] 박병광, "후진타오시기 중국의 대북정책 기조와 북핵 인식: 1·2차 핵실험 이전과 이후의 변화를 중심으로,"『통일정책연구』, 제19권 1호 (2010), pp. 55-78.

[16] 한광희, "중국의 대한반도 정책 결정 요인: 북한 핵실험과 천안함 사건에 대한 대응 비교,"『EAI, Security Brifings Series』, No.3 (2010), pp. 2-15.

[17] 이기현, "중국의 대북정책과 북중동맹의 동학,"『JPI정책포럼 발표자료집』, Vol. 71 (2011), pp. 1-17.

[18] 이남주, "북중관계 발전을 어떻게 볼 것인가?,"『KNSI 현안진단』, 24호 (2006), pp. 3-4.__, "중국 대북정책의 변화와 북한의 개혁개방,"『통일한반도와 동아시아공동체』(KIFS 제9차 미래전략포럼 발표문, 2011), pp. 1-12.

위와 같이 중국의 대북정책 결정 요인들을 직·간접적으로 다룬 국내 주요 연구들은 대체로 다음과 같은 특징을 보이고 있다.

첫째, 비교적 단기간을 대상으로 한 단편적인 연구물이 많다는 점이다. 이슈와 현안을 중심으로 연구한 것이다. 본격적인 연구는 냉전기에 한정되어 있다. 탈냉전기의 연구는 비교적 짧은 기간을 대상으로 하고 있다.

둘째, 대부분의 연구(18개 중 14-15개)는 중국의 대북정책 및 중북관계의 실재(實在)를 서구의 합목적성 또는 보편성에 비추어 보고 있다. 보편적 시각으로 바라봄으로써 중북관계의 특수성보다 일반성, 대북정책의 지속성보다 변화를 강조하고 있다. 중북관계는 상대적으로 불신과 갈등의 관계였다는 결론을 내리고 있다.[23]

셋째, 특이한 점은 변화를 강조하면서도 많은 연구들이 중국의 대북정책 결정 요인으로 실리(국익)와 함께 북한에 대한 전략적 이해와 대미관계를 들고 있는 것이다. 북한에 대한 중국의 전략적 이해가 변하지 않았고, 중국의 대북정책 기조가 북한체제의 안정에 있다는 데 공감하고 있다. 지정학적 요인의 중요성과 중북관계의 특수성을 강조하고 있는 연구도 있다.

---

[19] 이동률, "중국의 대북전략과 북중관계, 2010년 이후 김정일의 중국방문 결과를 중심으로," 『세계지역연구논총』, 29집 3호 (2011), pp. 297-320.

[20] 이정남, "냉전기 중국의 대북정책과 중북 동맹관계의 동학," 『평화연구』, 2011년 봄호 (평화민주주의연구소, 2011). pp. 125-154.

[21] 이희옥, "김정은 정권의 출범과 중국의 대북정책" 『통일방송연구』(KBS 남북협력기획단, 2012).

[22] 정재호 지음, 『중국의 부상과 한반도의 미래』(서울: 서울대학교출판문화원, 2011), pp. 337-342.

[23] 김흥규, "변화하는 북중관계와 한국의 국가전략," 『제114회 흥사단 금요통일포럼 자료집』(2011), p. 3.

2007년 이후, 부상하는 중국에 대한 북한의 인식과 전략을 다
룬 연구들은 북한이 중국에 대해 어떤 인식을 가지고 있는가를 살
펴보는데 도움을 주고 있다.[24] 한편, 국제정치경제에서 중국변수의
중요성이 크게 증대되면서 관련 박사학위논문도 다수 생산되었다.[25]

위 연구 중 탈냉전기를 포함 '중국의 대북정책 결정 요인'을 주
제로 한 연구는 단 1개뿐이다. 신상진의 연구가 그것인데, 그는 연구
의 대상시기를 후진타오 집권 초 2-3년 동안에 한정하고 있다.[26] 대
부분의 관련 연구는 아직 총론에 머물고 있다. 구체적인 각론이 필
요하다.

2. 국외 연구

중국 내에서 자국의 대북정책에 관한 본격적인 연구를 찾아보기는
쉽지 않다. 대북한 인식 및 정책과 일치하는 중국 관방의 공식적인
발표나 명문화된 자료를 찾기도 어렵다. 북한문제는 예민한 보안

---

[24] 김예경, "중국의 부상과 북한의 대응전략,"『國際政治論叢』, 제47집 2호 (2007); 허
문영·마민호, 『중국의 부상에 대한 북한의 인식과 대응』(서울: 통일연구원, 2011); 장
용석, "북한의 자주-의존의 딜레마와 헤징전략"(평화연구원 제54차 전문가포럼 발
표문, 2012).

[25] 조준래, 『중국의 대북한관계 특수성 연구』(한국외국어대학교 박사학위논문, 2001);
이단, 『중북관계의 변화와 지속성에 관한 연구』(전남대학교 박사학위논문, 2003);
고수석, 『북한·중국 동맹의 변화와 위기의 동학』(고려대학교 박사학위논문, 2007);
이규란, 『탈냉전기 중국의 대한반도 정책에 관한 연구』(경남대학교 북한대학원 박사
학위논문, 2007.7); 이상숙, 『북한·중국의 비대칭관계에 대한 연구』(동국대학교 박사
학위논문, 2008); 김순수, 『중국의 한반도 안보전략과 군사외교』(경남대 북한대학원
박사학위논문, 2010) 등.

[26] 신상진, 앞의 논문, pp. 207-228. 한광희, 앞의 논문, pp. 2-15는 두 사건에 한정되어
있고, 실제 내용에는 결정 요인에 대한 분명한 설명이 없다.

사안으로 냉전시대에 형성된 '기조(忌朝: 되도록이면 북한을 기피하는) 분위기가 잔존하고 있다. 올바른 주장이나 객관적 연구가 제한적일 수밖에 없다.[27] 북한을 비판하는 것은 곧 자국의 가까운 과거를 비판하고 부정하는 것과 같기 때문이다.[28]

이에 따라 중국의 대북정책은 자국의 동아시아 전략이나 대한반도 정책의 일부 또는 중북·한중 관계를 설명하는 과정에서 부분적으로 논의되고 있다.[29] 구체적인 내용을 심층적으로 연구한 글을 찾아볼 수 없었다.

다행이 최근 중국 내에서 대북정책과 중북관계 연구는 이전에 비해 활성화되고 있다. 민주화가 진전됨에 따라 당국이 정책 비판

---

[27] 한중수교 이후 중국정부는 북한문제에 대한 '기조정책(忌朝政策)'을 유지해온 바, 지난 2004년 북한의 항의에 따라 王忠文의 "以新視覺審視朝鮮問題與東北亞形勢"라는 논문이 실린 학술지 『戰略與管理』를 폐간한 바 있다. 그러나 최근 중국정부는 한반도 문제에 대한 논의를 개방하려는 태도를 보이고 있는 바, 대표적인 사례는 김정일 사망 이후 동북아 정세 변화와 관련 2012년 1월 6일, 중국 내 대표적인 한반도 전문가 20여 명이 참여한 '东北亚新变局及其战略影响' 제하의 研讨会이다. 여기에서 북한문제에 대한 자유로운 토론이 이루어진 바, 그 내용은 季志业, "换班年'令朝鲜半岛充满不确定性," 『现代国际关系』, 2012年 01期; 金灿荣, "东北亚新变局与'后金正日时代'的朝鲜半岛," 『现代国际关系』, 2012年 01期 등에 그대로 담겨 있다.

[28] 어우양산(毆陽善) 저, 박종철·정은이 역, 『중국의 대북조선 기밀파일』(서울: 한울, 2008), p. 30.

[29] 근래 중국의 대북정책과 중북관계에 대한 연구로는 黄河吴雪, "新形势下中国对朝外交政策的调整," 『東北亞論壇』, 2011年 第5期 (总第97期); 胡明远, "朝鲜处理国际问题行为方式及中国的对策," 『理论观察』, 2010年 04期; 刘兴华, "朝鲜政局与中国的东北亚战略," 『现代国际关系』, 2012年 01期; 楚树龙, "东北亚战略形势与中国," 『现代国际关系』, 2012年 01期; 黄凤志, "中国东北亚地缘政治安全探析," 『现代国际关系』, 2011年 06期; 姜龙范, "中朝关系的历史′现状与发展——关于朝鲜半岛问题上的中国战略," 『中国中外关系史学会第六届会员代表大会论文集』, 2005-08-01; Zhu Feng and Nathan Beauch amp-Mustafaga, "Chinese Policy Toward North Korea in the Post-Kim Jong Il Era," *Korea Review*, Vol. Ⅱ, No. 2 (November 2012); Zhu Feng, "Cheonan Impact, China's Response and the Future of Northeast Asian Security", 『전략연구』, 제49호 (2010) 등 참조.

을 수용하고[30], 북한문제에 대한 금기(비판·자극하지 않는다 등)를 일부 해제했기 때문이다. 북경지역의 경우 자국의 대북정책을 정당화하는 글과 함께 이를 비판하거나 정책 조정의 필요성을 개진하는 글들이 늘고 있다.[31]

동북의 심양이나 장춘, 길림 지역의 경우는 보수적인 분위기 속에서 주로 중북관계의 경제·역사·문화 등을 연구하고 있다. 인접한 북한의 변화와 발전은 동북 3성 지역 평화발전의 관건으로 중북 경제협력에 대한 연구에 치중하고 있다. 상해지역은 동아시아 또는 국제관계와 연계된 자국의 안보문제를 연구하는 전문가들이 많다.[32] 이들의 연구와 견해, 주장 등은 중국정부의 대북 인식과 정책의 저변·흐름을 유추해 볼 수 있는 의미 있는 정보자료들이다.

북한에서 중국의 대북정책에 대한 연구는 중국과 마찬가지로 예민한 사항일 것으로 추정된다. 북한에서 "사회과학은 명실공히 김일성-김정일사회주의사회과학으로서 자기의 혁명적성격과 자랑스러운 전통을 끝까지 계승해나가는 것이 항구적으로 틀어쥐고나가

---

[30] 참고로 중국의 민주주의는 정권을 확보하기 위한 경쟁적인 민주주의가 아니라 마르크스주의적인 수직적 민주주의를 의미하는 것으로, 이는 의견 제시의 길을 다양하게 열어둠으로써 지도자에게 어떤 정책에 대한 찬성의견과 반대의견을 청취할 수 있게 한 후, 지도층이 이를 기반으로 정책을 결정하는 일종의 '민주집중제'이다. 중국 정부는 아직 공산당과 정치체제, 정부 자체에 대한 비판은 허용하지 않고 있다.

[31] 근래 朱鋒·陳峰君·金景一·楚樹龍·唐永勝 등이 활발하게 개진하고 있다. 2013년 2월 28일 중국 공산당 당교 기관지인 학습시보(學習時報·주간지)의 덩위원(鄧聿文) 부편집인이 영국 일간지 파이낸셜타임스(FT)에 기고한 내용("중국은 북한을 포기하고 한반도 통일을 유도해야 한다")은 대표적인 것이다.

[32] 중국 내 각 지역의 한반도 및 북한 연구기관·동향 등에 대해서는 朴键一, 『中国与朝鮮半島的研究』(北京: 民族出版社, 2006), 중북관계의 역사적 전개 과정 관련 각종 문헌은 최명해, "최근 북중관계 동향과 주요 문헌 해제," 이동진 외, 『중국 동북연구 – 방법과 동향』(서울: 동북아역사재단, 2010), pp. 413-438 참조.

야 할 근본원칙이며 총적방향이다.”[33]

북한 실정에서 자신들에 대한 중국의 정책을 연구하는 일은 상상할 수 없을 것이다. 따라서 중국과 중북관계에 대한 북한의 인식은 지도자들의 공개된 발언이나 일부 출판물, 언론 보도 등을 통해 추론할 수 있을 뿐이다. 그중 북한이 2008년 11월에 발간한 책자 『중국 동북해방전쟁을 도와』는 현재 북한이 중국을 어떻게 보고 있는가를 간접적이나마 읽을 수 있는 문헌이다.[34]

이 책에서 북한은 “지난 세기 40년대 후반기 중공(중국공산당)이 간고한 투쟁을 벌이던 시기 수령님이 얼마나 진심으로 중공혁명을 도와주었는지 아는 사람은 그리 많지 않다.”고 지적하면서 “수령님이 중공 해방전쟁을 물심양면으로 도와 마침내 베이징의 천안문광장에 오성홍기를 휘날리게 하는데 불멸의 기여를 했다”고 강조한다.

이 책은 북한이 “중공혁명의 지원을 국제적 의무로 여기고, 자국에 혁명근거지를 마련, 국가적 후방기지 역할을 하면서, 동북해방의 승전고를 올렸으며, 북한의 지원은 (중국) 전국해방의 날까지 계속되었다”고 역설하고 있다. 과거 자기들이 위기에 처한 중공을 도와주었으니, 이제 중국이 위기에 처한 자신들을 도와줘야 할 때라는 메시지를 전하고 있는 것이다.

미국 등 서방의 연구에서도 중국의 대북정책 결정 요인에 관한 본격적인 연구는 찾아볼 수 없다. 중국에서와 같이 대부분 동

---

[33] 북한 사회과학원 창립 60주년 기념 관련 김정은의 서한, 김정은, “우리의 사회과학은 온 사회의 김일성-김정일주의화위업수행에 적극 이바지하여야 한다,”(평양: 조선노동당출판사, 주체101(2012)년), p. 6.

[34] 북한 과학백과사전출판사, 『중국 동북해방 전쟁을 도와』(평양: 과학백과사전출판사, 주체97(2008)년), pp. 1-318.

아시아 및 한반도 전체를 포괄하면서 중국의 대북정책을 언급하고 있다. 그중에서 엔드류 스코벨(Andrew Scobell)[35]과 사무엘 김(Samuel. S. Kim)[36], 길버트 로즈만(Gilbert Rozman)[37], 로버트 셔터(Robert Sutter)[38]의 글은 본 연구와 관련해 의미 있는 것이다.

스코벨은 중국과 북한은 가깝지만 서로 불편한 사이라고 분석하고 있다. 그는 중국의 개혁개방, 한중수교, 북핵문제 등으로 중북관계가 크게 악화된 상황에서 중북동맹조약이 사실상 사문화되어 '가상동맹(virtual alliance)'에 불과하다고 주장한다. 사무엘 김은 중국의 대한반도 정책이 하나의 한국에서 두 개의 한국 정책으로 변화했음을 '연계이론(linkage theory: 대내·대외 정치 간 상호관계에 중점)으로 설명하고 있다. 로즈만은 최근 중국의 대외정책 결정에는 당·정과 군부를 중심으로 제5세대 리더뿐만 아니라 각종 싱크탱크와 언론, 네티즌 등이 참여, 변화하고 있다고 설명한다. 셔터는 탈냉전기 중국의 대북정책은 변화하는 환경 속에서 북한의 안정에 중점을 두고, 북한과 외부로부터 오는 압력을 최소화하면서, 대북 압박보다 설득·지원을 통해 자국의 영향력을 유지·확대하려는 것으로 본다.

위와 같은 국내외 관련 연구들은 필자의 연구에 많은 참고가

---

[35] Andrew Scobell, "China and North Korea: From Comrades-in-Arms to Allies at Arm's Length," *SSI (Strategic Studies Institute) Monograph* (March 2004).

[36] Samuel. S. Kim, "The Making of China's Korea Policy in the Era of Reform," in David M. Lampton, ed., *The Making of Chinese Foreign and Security Policy in the Era of Reform* (Stanford: Stanford University Press, 2001).

[37] Gilbert Rozman, "China's Foreign Policy: Who makes It and How is It made," *The Asian Institute for Policy Studies* (May 19–21, 2011).

[38] Robert Sutter, "China and North Korea after the Cold War: Wariness, Caution, and Balance," *Inter national Journal of Korean Studies*, Vol.XIV, No. 1 (Spring 2010).

되었다. 그럼에도 사실 이 책의 주제인 '중국의 대북정책 결정 요인'
과 직접 관련된 연구물이 많지 않은 관계로 '옥구슬들을 모아 목
걸이를 만들어 나가는 방식'이 불가피했다.

결론적으로, 이 책은 기존 연구들에 대한 필자의 다음과 같은
평가에 기초하고 있다.

첫째, 다양한 해석과 주장들이 혼재하고, 관심의 대상인 2009
년 이후 변화된 중국의 대북정책에 대한 심층적인 연구가 부족한
실정에서[39] 탈냉전기 중국의 대북정책과 중북관계를 어떤 이론적
틀을 가지고 체계적으로 분석할 필요가 있다고 보았다.

둘째, 냉전 종식 이후 중국의 부상과 미국의 견제, 중국의 대응
이라는 큰 흐름 속에서 중국의 대북정책과 중북관계를 조명할 필
요가 있다는 것이다. 분석의 수준을 주로 단위(국가: 행위자) 수준
에 초점을 맞추면 중북관계의 갈등과 소극적인 변화조정을 강조하
는 오류를 범하기 쉽다. 필자는 중국의 대북정책과 중북관계라는
현상을 보다 잘 설명하기 위해서는 미중관계라는 동북아의 질서
구조에 초점을 맞춰야 된다고 보았다.

셋째, 국내 연구에서 나타나는 일종의 부조화랄까, 위의 18개 연
구 중 13-14개의 연구가 사실상 미중관계와 연관된 북한에 대한 전
략적 이해를 중국의 중요한 대북정책 결정 요인으로 보고 있다. 그
러면서도 많은 연구들이 중국의 대북정책과 중북관계의 변화·조정
을 말하고 있는 것은 모순이 아닐 수 없다. 일국의 지정학적·전략적
이해는 쉽게 변할 수 없기 때문이다.

---

[39] 이종석, 『2차 핵실험 이후 북한·중국관계의 변화와 함의』(세종정책연구, 2012-21)은
2009년 이후 변화된 대북정책과 중북관계를 집중 분석한 것이다.

이 책은 이 같은 기존 연구의 평가에 기초하고 착안, 우선 연구의 시기범위를 탈냉전기 20여 년 동안 중국의 대북정책을 대상으로 삼았다. 또 중국의 대북정책이 기본적으로 지정학적인 측면과 구조적 측면의 국가이익을 고려해 결정된다고 보고, 분석의 수준을 단위수준의 '행위자'보다 체제수준의 '구조'에 중점을 두었다.

이 글의 가장 큰 특징은 선행 연구들의 부족한 점을 메우면서 대북정책과 관련된 적실성 있는 연구 결과들을 총합하고 있다는 점이다. 동시에 기존 연구의 주장들과 반대되는 필자의 주장을 논리적으로 증명함으로써 이 분야 연구를 한걸음 더 발전시키고자 한 것이다. 따라서 이 책은 기존 대다수의 연구 및 정책론과 다소 다른 시각에서 접근하는 비판적이고 논쟁적인 연구가 될 것이다.

요컨대, 필자는 이 글에서 감히 중국의 대북정책이 북한(지역)에 대한 역사적 인식과 지정학적 이해에 뿌리를 두고 있어 쉽게 변할 수 없고, 중북관계의 성격 또한 일반 정상국가 간의 관계와는 다르다는 점을 주장하고, 이를 논증하고자 한다. 이 같은 반증(反證)적인 연구는 중국의 대북정책 및 중북관계에 대한 보다 객관적이고 균형적인 시각을 형성하는 데 도움이 될 수 있을 것이다.

특히 왜 중국이 보답을 전혀 받지 못하면서도 그토록 오랫동안 북한을 감싸고 도와주는지 이해할 수 있을 것이다. 물론, 필자의 주장과 설명이 갖는 한계와 오류의 가능성은 또 다른 '반증가능성(Falsifiability)'의 단초를 제공함으로써[40], 이 분야 학문의 발전에도 기여할 수 있을 것이다.

---

[40] '반증가능성'은 검증하려는 가설이나 실험이 관찰에 의해서 반대의 결과가 나타날 가능성을 말하는 것으로, 칼 포퍼(Karl R. Popper)는 '반증가능성'을 과학 발전의 요체로 보았다.

제3절 연구의 범위와 방법

1. 연구의 범위

이 글은 탈냉전 이후 지난 20여 년 동안 중국의 대북정책과 그 연장선상의 중북관계를 연구 대상으로 삼았다. 동 기간 중 중국의 대북정책 변화에 영향을 미친 상황적 배경이나 구조적 요인들에 초점을 맞춰, 변화를 유발한 중요한 상황의 전개나 사건의 분석에 중점을 두었다.

지난 20여 년 동안 동북아 정세는 기본적으로 중국의 부상에 따른 미국의 견제, 중국의 대응이라는 상호 작용과 반작용의 결과였다고 볼 것이다. 미국과 중국 간의 경쟁과 협력은 곧 동북아 및 한반도 정세를 좌우하면서 중국의 대북정책에 영향을 미쳐왔다. 그 과정에서 북한·북핵문제가 주요 이슈로 비화되면서 중국이 대북정책을 재검토하는 양상을 보였다.

연구의 대상 시기를 탈냉전 시기로 잡은 것은, 가능하면 시기 범위를 좁게 할 필요성과 함께 현상이 포함된 시기를 연구하는 것이

보다 적실하고, 한국의 대북정책과 대중국 통일외교에도 기여할 수 있다고 보았기 때문이다.

1991년을 기점으로 잡은 것은, 그해에 동구권과 소련이 몰락하는 등 냉전이 종식되었기 때문이다. 이후 미국 중심의 일극 패권체제 출범 등 새로운 세계가 시작되었다. 5월에는 중소 간의 해묵은 적대관계가 청산되면서 중소 대립의 중간지대에 있었던 북한의 전략적 가치도 감소했다. 9월에는 중국이 북한을 설득해 남북한이 유엔에 동시 가입했다. 서울과 베이징에 무역대표부가 개설되면서 중국의 대한반도 정책은 '하나의 조선(북한 일변도)'에서 '두개의 조선·한국'이 되었다. 중국은 1991년부터 한국의 국명을 '남조선'에서 '한국'으로 변경한다.

이후 중북관계는 1991년부터 1999년까지 계속 하강곡선을 걷다, 1999년 북한의 김영남 최고인민회의 상임위원장의 방중을 계기로 복원되기 시작했다. 2002년 2차 북핵위기를 계기로 다소간의 조정을 거쳐, 2006년 북한의 1차 핵실험을 계기로 또 다시 냉각되었다. 이후 2009년 원자바오 총리의 방북을 계기로 다시 복원, 정상화되는 등 탈냉전기 20년 동안의 중북관계는 마치 'W자 형태'와 같은 곡절을 보이면서 전개되었다.

이 글은 이 같은 중북관계의 전개 양상을 감안, W자 형태의 상하 꼭지점을 기준으로 4개 시기(①소원기, ②복원/조정기, ③냉각기, ④정상화기)로 구분해 각 시기별 중국의 대북정책을 분석하고, 그 과정에서 어떤 요인들이 정책결정에 영향을 미쳤는지 살펴보고자 한다.

연구 과정에서는 중국의 대북정책 결정 요인에 초점을 맞추되, 정책의 결과인 중북관계는 중요한 연구대상이 될 수밖에 없다.

2. 연구의 방법과 분석 틀

가. 연구의 진행

학문 탐구의 궁극적인 목적은 '공유된 의견'으로서 지식의 생산에 있다. 중요한 것은 어떤 과정을 거쳐야만 개인의 특정한 의견(주장)이 그 주관성을 최소화하고 설득력을 갖게 되면서 '공유'되는가 일 것이다.[41]

중국의 대북정책과 중북관계는 한반도 상황을 결정짓는 중요한 결정 요인이다. 관련 연구는 연구자의 접근방법에 따라 현상이 다양하게 해석되고 있으며, 결론 또한 각양각색이다. 이 같은 다양성 속에서 좀 더 명확하고 현실적인 분석을 위해서는 이론적 접근법을 수용하는 것이다. 이론적 분석은 현실을 보다 더 적실성 있게 설명해 줄 수 있는 하나의 도구로서 역할을 하기 때문이다.

이러한 인식하에 이 글은 중국의 대북정책 결정 요인을 분석함에 있어 ①관련 국제정치이론과 현상에 대한 진단을 토대로, ②현상을 적실하게 설명할 수 있다고 생각되는 가설을 설정하고, ③이론에 기초한 분석의 틀을 통해 가설을 검증하는 절차를 거쳐, ④검증 결과를 토대로 현상을 설명 또는 해석하고 미래를 예측하는 방식으로 연구를 진행한다. 즉, 현상→ 현상에 대한 가설→ 가설에 대한 검증→ 검증된 가설을 통한 예측이라는 형식적인 절차를 취하고 있다.

따라서 전반적인 연구의 진행은 필자가 주장하는 명제의 타당성과 정당성을 검증하는 '가설-연역법적 접근(hypothetico-

---

[41] 정재호 편, 『중국연구방법론』(서울: 서울대학교출판문화원, 2010), p. 7.

deductive method)'의 성격을 띠고 있다.[42] 이를 통해 본 연구가 얻고자 한 것은 지난 20여 년 동안 각 시기별 중국의 대북정책 결정과정에 영향을 미친 중요한 요인, 특히 정책결정에 직접 영향을 미친 결정적인 요인(動因: efficient causes)을 규명하는 것이다. 그 과정에서 중국의 대북정책 결정이 어떤 특징을 보이고 있는지도 살펴볼 것이다. 이는 어떤 '법칙'을 발견하는 맥락이 아니라, 가설연역을 통해 필자의 주장과 예측을 '정당화'하는 맥락이다.

연구는 지난 20여 년 동안의 중국의 대북정책과 중북관계의 역사적 사실 및 경험과 관련된 자료들을 수집·정리(문헌조사[43])하는 가운데 사실의 상호작용과 인과관계를 규명하는 역사적·서술적 방법을 기본으로 한다. 또 20년 동안의 대북정책과 중북관계를 4개 시기로 구분해 각 시기별 정책에 영향을 미친 요인들을 비교한다는 점에서 정치학상의 방법론의 하나인 '비교'를 통한 분석의 형태를

---

[42] 가설연역법은 대담한 추측을 통해 먼저 가설을 제안하고, 그 가설로부터 경험적인 진술들을 논리적으로 연역한 다음, 그 진술들을 실제 경험이나 실험을 통해 시험함으로써 가설을 수용하거나 폐기하는 데 있다. 이는 칼 포퍼(Karl R. Popper)에 의해 '과학적 방법'으로 알려지고 있는데, 포퍼는 제기된 가설을 구체적 경험을 통해 시험하는 '정당화의 과정'에 과학의 정체성이 있다고 보았다. 배식한, "가설연역법을 활용한 학술적 글쓰기 교육," 『교육교양연구』, 제2권 제1호 (2008.6), pp. 150-152, 156; 이초식, "科學的 認識에 있어서 發見과 正當化의 맥락에 관한 考察". 『철학』, 제26집 (1985), pp. 83-85 참조.

[43] 연구는 주로 국내외에서 발간되는 각종 문헌, 연구논문, 학술지, 정기간행물, 인터넷 및 언론보도 등을 분석에 활용했다. DBpia(NURIMEDIA: 누리미디어)와 KSI KISS (Kor eastudies Information Service System: 한국학술정보)는 국내에서 발표된 거의 모든 연구 자료를 구비하고 있어 자료접근이 용이했다. 중국 내 학술문헌들 또한 CNKI(中國知網: China National Knowledge Infra-structure; www.cnki.net)을 통해 쉽게 원하는 자료를 구할 수 있었다. 중국의 외교부와 국가안전부 산하 '세계지식출판사'와 '현대국제관계잡지사'가 발간하는 '세계지식(世界知識)'과 '현대국제관계(現代國際关系)' 등에는 유용한 자료들이 많았다.

띠고 있다.[44] 설명을 위해 필요할 경우 때로 전통시대 또는 냉전기의 역사적 경험과 사례를 탈냉전기의 현상과 비교도 할 것이다.[45]

분석의 수준과 관련, 이 책은 중국의 대북정책 결정에 단위수준(행위자)보다 국제체제 수준(구조)의 요인이 중요한 요인으로 작용했다고 보고, 여기에 초점을 맞추고자 한다. 일국의 대외정책을 체제수준에서 분석·평가하는 것은 그에 대한 이해는 물론 향후의 전망과 정책적 대응을 거시적이고 장기적으로 모색하는 데 유용하다.

사실, 어떤 연구든 모든 수준에서 각종 사건이나 쟁점을 다 포함시켜 분석하기는 어렵다. 중요한 사건이나 쟁점, 흐름을 중심으로 분석할 수밖에 없다. 숲을 보고 나서 나무를 보는 것이 산을 제대로 볼 수 있는 바람직한 방법일 것이다.

나. 이론적 배경 및 가설의 설정

본 연구는 탈냉전기 중국의 대북정책과 중북관계(역사·경험)를 3개의 국제정치이론을 조합·연계한 분석의 틀을 가지고 진행하고자 한다. 중국의 대북정책을 비교적 잘 설명할 수 있고, 본 주제의 연구방법에 걸맞은 적실성 있는 이론은 '신현실주의(Neorealism)'로 판단되었다. '신고전현실주의(Neoclassical Realism)'와 '구성주의

---

[44] 비교는 변수들 간의 관계에 관한 가설 또는 이론을 테스트함으로써 추론 또는 일반화를 가능케 하는 정치학의 핵심적인 방법으로 현상을 관통하는 보편적 법칙을 발견하고, 그에 기초하여 사회현상을 설명하기 위한 유용한 연구방법이다. 즉, 비교는 사회현상에 대한 보다 나은 이해뿐만 아니라 사회현상의 인과관계 또는 법칙을 찾아내 그 현상을 설명하는 방법으로, 그 목표는 설명력을 높이는 것과 함께 교차사례적 일관성을 겸비한 인과모형의 도출에 있다고 할 것이다. 김지희·김웅진 외, 『비교지역연구전략』(서울: 인간사랑, 2003), p. 11.

[45] 이에 관해서는 김택현·이진일 외, 『역사의 비교, 차이의 역사』(서울: 선인, 2008), pp. 6-8 참조.

(Constructivism)'이론도 유용한 이론이었다.

먼저 국제정치이론의 출발점이자 로제스톤으로 불리는 왈츠(Kenneth N. Waltz)의 신현실주의 이론(구조적 현실주의 또는 세력균형이론)은 '힘의 정치(power politics)'라는 '현실주의'의 전제를 국제정치의 구조로 재해석했다는 점에서 본 연구에도 의미 있는 것이었다.

이 이론은 힘이 지배하는 국제질서의 역사에서 '단위들의 변화와 관계없는 유사한 결과의 발생'에서 출발해 "왜 상이한 단위(국가)들이 유사한 행위를 하는가?"를 해명하고자 했다.[46] 왈츠의 답은, "국력의 변화(distribution of Power)와 그로 인한 국가 간 세력구조의 변화가 국제관계의 패턴(세력균형)을 구조화한다. 또 국제체제의 구조적 특성에 따라 국가들이 어떻게 행동하는지 설명·예측할 수 있다"는 것이었다. 국제정치체제가 구성원인 국가들과 이들 국가 간의 관계를 규정하는 구조로 구성되어 있고, 이 구조가 국가 간의 관계를 결정하는 결정적인 '동인'이라고 본 것이다.

이 이론은 또 무정부 상태인 국제체제에서 국가이익(권력·부 등)을 추구하는 특정 국가의 힘이 증가하면 반드시 이를 막기 위한 세력균형이 발생한다고 예측한다.[47] 예를 들면 중국의 힘이 증가하면 자연스럽게 미국이든 일본이든 중국의 힘을 저지하려는 국가가 나타나 균형을 이루게 되어, 바람직한 '양극체제'를 형성하게 된다는

---

[46] 여기에서 '상이한 단위'들의 의미를 중국의 예로 들면, 전통시대의 중국이나 냉전 또는 탈냉전 시대의 중국은 다르나 국제관계에서의 행태가 유사하다는 것을 말하는 것이다.

[47] 양준희, "월츠의 신현실주의에 대한 웬트의 구성주의의 도전," 『國際政治論叢』, 제41집 3호 (2001), p. 28.

것이다. 이렇듯 신현실주의는, 국력의 변화와 그로 인한 국가 간 세력구조의 변화라는 아주 단순하면서도 명쾌한 구조 중심적인 변수로 현실의 국제권력정치를 매우 간결하게 설명하고 있다.[48]

신현실주의를 비판하고 보완하는 이론으로 신고전현실주의가 있다. 이 이론을 대표하는 월트(Stephen M. Walt)는 '위협균형론'을 주장한다. 그는 구조 그 자체보다도 세력변화에 따른 국가의 위협 인식의 변화가 국가의 행동 변화를 유발하는 주요인이라고 본다.[49] 구조(체제)로부터 오는 압박은 정책결정자의 인식과 국가라는 행위자 차원의 매개변수를 통해 해석될 수밖에 없다는 것이다.

같은 맥락에서 신고전현실주의자인 쉬웰러(Randall L. Schweller)는 '이익균형론'을 제시했다. 이 이론은 국가 간의 세력변화에 따라 세력균형이 기계적으로 발생하는 것은 아니며, 개별국가의 인식이나 선호, 혹은 국내정치적 비용에 따라 세력균형 이외의 대외정책이 나타날 수 있다고 본다. 국제질서를 공유하는 국가들 간에는 세력균형의 논리가 도식적으로 발생하지 않고 상호 이익의 균형을 취할 수도 있음을 지적한 것이다. 탈냉전기 미중관계 역시 양국 간의 도식적인 세력변화가 아니라 그에 따른 양국의 구체적 선호를 분석함으로써 보다 세밀히 설명할 수 있다는 것이다.[50]

이 같은 신고전현실주의 이론은 특정 국가의 대외정책이 우선 힘의 배분과 같은 체제적 요인에 의해 영향을 받는다고 보면서도,

---

[48] 서정경, "동아시아지역을 둘러싼 미중관계: 중국의 해양대국화를 중심으로," 『國際政治論叢』, 제50집 2호 (2010), p. 89.

[49] Stephen M. Walt, *The Origins of Alliances* (Ithaca: Cornell University Press, 1987), pp. 29–31. 박홍서, "내재화된 위선? : 중국적 세계질서의 현실주의적 재해석," 『國際政治論叢』, 제50집 4호 (2010), p. 24에서 재인용.

[50] 이근욱 지음, 『왈츠 이후 국제정치이론의 변화와 발전』(서울: 한울, 2009), pp. 97–118.

개별 국가들이 체제적 요인이 요구하는 합리적인 외교정책을 추구하지 않는다면 그 원인은 정책결정자들의 인식이나 국내정치와 같은 매개변수에서 찾아야 한다는 것으로 요약할 수 있다.[51]

이러한 신고전현실주의는 현실주의와 자유주의의 시각을 결합한 신자유주의의 시각과도 맥락을 같이 하고 있다. 신자유주의는 신현실주의의 핵심 가정을 공유하면서 상대방의 의도와 선호에 대한 인식, 국내정치 등 행위자의 변수에 따라 능력과 상관없이 국가의 행동이 결정될 수 있다고 주장한다. 이는 신현실주의 구조결정론에 따른 이론적 제약을 초월, 무정부 상태하의 국제관계가 국가들 간의 생존경쟁뿐만 아니라 상호 공존을 위한 치열한 모색의 장이 될 수 있음을 시사해 준다.[52]

신현실주의의 또 다른 비판으로는 1990년대 웬트(Alexander Wendt)로 대표되는 구성주의가 제시하는 '구조-행위자 간의 상호작용 모델'이 있다.[53] 이 이론은 국제관계에서 행위자의 중요성을 인식하고, 행위자와 구조와의 상호관계를 규명하는 데 중점을 둔다. 웬트는 행위자-구조(agent-structure problem)의 문제를 제기하면서 구조가 그 구성단위들의 행동에만 영향을 미치는 것이 아니라, 그 구성단위들도 구조에 영향을 미친다고 주장한다.[54] 또 구조는

---

[51] 양준희·박건영, "신고전적 현실주의(Neoclassical Realism) 비판," 『國際政治論叢』, 제51집 3호 (2011), p. 12.

[52] 애초에 신자유주의가 신현실주의의 이론적 결함을 메우기 위한 학문적 시도로 출발했고, 상호 치열한 공방 과정에서 양자 간의 명확한 차이가 분명히 드러나지 않을 정도로 수렴되었다는 점에서 양자는 상호 대립적일 뿐만 아니라 동시에 상호 보완적인 측면이 있다. 서정경, 앞의 논문, p. 89.

[53] Alexander Wendt, *Social Theory of International Politics* (Cambridge: Cambridge University Press, 1999).

[54] 웬트의 이론에서 '행위'라 함은 행위자가 주어진 상황 속에서 선택적으로 행동할 수

행위자의 의지와 선택이 이루어지는 주변환경으로서 직접적인 동인 이기보다 행위자의 선택과 행동이 가능하도록 만들거나 제약하는 '구속조건(constraining conditions)으로 이해한다.[55]

이렇듯 웬트는 두 존재가 상호 결정하고, 또 서로를 구성하는 관계에 있다고 주장함으로써 행위자와 구조에 동등한 존재론적 지위를 부여했다. 웬트가 상정하는 국제구조는 왈츠의 구조 개념과 달리 끊임없이 단위들에 의해 만들어지고 변화되는 것이다. 그 속에서 국가는 자국의 이익과 선호, 정체성에 대한 생각과 규범, 이념 등을 수정하고 새로운 사회적 정체성을 획득한다는 것이다.

위 3개의 국제정치이론의 주장은 나름대로 현실적 타당성이 있다. 사실, 지구상의 거의 모든 국가는 하나의 고착화된 외교행태를 나타내지 않는다. 각 국가는 상황에 따라 현실주의적 혹은 이상주의적 외교행태를 추구하거나, 혹은 그러한 요소들이 혼재된 외교행태를 보이고 있다.

또한, 구조적인 것은 언제나 반구조적인 것과 비구조적인 것을 수반한다.[56] 통상적으로 한 국가의 외교정책은 이를 수행하는 국가의 국내정치와 국제정치적 변수들의 상호작용 또는 상호관계 속에서 결정된다.[57] 따라서 다양한 외교행태 중 어느 한 유형이나 이론

있는 속성을 가르킨다. '구조'는 행위자가 작동하는 환경으로서, 어느 정도 변화 가능성을 띠고 있지만 상대적으로 오랜 시간에 걸쳐 지속성을 유지한다. 여기서 행위자–구조의 인과적 상호관계는 대칭적이며, 시간 변수를 고려할 때 구조는 대부분 그것을 구성하고 있는 행위자에 앞선다. 민병원, "국제관계 연구의 인식론 – 웬트의 과학적 실재론에 대한 메타이론적 고찰," 『國際政治論叢』, 제50집 2호 (2010), p. 25.

[55] 민병원, 위의 논문, p. 26.

[56] 피터 보올러·이완 리스 모러스 지음, 김봉국·홍성욱 책임번역, 『현대과학의 풍경 2』 (서울: 궁리, 2010), p. 79.

[57] 제임스 로즈노(James Rosenau)는 국가의 외교정책을 설명하는 데 국내정치 요

으로 중국의 대북정책 결정 행태를 일반화시키는 것은 적절하지 않을 것이다.

그런데, 이론은 현실을 설명하고 단순화하는 작업이라는 문제가 있다. 동일한 상황에서 변인이 더 적은 이론일수록 더 간결하고, 전체를 설명할 수 있다. 간결한 이론은 복잡한 이론에 비해 포퍼(Karl R. Popper)가 말하는 반증가능성이 더 크고, 그만큼 더 많은 정보를 알려준다. 만약 현상의 모든 것을 설명한다면 그것은 단순한 묘사에 불과할 것이다. 이론은 필연적으로 많은 것을 생략하고 몇 가지 중요한 요소만 부각시켜야 좋다. 가장 좋은 이론은 가장 적은 변수로, 가장 많은 것을 설명해 주면서, 시공을 초월해 적용될 수 있는 이론이다.[58]

이 점에 비춰볼 때, 중국의 대북정책과 중북관계를 설명하는 데 가장 적실성 있는 이론적 토대는 신현실주의일 것이다. 국제체제 수준에서 힘의 배분(동북아 질서 구조)의 변화가 국가(중국)의 행동(정책)과 국가(미중/중북) 간의 관계를 규정한다는 이 이론은 간결성과 효율성의 측면에서도 단연 돋보이는 것이다.

신현실주의 이론이 동북아 국제질서 속에서 중국의 대북정책 결정 요인을 설명하는 데 가장 적실성이 있는 이유는 우선, 냉전과 탈냉전이 교차하고 있는 동북아 지역에서 미국의 상대적 쇠퇴와 중국의 부상이 미일의 대중국 견제(세력균형)와 함께 향후 신현실주의

인과 국제정치 요인이 서로 연계되어 있음을 간파하고, 국내와 국제의 '연계정치(linkage politics)'를 주창한다. James Rosenau, *Linkage Politics: Essay on the Convergence oh National and International Systems* (New York, NY: The Free Press, 1969), pp. 1–16.

[58] 양준희, "월츠의 신현실주의에 대한 웬트의 구성주의의 도전," 『國際政治論叢』, 제41집 3호 (20011), pp. 28–29.

가 강조하는 양극체제(Pax-Chimerica, Bi-gemony)의 재등장을 예고하고 있다는 점이다.[59] '냉전의 활화석(冷戰活火石)'인 한반도와 대만의 문제는 미국과 중국에 의한 동북아 (新)냉전체제의 내구성을 상당기간 동안 견인할 것이다.[60]

둘째, '구조'가 '관계'를 규정한다는 신현실주의는 2008년 세계 금융위기 이후 동북아에서 미중관계(구조)의 변화에 따른 한미동맹 강화와 이에 대응하는 중북동맹의 강화 현상을 적절하게 설명해주고 있다. 얕은 진영의 논리가 작용하고 있는 동북아 질서에서 행위자 간의 상호작용의 유형은 결국 전통적인 안보 개념에 입각한 세력균형의 형태를 띨 수밖에 없다.[61]

셋째, 무엇보다 신현실주의가 역사와 경험에 기초해 이론을 구성하고, 국제체제 수준에서 국가가 어떻게 행동하는가를 확인하려고 한 점이다. 왈츠는 "왜 상이한 단위들이 유사한 행위를 하는가?"라는 물음에 "어떠한 중국 정부라도 압록강으로 접근해 오는 다른 강대국을 목도한다면, 능력이 있는 한 거의 확실히 군사적으로 대응할 것이다"[62]라고 답한다. 이는 전통시대 이래 중국이 북한(지역)에 대한 전략적 이해를 사수하고자 한 사례(史例: 임진왜란 원병,

---

[59] 중국이 부상하고 미국이 쇠퇴하는 현실 세계는 점차 새로운 '양극체제'의 가능성을 예고하고 있다. 왈츠의 '세력균형이론'이 좀 더 적실성을 가지는 방향으로 변화하고 있는 것이다. 즉 '현실이 이론에 적합하게 변화'하는 것이 아니라 역설적인 상황이 나타나고 있는 것이다. 이근욱, 앞의 책, p. 334.

[60] 孟庆义, "朝鲜半岛统一问题研究的新视角,"『东南大学学报(哲学社会科学版)』, 2010年 05期, p. 65.

[61] 이수형, "국제안보체제의 변화에 관한 역사적 고찰,"『국제정치논총』, 제43집 3호 (2003), p. 123.

[62] Kenneth N. Waltz, "A Response to My Critics," Robert O. Keohane, ed. *Neorealism and its Critics* (New York: Columbia University Press, 1986), p. 332.

한국전쟁 참전 등)들은 물론, 2009년 이후 중국이 중북관계를 대폭 강화하고 있는 정책을 매우 실감나게 설명하는 것이다.

그럼에도 왈츠의 '구조결정론'의 문제는 개별 행위자들의 특수성을 간과하고 주관적 요인들을 무시, 구조와 환경조건의 영향을 과도하게 강조한다는 점이다.[63] 이와 관련 왈츠 또한 구조적 세력균형이론 하나만으로 국가들의 모든 개별 행태까지 설명하려는 것은 '뒤집어 놓은 환원주의의 오류(the opposite of the reductionist error)'라고 인정한다. 그런 점에서 구조 외에 행위자, 행위자와 구조 간의 작용을 고려해 이론의 설명력을 높이려는 시도인 신고전현실주의와 구성주의 이론은 의미가 있다.

따라서 본 연구는 위 3개 이론을 조합하고 연계하되, 이론 틀의 간결성과 효율성을 고려해 동아시아 세력관계 변화라는 구조를 중심으로 하면서, 국가들의 속성이라는 행위자 수준의 작용도 고려하는 입장[64]을 취하기로 한다. 즉, 기본적으로 구조결정론에 입각하되 그 범위 안에서 행위자의 구체적인 상호 인식과 작용은 다양한 비구조적 요인들(이념·가치·현안이슈 등)이 영향을 미치면서 세력균형 또는 위협·이익 균형 등을 취하는 것으로 본다.

이와 같은 이론적 배경을 토대로 이 글은 앞서 제기한 문제의식과 연구의 목적에 근거해 아래 〈표I-2〉과 같이 2개의 핵심질문을

---

[63] 중국의 힘이 증가하면 미국이든 일본이든 중국의 힘을 저지하려는 국가가 나타날 것이라는 것이 왈츠의 예측이다. 그렇다면 미국과 일본의 지도자들이 누구인지, 국내정치는 어떤지, 미국과 중국 간의 외교적 관계는 어떤지에 대한 논의는 필요 없다. 이와 같이 단순하고 명확한 분석과 예측은 다른 이론에서는 찾아보기 어렵다.

[64] 서진영, 앞의 책, p. 65; Lee, Jung -Nam, "The Global Financial Crisis and a Change in China's View of the U.S.: Analysis of Academic Perspectives," *The Korean Journal of Area Studies* Vol. 29 No. 2 (2011), p. 76.

구성한 후, 그에 대한 답이라고 할 수 있는 1개의 기본가설과 1개의 보조가설을 설정하고, 이를 검증하는 방식으로 연구를 진행한다.

<표Ⅰ-2> 연구의 핵심질문과 가설

구분		질문 / 가설
기본 가설	질문	① 중국의 대북정책 결정과 중북관계에 가장 큰 영향을 미치는 요인은?
	가설	① 일차적으로 미중관계(구조)가 중국의 대북한 정책과 관계를 결정한다. 행위자 수준의 비구조적 요인은 배경적·보조적으로 영향을 미친다.
보조 가설	질문	② 중국은 어떤 상황과 조건에서 대북정책을 강화해 왔는가?
	가설	② 강대국관계에서 오는 위협인식이 대북정책을 강화하도록 한다.

다. 분석의 틀

중국의 대북정책이 상황에 따라 다양하게 변화할 수 있다고 전제한다면 과연 '어떤 상황에서, 무슨 요인(또는 동인)이 작용해, 어떤 정책과 관계의 양태를 보였는가?'를 설명하기 위한 분석의 틀이 필요할 것이다.[65]

본 연구는 4개 시기별 중국의 대북정책 결정 요인들을 설명하기 위해 분석을 위한 모형을 수립한다. 모형은 신현실주의 방법론[66]이

---

[65] 사회과학의 궁극적인 목적이 '설명'에 있다면 그 모델은 '인과관계'를 보여주는 것이 되어야 할 것이다. 인과관계는 변수들 사이의 상호 연관성을 의미한다. 이것은 설명변수 X의 변량이 종속변수 Y의 변량에 어느 정도 영향을 미치는가를 나타낸다. 박규태, "중국의 대북관계: 전통적 우호협력관계의 특성," 『중국연구』, 제22권 (2003), p. 32.

[66] 이에 관해서는 Kenneth N. Waltz, *Theory of Internatinal Politics* (New York: Random House, 1979), pp. 79-101;__, *Theory of International Politics, Reading* (Mass.: AddisonWesley, 1979); John J. Mearsheimer, *The Tragedy of Great Power Politics* (New York: W.W. Norton & Company, 2001); 서정경, 앞의 논문; 이재영, "현실주의와 신현실주의의 결합방법 모색," 『동북아연구』, 제11호 (경남대학교 극동문제연구소, 2006); 박홍서, "신현실주의 이론을 통한 중국의 대한반도 군사개입 연구 – 1592년, 1627년, 1894년, 그리고 1950년 사례를 중심으로," 『한국정

제시하는 체제수준(구조)을 중심으로 신고전현실주의와 구성주의가 주장하는 단위수준(행위자)의 변인들도 포함하고 있다.

체제수준의 구조가 직접적으로 단위수준의 행위자의 행동을 결정하는 것이 아니라, 비구조적 요인에 의한 행위자의 인식과 반응을 통해 표현되고, 상호 작용도 한다는 점을 수용하는 것이다. 즉, 구조 또는 체제가 주는 기회와 제약조건이 행위자의 비구조적 요인에 의해서 인지되고 해석되어, 정책 선택의 범위와 방향에 따라 중북관계의 수준이 정해진다는 것이다.[67]

이에 따라 중국의 대북정책 결정을 설명하는 분석모형 속에는 ①체제수준의 세력배분의 변화, ②단위수준의 정치화된 이슈들이라는 2개의 분석수준을 토대로 하고, 이로 인한 ③중국정부의 인식 및 합리적인 대응(정책결정)이라는 맥락을 포함시킨다.

이 모형은 다음 〈그림I-1〉에서 보는 바와 같이 미중관계를 중심으로 한 동북아시아의 세력변화를 독립변인으로, 중국의 대북정책을 종속변인으로 가정한다.[68] 역내 관련 국가 간에 정치화된 이슈(사건) 및 중국(정책결정자)의 위협인식은 개입변인으로 가정할 것이다. 세력변인이 신현실주의 프로그램의 중핵이라는 차원에서 독립변인으로 전제할 수 있다면, 단위수준의 정치화된 이슈 및 인식은 세

치학회보』, 제40집 4호 (2006); 김태운, "신현실주의와 신자유주의의 국제정치관," 『정치정보연구』 제8권 제2호 (2005); 김영호, "신현실주의(Neorealism)의 비판적 고찰," 『국제정치논총』, 제37집 2호 (1997) 등 논문 참조.

[67] 서진영, 앞의 책, pp. 64-65.

[68] 인과이론은 '왜(why)'와 '어떻게(how)'라는 질문을 탐구하며, 구성이론은 '어떻게 가능한가(how possible)'와 '무엇(what)'에 관한 질문을 탐구한다는 것이 웬트의 주장이다. Alexander Wendt, *Social Theory of International Politics* (Cambridge: Cambridge University Press, 1999), p. 78.

력변인과 종속변인을 매개하는 개입변인이 될 수 있다.

동아시아 세력배분의 변화는 국가 간의 상호작용 과정에서 국가이익이 충돌하는 정치적 이슈를 유발시키고, 이로 인해 중국의 대북정책 결정자는 위협인식을 갖게 되며, 그 대응으로 대북정책과 대북관계의 수준을 강화하는 정책을 결정한다고 보자는 것이다.[69] 물론 그 반대의 경우도 가능할 것이다. 여기서 이른바 순망치한(脣亡齒寒)으로 표현되는 북한지역에 대한 중국의 전략적·지정학적 이해를 어떻게 설정하느냐의 문제가 제기될 수 있는 바, 본 모형에서는 일단 상수적인 변수로 간주한다.

아래 〈그림I-1〉의 모형을 통한 구체적인 분석 과정에서는 각 변인에 영향을 미칠 수 있는 초기조건으로 행위자가 가용할 수 있는 능력의 수준과 함께 중북관계에서 상호작용 요인인 북한의 대중국 인식·전략 및 중국의 동맹딜레마(방기/연루) 등도 고려할 것이다. 한국과 미국의 대북정책과 대중국 외교정책도 중국의 대북정책 결정에 영향을 미치는 중요한 요인이다.

〈그림I-1〉 분석의 틀(모형)

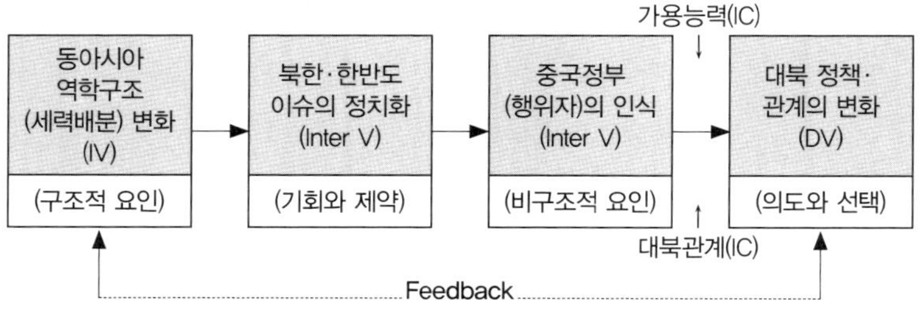

---

[69] 박홍서, 앞의 논문, p. 166 참조

이 같은 연구 진행에 따라 이 글은 제I장 서론을 포함, 총 6개의 장으로 구성되었다.

제II장에서는 중국의 대북정책을 상세하게 살펴볼 것이다. 정책의 목표와 기조·원칙, 주요 쟁점사안에 대한 입장은 기존의 연구들을 체계적으로 종합 정리한다는 의미가 있다. 중국의 대북정책상의 접근전략·방침은 본 연구만이 갖는 장점으로 중북관계를 이해하는데 좋은 관점을 제공할 것이다.

제III장에서는 탈냉전기 중국의 대북정책과 중북관계의 변곡점을 기준으로 4개 시기로 구분, 각 시기별 정책 전개 양상과 변화의 양태를 심층적으로 분석했다. 분석의 모형에 따라 체제수준의 동북아 질서 변화 과정에서 정치화된 북한·북핵문제(이슈) 등을 중국이 어떻게 인식하고, 대북정책과 중북관계에 반영했는지를 중점적으로 설명한다.

제IV장에서는 탈냉전기 중국의 대북정책 변화에 영향을 미친 결정 요인을 주로 구조(체제) 수준과 행위자(단위) 수준으로 구분해 분석했다. 중북관계의 특수성은 행위자(중·북) 간의 관계수준의 분석도 요구하고 있다. 이 장에서는 중국의 대북정책 결정은 체제수준의 미중관계를 중심으로 단위수준의 다양한 비구조적인 요인들이 상호작용하고 결합하는 과정이라는 점을 설명한다.

제V장은 제III장과 제IV장의 논의에 기초해 서론에서 설정한 가설의 진위 여부를 검증한다. 그 결과를 토대로 탈냉전기 중국의 대북정책 결정과 중북관계의 성격과 특징을 정리했다. 중국의 대북정책 결정에는 구조가 핵심요인으로 작용한다는 점, 중국의 대북인식과 정책결정 구조 등의 변화에도 불구하고, 왜 중국의 대북정책과 중북관계가 지속성과 특수성을 유지하고 있는가를 구체적으로 설명하고자 했다.

　제Ⅵ장 결론에서는 연구 결과를 종합 정리하고, 향후 중국의 대북정책 방향을 추론(예측)하면서, 중국의 대북정책과 중북관계가 한국의 대북정책과 통일정책, 나아가 한반도 통일에 주는 정책적 함의를 제시하고, 한국의 정책방향을 간단하게 언급했다.

중국의 대북정책

II

제1절 정책목표

아직 세계 최대 발전도상국인 중국의 국가전략 목표는 지속적이고 안정적인 경제발전이다. 이를 뒷받침하는 평화로운 주변환경의 조성은 필수적인 것이다. 이 목표를 달성하기 위해 중국은 내정의 안정은 물론, 당분간 현재의 동아시아 지역구도가 지속되기를 바란다. 한미·미일의 동맹체제가 공고한 상황에서 이 구도가 더욱 강화되는 것을 원치 않는 것이다.

중국은 한반도 평화·안정을 자국의 안보이익은 물론 동북아 및 아시아 전략에 중요한 요소로 보고 있다. 나아가 한반도의 평화·안정, 통일이 자국의 평화·발전, 아시아의 안정·발전, 굴기(부상)에 유리하다고 본다. 따라서 중국은 북한의 안정과 한반도의 평화·안정, 남북관계 개선, 한반도의 자주평화통일을 지지하고 있다.[1] 중국의 대북정책 목표는 이 같은 대한반도 정책목표와 직접 연계되어 있다.

---

[1] 楚树龙·金威, 『中国外交战略和政策』(北京: 时事出版社, 2008), p. 171-179.

　　중국이 북한을 관리하면서 중요하게 고려하는 정책목표는 ①
북한의 안정을 유지시켜 붕괴를 방지하고, ②자국의 부담을 줄이고
북한의 자생력을 키우기 위해 개혁개방을 유도하면서, ③북한에 대
한 자국의 영향력을 유지·확대하는 것이다.

　　이 3개의 목표는 상호 밀접하게 연동되어 있다. 북한의 안정은
중국이 대미관계와 관련한 전략적 완충의 확보 및 양호한 주변환
경을 조성하는 데 있어 필요조건이다. 중국의 대북정책과 중북관계
는 대미관계와 관련된 지정학적이고 구조적인 측면의 국가이익을 고
려해 결정되고 있기 때문이다.

　　한편, 북한이 핵개발을 가속화하는 상황에서 중국의 대북정책
목표의 하나는 북핵 상황을 안정적으로 관리하는 가운데 '핵무기
를 보유하지 않은 친중국 정권을 유지하는 것'이다. 이는 자국의 평
화발전에 필요한 평화로운 주변환경이 북한·북핵문제로 악영향을
받아서는 안 된다는 전제에서 비롯된다.[2] 중국의 대북정책 목표는
한마디로 북한의 '안정'이다.

---

[2]　이동률, "중국의 대북전략과 북중관계, 2010년 이후 김정일의 중국방문 결과를 중
　　심으로," 『세계지역연구논총』, 제29집 3호 (2011), p. 313.

제2절 정책원칙과 기조

중국의 대북정책 기조는 공식적으로 언급된 수사적 표현들 속에 반영되어 있다. 중국은 북한지역에 대한 전략적 이해와 함께 북한과의 '전통적인 우호협력관계'를 중시하고 있다. 그 토대 위에서 '16자 방침'을 견지하고, '12자 원칙'에 따라 북한과의 경제협력관계를 증진하며, 대화와 협상을 통해 북한·북핵문제를 해결해 나간다는 입장이다.

탈냉전기 중국은 냉전시대에 형성된 특수한 혈맹관계를 실리 위주의 '우호협력관계'로 전환했다.[3] 중국의 지도자들은 기회 있을 때마다 "중국공산당은 북한과의 관계를 고도로 중시하고 있다. 양국은 대를 이어 우호친선협력관계를 유지해야 한다"고 강조한다. 북한이 위기에 처하거나 최고지도자가 바뀔 때 이 원칙은 더욱 강조되었다.

중국의 대북정책은 '16자 방침'이 골간이다.[4] 이는 2000년 6월 1

---

[3] 李南周, "朝鮮的变化与中朝关系—从'传统友好合作关系'到'实利关系,'"『现代国际关系』, 2005年 第9期, p. 53.

[4] 이러한 '16자 방침'은 중국이 북한은 물론 베트남이나 라오스와 같은 접경국가에 적용하는 원칙으로 내용은 대동소이하다. 자세한 내용은 李成仁, "睦隣友好促進

일 김정일위원장의 중국 방문 시 장쩌민(江澤民) 주석이 제시한 것으로 '전통계승(繼承傳統), 미래지향(面向未來), 선린우호(睦隣友好), 협력강화(加强合作)'를 말한다.[5] 중국정부는 이 방침의 정신에 따라 중북관계를 잘 계승하고 발전시켜 나간다는 입장이다.[6]

2004년 4월 김정일의 방중 시 후진타오(胡錦濤) 주석은 '16자 방침'의 이행을 위한 '4대 원칙'으로 ①양당·양국 고위층의 교류 강화와 상호 이해·신뢰 증진, ②각 분야에서 전면적인 협력 심화, ③ 국제적·지역적 중대문제의 소통·협의·협력 강화, ④경제무역 협력의 발전을 제시했다.

2006년 1월 김정일의 방중 시 원자바오(溫家寶) 총리는 중북 간의 경제협력 원칙으로 '12자 원칙', 즉 '정부인도(政府引導), 기업참여(企業參與), 시장운용(市場運作)'을 제시했다.[7] 이 원칙은 2006년 7월 북한의 미사일 실험발사 이후 "정부유인, 기업참여, 시장원칙"으로, 2007년 양제츠(楊洁篪) 외교부장 평양 방문 시에는, "정부인도, 민간참여, 시장원칙"으로 약간 변화했다.

중국의 대북정책 기조가 강화되고 중북관계가 정상적인 궤도에 진입한 것은 2010년이었다.[8] 그해 5월 3일, 김정일의 중국 방문 시 후진타오 주석은 ①특사교환을 포함한 고위층 교류 지속, ②내정·외

全面合作, 黨的對外工作理論與實踐," 『當代世界』(2010.10), pp. 25-29 참조.

[5] 『人民日報』, 20001년 6月 2日. 刘金质 外 編, 『中国与朝鲜半岛国家关系文件资料汇编, 上』(世界知识出版社, 2006), pp. 328-329 참조.

[6] 중국 외교부 류전민(劉振民) 부장조리의 2012년 1월 8일 관영 新華通信과의 신년 인터뷰 내용이다.

[7] 『人民日報』, 2006年 1月 19日.

[8] 黄河吴雪, "新形势下中国对朝外交政策的调整," 『東北亞論壇』, 2011年 第5期 (总第 97期), p. 61.

교, 국제정세에 대한 전략적 조정(소통) 강화, ③경제무역 협력 심화, ④문화·교육·스포츠 등 인적교류 확대, ⑤국제·지역문제에서 협력 강화 등 5가지를 제안했다.

2010년 8월 김정일의 재방중 시 후진타오 주석은 기존의 '12자 원칙'을 '정부주도, 민간참여, 시장원칙, 공동번영(政府主导, 企业为 主, 市场运做, 互利共赢)'으로 제시했다. 기존의 '정부인도'를 '정부 주도'로 변경하고, '공동번영'을 새로 추가해 '16자 방침'으로 격상시 킨 것이다. 중국은 새로운 상황에서 중앙정부의 중북경협 참여와 지원을 확대, 양국이 윈윈(공동번영)하는 경제협력을 적극 추진하겠 다는 의지를 보였다.

한편, 국제사회에서 북한문제를 처리할 때 중국은 '전략적 협 력' 차원에서 ①북한의 존립을 좌우하는 문제에서는 북한을 적극 옹호하고, ②북한의 존립을 직접 해치지 않는 문제는 국익 또는 국 제관례에 따르며, ③중국의 이해관계가 크게 걸리지 않은 문제는 최 대한 북한의 의사를 존중하는 방향에서 대처하는 것으로 보인다.[9]

위와 같은 원칙과 방침에 따른 중국의 대북정책 기조는 아래와 같이 크게 ①북한체제 안정, ②대북 영향력 유지·확대, ③북한의 개혁개방 촉진, ④북핵문제 해결이다.

---

[9] 이종석, 『북한-중국관계, 1945-2000』(서울: 중심, 2000), pp. 286-287. 이종석은 양
국관계를 '전략적 협력관계'로 보는 이유를 중국이 북한체제의 위기극복을 위해 지
원을 계속하면서도, 양국 무역관계에서는 시장경제원칙을 적용하고 북한 핵개발을
반대하며, 남북관계 개선을 바라고 있기 때문이라고 설명한다.

1. 북한체제의 안정

중국은 북한 및 한반도의 안정을 자국은 물론 동북아의 평화·안정을 보장하는 핵심요소로 간주한다.[10] 장기적 관점에서는 한반도 평화체제 구축과 평화통일 등 한반도의 긍정적인 상황 변화가 동북아의 평화·번영은 물론, 자국의 안보·발전을 가져올 것으로 인식하고 있다.[11]

중국은 한반도 및 동북아의 불안정이 북한의 불안정으로부터 기인한 것으로 본다. 북한내부 모순의 압력과 함께 국제사회의 대북제재에 따른 경제난과 외교 고립 심화, 후계정국 등은 중국의 경계와 우려를 자아내는 것이다. 여기에 "한국과 미국의 공세적이고 '변덕스런(erratic)' 대북정책이 종종 자국에게 불신과 좌절을 가져다 주고 있다"고 본다.[12]

이런 상황에서 중국이 취할 수 있는 합리적인 선택은 소극적이고 방어적인 거부전략, 즉 북한의 안정과 한반도 평화·안정이다. 중국은 북한체제의 안정을 대북정책의 최우선 순위에 두고 있다.

중국에게 북한체제의 안정은 3가지 측면을 내포하고 있다. 먼

---

[10] 金灿荣, "东北亚新变局与'后金正日时代'的朝鲜半岛,"『现代国际关系』, 2012年 第1期, pp. 3-5; Bonnie S. Glaser, "China's Policy in the Wake of the Second DPRK Nuclear Test," *China Security*, Vol. 5, No. 2 (2009), pp, 5-6; David, Shambaugh, "China and Korean Peninsula: Playing for the Long Term," *The Washington Quarterly*, Vol. 26 No. 2 (2003), p. 45.

[11] Tang Yongsheng, "Reflections on How to Handle Possible Changes in the Korean Peninsula, Contemporary International Relations,"『现代国际关系(英文版)』2012-02-15, p. 84.

[12] Robert Sutter, "China and North Korea after the Cold War: Wariness, Caution, and Balance", *International Journal of Korean Studies*, Vol.ⅩⅣ, No. 1 (Spring 2010), p. 19.

저 한반도 및 접경지역에서 긴장이 고조되는 것은 중국의 경제발전
과 번영에 방해가 된다.[13] 북한의 붕괴 시 수십만 명에 이르는 북한
주민들이 국경지역으로 밀려들 경우 중국은 이들을 수용할 수밖에
없다. '동북진흥계획'도 성공할 수 없다. 따라서 중국의 당·정·군부
는 북한의 존재와 안정이 자국의 정치사회적 안정과 지속적인 경제
발전에 필수적인 것으로 인식한다.[14]

또 다른 측면에서 중국은 북한이 불안해지면 북한에 대한 주변
국들의 개입이 증대, 미국과 경쟁·대립할 수밖에 없게 될 상황을 우
려하고 있다. 북한체제가 붕괴될 경우 현실적으로 미국과 동맹관계
를 강화하고 있는 한국이 북한을 흡수통일하게 될 가능성이 크다
고 보는 것이다.

한국에 의한 북한 흡수통일은 압록강·두만강을 사이에 두고
미국과 직접 대치해야 하는 상황과 함께 무엇보다 유사시 양안통일
과 직결된 중국의 중요한 전략카드가 없어지게 되는 것을 의미한다.
중국이 북한을 쉽게 포기할 수 없는 이유이다. 북한은 중국 안보
의 핵심이익과 직결된 '전략적 자산'인 것이다.

한편, 중국이 북한의 안정을 포함한 한반도 평화·안정을 지속
적으로 강조하는 것은 6자회담을 주도하는 자국의 입장을 정당화
할 수 있기 때문이다. 또 북한의 안정은 중국의 지속적인 대북지원,

---

[13] 중국이 우려하고 있는 한반도 긴장상황은 북한의 불안정 심화 및 붕괴에 따른 난
민 유입, 한반도의 내전, 북한의 대남 무력도발, 국제개입에 의한 충돌 등이다. 龔克
瑜, "中國在朝核問題上的國家利益,作用和前瞻性思考,"『國際觀察』, 2008年 第2期,
pp. 59-61.

[14] Zhu Feng and Nathan Beauchamp-Mustafaga, "Chinese Policy Toward North
Korea in the Post-Kim Jong Il Era", *Korea Review*, Vol. Ⅱ, No. 2 (November
2012), p. 41; 龔克瑜, 위의 논문, pp. 59-60.

주변국의 과도한 북한문제 개입 저지, 유사시 중국의 적극적인 개입을 정당화할 수 있게 하는 명분이다. 물론 중국의 한반도 평화·안정 강조는 국제사회에서 당위론으로 해석되어 중국의 대북정책을 제약할 수도 있는 것이다.[15]

따라서 중국은 북한이 자국의 핵심이익을 위협하지 않도록 상황을 관리하면서, 동시에 북한을 전략카드로 남겨두고자 한다.[16] 이런 관점에서 보면 중국에게 북한 안정이란 지정학적 관점에서 파생되는 일종의 안보보험과 같다.[17] 이 보험은 중국이 동북아에서 미국을 능가하는 패권적 지위를 갖기 이전에는 쉽게 해지할 수 없는 것이다.

이와 같은 인식하에 최근 중국은 불안정한 북한이 붕괴되지 않는 방향으로 대북정책의 초점을 맞추고 있다. 중국은 북한에 대한 과대한 제재를 반대하면서 북한체제 유지에 필요한 경제적·외교적 원조를 계속하고 있다. 동시에 북한이 개혁개방을 통해 스스로 체제안정을 도모할 수 있도록 지원하고 있다.

근래 중국의 태도는 '중국은 책임대국'이며 중국의 목표는 한반도의 평화와 안정 유지(不戰不亂)라는 데 집중되어 있다. 중국은 남북한이 냉정과 절제를 유지하면서 충돌을 피하고, 우발적인 사건이 벌어지지 않도록 '권화촉담(勸和促談: 평화를 권하고 대화를 촉진)하면서, 북한에게는 무력도발이 더 이상 지속되어서는 안 된다는 점

---

[15] 이동준, "중국인의 대북인식과 북중동맹,"『평화연구』, 제20권 2호 (2012년 가을호), p. 373.

[16] 김흥규, "변화하는 중북관계와 한국의 국가전략,"『제114회 흥사단 금요통일포럼 자료집』(2011), pp. 9-10.

[17] 전성흥, "[시론] 중국, '포스트 김정일 북한' 先占하다"『조선일보』, 2011년 12월 23일.

을 보다 분명히 하고 있다.

2013년 2월 12일 북한의 3차 핵실험 이후 중국내 조야에서 북한에 대한 실망감이 확산되고, 대북정책을 조정해야 한다는 여론의 부각에도 불구하고 위와같은 중국의 대북정책 기조에는 변함이 없다. 동북아 질서를 규정하고 있는 미중관계와 한반도 정세에 근본적인 변화가 없는데 중국의 대북정책의 핵심기조가 변할 리는 없는 것이다. 상황 변화에 따른 미세한 조정은 늘 있어온 것이었다.

2. 대북 영향력 유지·확대

중국의 입장에서 가장 바람직한 한반도 상황은 한반도 전체가 자국의 영향력 아래 놓이는 것이다. 가장 피하고 싶은 상황은 적대국(미국)이 한반도에서 배타적인 영향력을 행사하는 것이다. 따라서 중국의 대한반도 정책의 핵심은 미국의 영향력을 견제하는 동시에 자국의 영향력을 유지·확대하는 것이다.[18]

중국은 한중관계의 발전, 러시아의 영향력 상실, 미국의 쇠퇴 등으로 한반도에 대한 영향력에 있어서 자국이 미국보다 우위를 점하고 있다고 본다. 북한에 대한 우월권이나 영향력을 계속 유지하는 것은 한반도에 대한 영향력 우위를 고수하기 위한 전제조건이다. 미국과의 영향력 경쟁에서 밀리게 될 경우, 중국은 동아시아에서 전략

---

[18] 참고로 미국의 대북정책은 ①북한의 비핵화를 목표로 견지하고, ②한미 간의 긴밀한 정책공조를 유지하며, ③북한이 행동으로 비핵화 의지를 보여야 한다(전략적 인내: 대화를 위한 대화는 거부)는 틀을 유지하고 있다. 미국은 자국이 "북한문제로 한국을 곤혹스럽게 하지 않겠다"는 입장에서 한국의 대북정책을 적극 지지해왔다. 일종의 대북정책 위탁관리(아웃소싱)인 셈이다.

적 주도권 상실은 물론 피동적 자세로 전락할 수 있다.

중국은 북한과의 긴밀한 관계를 유지하고 북한에 대한 영향력을 보유하고 있어야만 미국과 한국이 자국의 역할을 중시할 것으로 본다. 북미관계가 개선될 경우에 대비해서도 북한에 대한 영향력 확보는 필수적이다.[19]

중국에게 대북 영향력의 확대는 중북 양국 간의 신뢰를 강화, 대북 정보력의 한계를 극복함으로써 한반도 정세를 안정적으로 관리하는 데 이롭다. 북미관계 개선 과정에서 적극적인 역할을 할 수 있고, 북한체제의 안정, 점진적 대외개방 등 북한 변화를 자국에 유리한 방향으로 유도할 수 있는 지렛대로 활용할 수 있는 것이다.[20] 때문에 중국은 북한을 중시하고, 지지·지원을 계속하면서 북한을 불안정하게 하거나 극단적 상황으로 몰 수 있는 정책을 기피하고 있다.[21]

중국이 대북 영향력을 확보하려는 보다 현실적인 이유는 주변 안보환경을 안정적으로 유지하려는 데 있다. 2009년 북한이 2차 핵실험을 감행한 뒤 중국은 북한을 강력하게 비난하지 않았다. 북한과의 관계를 복원하는 방향으로 움직였다. 2006년 1차 핵실험 이후 자국의 대북 강경태도가 영향력 상실을 가져왔던 실수를 반복할 수 없었기 때문이다.

중국은 대북 영향력을 유지·강화하기 위해 때로 경제 및 정치·외교적 수단을 동원하고 있다. 2003년 4월 북한이 당초의 입장을

---

[19] 박동훈·강용범, "중국의 대북정책 논리와 북중관계," 『국제문제연구』, 제11권 제3호 (2011 가을), pp. 130-131.

[20] 박동훈·강용범, 위의 논문, p. 131.

[21] 黃河吳雪, 앞의 논문, pp. 58-59.

변경해 3자회담에 참여한 결정적 이유는 중국이 대북 원유공급을 일시 차단했기 때문이다. 중국의 대북 경제지원은 분명 북한에 대해 강력한 영향력을 발휘하는 수단이다.

중국은 북한에게 최소한의 경제원조와 적극적인 경제협력을 통해 대북 영향력을 유지·확대하고자 한다. 도와주는 만큼 자국의 영향력이 통하는 북한을 만들고 싶은 것이다. 또 북한 최고지도부와의 긴밀한 교류를 통해 정치적 유대를 유지함으로써 북한의 중요한 대내외 정책결정 과정에 영향력을 투사하고자 한다. 유엔 등 국제무대에서 북한의 입장을 배려하는 것 또한 그 대가로 북한을 자국의 세력범위 내에 묶어두기 위함이다.

중국이 북한에 대한 영향력을 확대하려는 또 다른 목적은 북한의 군사안보적 가치보다는 북한이 자국의 안전과 발전을 위협하지 않도록 관리해야 하는 비용 차원의 중요성 때문이다.[22] 북한의 비정상적 도발은 한반도와 동북아의 안보환경을 위협하는 것이다. 중국은 이를 적극 제어하고자 한다. 이를 위해서도 중국은 북한에 대한 영향력을 유지·강화할 필요가 있다.

3. 북한의 개혁개방 촉진

1980년대 말을 전후 동유럽과 소련이 붕괴된 후 중국은 북한의 물질적 후원자 역할을 홀로 떠맡고 있다. 중국은 일정량의 식량을 북한에 무상 또는 우호가격, 국제시장가격으로 제공하고 있다. 북한

---

[22] 김흥규, "변화하는 북중관계와 한국의 국가전략,"『제114회 흥사단 금요통일포럼 자료집』(2011), p. 7.

이 도입하는 원유의 거의 전량은 중국이 제공하는 것이다. 중국의 경제지원은 북한이 존속하는 데 필수적이다.

문제는 중국이 북한의 생존을 전적으로 책임질 수 없고, 무한정·무조건적으로 계속 지원할 수 없다는 것이다. 또 책임대국임을 자처하는 중국으로서는 국제사회의 일반적 바람과 통념에서 벗어나 행동하는 북한에 대한 지원은 부담이다. 북한의 경제난은 북한이 개혁개방하지 않고는 회복을 기대할 수 없다. 지난 60여 년 동안 중국의 대북지원은 '밑 빠진 독에 물 붓기'나 다름없었다.

다른 측면에서 북한의 개혁개방은 중국에게 보다 유리한 주변 환경의 제공은 물론, 자국 동북지역의 경제발전과 지역안정, 나아가 동북아 평화·발전 전략을 실현할 수 있는 전제조건이다.

중국은 오래전부터 북한의 개혁개방이 북한 및 북핵문제를 해결할 수 있는 궁극적인 해결책이라고 인식해 왔다. 그럼에도 북한이 처한 열악한 실정에서 섣부른 개혁개방은 자칫 체제붕괴를 초래할 수 있다고 보았다. 따라서 중국은 북한이 마음 놓고 개혁개방을 추진할 수 있는 여건 조성에 관심을 두었다.

중국은 북한이 1980년대 중반부터 개혁개방을 추진했으나 소련의 해체와 동구권 몰락을 목도하고 중도 포기한 바, 국제사회가 북한이 개혁개방에 나서도록 하려면 그런 걱정을 덜어주어야 한다는 입장이다. 압박·제재보다 격려·독려가 북한을 변화시킬 수 있는 효과적인 방법이라고 강조한다.[23]

중국은 남북분단, 비정상적인 북미관계, 북핵문제, 한반도 정전상태 등이 북한의 개혁개방을 가로막는 장애요인으로 본다. 이런

---

[23] 『環球時報』, "朝鮮的微細變化応收到鼓舞," 2012年 3月 8日.

문제들이 해소되지 않으면 북한이 진정성 있게 개혁개방을 추진할 수 없을 것으로 보는 것이다.[24]

그동안 중국은 '북한의 변화 없이 한반도 안정 없다'는 인식하에 다양한 경로와 방식을 통해 개혁개방을 주문해 왔다. 오래전부터 북한의 관련 인사들이 개혁개방에 눈을 뜰 수 있도록 각종 연수교육과 산업시찰을 지원하고 있다.

1990년대 중반 이후 중국은 기회 있을 때마다 북한지도부에게 자국의 개혁개방의 경험을 전수받아 경제위기를 타개하고, 남북관계 및 북미관계 개선을 통해 경제지원과 체제보장을 얻을 수 있도록 하라고 설득해 왔다. 무엇보다 북한의 최고지도자가 진정성 있는 개혁개방을 실시하는 것이 중요하다고 판단했다.[25]

이 같은 인식에 따라 중국 지도부는 김정일을 초청해 자국의 개혁개방의 성과를 둘러보게 하고, 아래 〈표Ⅱ-1〉에서 보는 바, 우선 그가 중국의 개혁개방에 대해 긍정적인 표현을 하도록 유도해 왔다.

2000년 이후 중북관계가 복원된 뒤부터는 이전의 신중한 개혁개방 권유에서 벗어나 보다 적극적으로 북한을 설득해 나갔다.[26] 북

---

[24] 중국 내 전문가들 중에는 북한이 중국과 베트남이 그랬던 것처럼 핵을 보유하거나 통일(?)된 후 자국의 안전이 확보되어야 개혁개방을 적극 추진할 것이라는 의견을 제시하기도 한다.

[25] 중국 전문가들은 어느 국가든 지도층 내에 다수 의견이 있을 수 있는 바, 문제는 이견을 극복하고 국정을 올바른 방향으로 유도해 나갈 수 있는 강력한 지도력과 진정성 있는 생각을 굳게 견지해 나갈 수 있는 강한 지도자가 있느냐의 여부가 중요하다고 말한다. 중국은 개혁개방 시 덩샤오핑(鄧小平)의 강력한 지도력과 진정성 있는 생각 덕분에 개혁파와 보수파 간의 논쟁 속에서도 개혁개방의 길을 굳게 견지해 나갈 수 있었다는 것이다.

[26] 후진타오 중국 국가주석은 2005년 10월 평양을 방문했을 때 김정일 국방위원장에게 이런 충고를 했다. "아시아의 사회주의는 몰락한 동유럽 사회주의와 다르다. 중국이 개혁에 성공했고 베트남도 잘하고 있다. 북한만 성공하면 아시아 사회주의 모델은 유럽과 확실한 차별성을 갖게 된다." 중국과 베트남이 '아시아 사회주의'의 성

한체제의 유지·발전을 위해서는 무모한 핵개발이 아니라 개혁개방이
필요하다는 점을 강조, 직·간접적으로 개혁개방을 권유한 것이다.

〈표II-1〉 김정일의 중국방문(집권 이후) 결과

차수/일시	방문 지역	김정일의 주요 발언	방중 결과
1차 '00.5.29-31	베이징	중국은 개혁개방으로 국력이 증대되었다. 덩샤오핑의 노선이 옳았다.	1차 남북정상회담 개최, 신사고 주창
2차 '01.1.15-20	상하이→베이징	상하이는 천지개벽 됐다. 중국의 엄청난 변화는 중국공산당의 개혁개방 정책이 옳았음을 증명한다.	이듬해 7.1경제관리개선 조치, 신의주 특구 개발 발표(9월)
3차 '04.4.19-21	베이징→텐진	6자회담 과정에 적극적으로 참여하며, 회담의 진전을 이룩하는 데 기여할 것이다.	두 달 뒤 3차 6자회담 개최
4차 '06.1.10-18	중부(우한, 싼시댐) → 남부(광저우, 주하이, 선전) → 베이징	급속히 변모된 남방지역의 발전상과 약동하는 중국의 현실은 잊을 수 없는 깊은 인상을 남겨……	시장 통제 움직임으로 회귀
5차 '10.5.3-7	다롄 → 텐진 → 베이징 → 선양	조중친선이 대를 이어 강화·발전되리라고 확신한다.	천안함 조사결과 발표 앞두고 중북 공조 강화
6차 '10.8.26-30	지린 → 장춘 → 하얼빈 → 무단장	조선은 중국 동북지역과의 교류협력을 강화하고, 중국의 발전 방법과 경험에 대해 진지하게 연구할 것이다.	한 달 뒤 제3차 당대표자회를 통해 김정은 후계 공식화

공 모델을 만들어 놨으니 유교문화와 분단국의 경험을 공유하고 있는 북한도 그
길을 따라오라는 것이었다. 2010년 5월 김정일 방중 시 회담에서 원자바오(溫家寶)
총리는 김위원장에게 "중국은 북한의 경제발전과 민생개선을 적극 지지하며 중국
의 개혁개방과 경제건설의 경험을 소개해주고 싶다"고 직접 제의한 바 있다.『新華通
信』, 2010年 5月 7日. 2010년 8월 후진타오는 방중한 김정일에게 자국의 개혁개방 30
년을 설명하면서 "경제발전을 하는 데 있어서 자력갱생도 중요하지만 대외협력도 필
수적이다. 이것이 시대조류에 순응하는 것이며, 국가발전을 가속화하기 위해 필요불
가결한 길이다"라고 직접 개혁개방을 촉구했다.

차수/일시	방문 지역	김정일의 주요 발언	방중 결과
7차 '11.5.20–27	무단장 → 창춘 → 양저우 → 난징 → 베이징	온 힘을 다해 경제건설에 집중하고 있다. 이를 위해 안정적인 주변환경이 중요하다.	중북 경협(황금평· 위화도/나선지역) 구체화, 6.28조치 등

* 출처: 이동률, "변화하는 중국과 북중관계," 『한반도와 중국: 비전과 과제』 (코리아연구원
국제학술회의발표문, 2011), p. 303 참고, 관련 자료들을 재정리함.

중국이 이 같은 전략을 구사한 데는 두 가지 목적이 있었다. 우
선은 김정일 위원장 당대에 개혁개방 전략을 채택하는 것을 희망한
다는 자국의 입장을 전달하는 것이었다. 보다 중요한 목적은 개혁
개방에 긍정적이라는 김정일의 어록을 축적, 김정은 등 차기 북한지
도부가 개혁개방 전략을 채택하려 할 때 거기에서 정당성의 근거를
찾고, 반대파를 제압하는 데 활용하도록 한 것이다.

한편, 북한은 전면적인 개혁개방이 정권과 체제의 유지에 사활
적인 결과를 가져올 수 있다는 것을 잘 인지하고 있다. 중국의 의
도 역시 인지하고 있었기 때문에 매우 신중한 태도를 보여 왔다. 그
러나 북한의 2차 핵실험 이후 국제적 고립이 가속화됨에 따라 중국
에 대한 전략적·경제적 의존도가 높아지면서 일부 중국의 의지에 부
응하는 태도를 보이고 있다.

그럼에도 중국은 자국의 경험에 비추어 북한이 김부자 세습체
제의 역사문제를 정리하고, 선군정치를 포기해야 진정한 개혁개방
이 가능하다고 보고 있다. 무엇보다 북미관계 개선 등을 통한 안정
적인 대외 여건이 필수적인 것으로 본다. 그러나 현재 그것이 불가능
하다는 점에서 제한적인 특구개발 방식을 지원하고 있다.

중국은 김정은 시대 출범 후 북한이 깃발을 바꾸지는 않았지만
깃발의 내용을 일부 조정하면서 변화하고 있다고 보고, 이를 적극

지원한다는 입장이다. 특히 나진-선봉지역과 황금평-위화도 경제특구가 북한의 경제개선에 도움을 주는 시범단지 역할을 할 수 있도록 개발을 적극 추진하고 있다.

중국의 지속적인 노력은 일부 북한의 변화움직임으로 나타나고 있다. 2012년 8월 2일 김정은 당 제1비서는 왕자루이(王家瑞) 중국 공산당 대외연락부장을 접견한 자리에서 "경제를 발전시키고 민생을 개선해 인민들이 행복과 문명적 생활을 누리게 하는 것이 조선노동당이 분투하는 목적"이라고 말했다.

김영남 최고인민회의 상임위원장은 8월 7일 하노이에서 가진 베트남 총리와의 회담에서 "베트남이 경제개발 과정에서 쌓은 경험을 우리와 공유해 달라"고 요청했다. 박길연 외무성 부상은 9월 28일 '77개국 그룹' 외상회의에서 "우리는 세계적 추세에 부합되게 자체 실정에 맞는 경제구조와 발전방식을 부단히 개선·강화하고 있다"고 밝혔다. 이는 북한이 경제발전과 체제안정의 딜레마 속에서도 새로운 경제관리개선 조치를 시행할 것임을 대외에 천명한 것으로 볼 수 있다.

중국은 김정일 사후 북한정세가 자국에게 기회를 제공하고 있다고 보고, 북한의 안정과 경제개선을 위한 개입을 보다 증대해 가고 있다.[27] 그러면서도 중국은 자국이 북한을 독식하고 있다는 한국 등 국제사회의 우려를 의식해 부분적이고 점진적인 접근을 취하고자 한다.

---

[27] Zhu Feng and Nathan Beauchamp-Mustafaga, "Chinese Policy Toward North Korea in the Post-Kim Jong Il Era", *Korea Review*, Vol. Ⅱ, No. 2 (November 2012), pp. 48-49.

4. 북한 핵문제 해결

북핵문제는 1993년 이후 지금까지 동북아 안보상황을 좌지우지하면서 협력과 갈등의 단속적인 변화를 주도하고 있다. 중국에게 북한의 핵개발은 평화로운 주변환경 조성이라는 자국의 외교목표에 어긋나는 골칫거리가 아닐 수 없다.

사실, 북핵은 중국에게 ①역내 불안정 유발(자국 발전 저해), ②북미 간 군사충돌 촉발, ③한미일의 군비증강 빌미 제공, ④동북아 핵도미노 초래, ⑤핵실험으로 인한 환경오염, ⑥최악의 경우 자국에 대한 공격용으로 사용 가능성 등 국익을 저해하는 것이다.[28]

특히 중국은 북핵문제로 인한 북한체제의 불안정, 핵확산에 따른 동북아의 핵·군비경쟁 촉발, 미국의 영향력 확대 등을 우려하고 있다. 북핵문제는 미중관계와 중북관계 갈등의 주요인으로 자국의 평화발전에 긴박한 도전요인이 되고 있다.[29]

북핵문제는 그동안 합의(3개)와 북한의 도발, 보상이 반복되는 과정에서 문제 해결보다는 북한의 핵실전 능력 보유라는 상황에 직면하게 되었다. 북한은 21세기 들어 '핵으로 안전을 바꾼다'는 발상에서 '핵을 가지고 안전을 지킨다', 즉, 핵과 정권의 존속을 동일시하는 쪽으로 정책을 선회했다. 북핵문제 해결을 위한 중국의 역할도 변화하고 있다. 초기의 관망자에서 중재자·조정자로, 최근에는 북핵문제의 안정적 관리에 중점을 두고 북한문제 해결에 중점을 두고 있다.

---

[28] 정재호 지음, 『중국의 부상과 한반도의 미래』(서울: 서울대학교출판문화원, 2011), p. 330.

[29] 『環球時報』, 2009年 5月 31日.

　　북핵문제에 대한 중국의 태도는 다음과 같은 인식에서 출발하고 있다.

　　첫째, 북핵문제는 북한의 장기적인 국제고립의 산물이다. 단순한 문제가 아니라 동북아 국제정치의 집약적인 굴절로 보는 것이다. 중국은 냉전종식 후 한국이 소련·중국과 잇달아 수교, 한국의 안보딜레마는 완화되었으나 북한은 미국·일본과의 관계정상화를 실현하지 못함으로써 안보딜레마가 악화되었다고 본다. 중국은 남북한 간의 세력불균형 상태에서 미국의 대북 적대시 정책 포기 및 북미관계 개선 없이 북핵문제가 해결될 수 없다고 본다. 안보문제 해결 없이 북한이 핵을 포기할 가능성이 낮다는 것이다.

　　둘째, 북핵문제는 북한경제 파탄의 산물이다. 경제가 어려우면 어려울수록 북한 내 군부의 입김이 세지고, 대외 강경책을 통해 대내 결속력을 유지하게 되면서 핵 포기가 더 어려워졌다는 것이다. 북한의 핵개발은 경제적 어려움을 포함한 총체적 난관을 극복하기 위한 돌파구라는 것이다.

　　셋째, 북핵문제는 북한정권 불안정성의 표현이다. 중국은 북한의 정권 교체기나 전환기에 대외 도발이나 강경책을 유발했다고 본다. 또 북한 스스로 불안하다고 느끼면 느낄수록 핵을 포기할 가능성이 낮다고 본다. 이제 중국인들 대부분은 북한의 핵무기를 협상용으로 보지 않고 있다. 또 북핵문제는 중국이라는 요소에서 비롯된 것이 아니고, 중국이 북한의 불안감을 해소해 줄 수도 없어, 중국정부가 해결할 수 있는 문제가 아니라고 본다. 중국은 자국이 북한의 안전보장이나 핵우산을 제공하지 않고 있는 상황에서 북한이 핵과 미사일을 개발해 스스로를 지키겠다는 데 어쩔 수 없다는 입장이다. 북한이 말을 듣지 않는다는 것이다.

이 같은 인식과 현실 상황에서 북핵문제에 대한 중국의 정책기조는 '북핵 3원칙'이다. ①한반도의 비핵화(半島無核化)와 비확산, ②한반도의 평화·안정(維護半島和平與穩定), ③대화를 통한 해결(通過對話解決問題)이 그것이다. 여기에 북한의 합리적 관심 사안의 해결과 함께 최근 강조되고 있는 포괄적·장기적 접근이 더해질 수 있다.

우선, 중국은 한미의 입장과 달리, 북한의 핵폐기가 아니라 한반도의 비핵화를 주장한다. 북한뿐만 아니라 한반도 전체의 비핵화를 추구하는 것이다. 북한에게만 일방적으로 핵폐기를 요구해서는 안 되며, 한국도 핵무장을 추구하지 말아야 하고, 미국도 한반도에 전술핵무기를 배치해서는 안 된다는 입장이다.

둘째, 중국은 북핵문제의 근본적 해법을 도출하기 위해서는 북한이 우려하는 안보위협을 해소해 주어야 한다는 입장이다. 중국은 2002년 10월 2차 북핵위기가 조성된 결정적인 이유는 미국이 북한을 '악의 축'으로 지목하고 북한에 대한 핵공격 가능성을 제기하는 등 북한을 위협했기 때문이라고 본다. 중국이 한반도 평화체제 구축에 적극적 입장을 보이는 것은 이와 무관치 않다.

셋째, 중국은 북핵문제가 대화와 협상을 통해 평화적으로 해결되어야 한다는 점을 강조하고 있다. 중국은 북한의 핵개발을 저지해야 한다는 데는 전적으로 공감한다. 하지만 북핵문제 해결 과정에서 무력이나 과도한 압력수단을 사용할 경우 오히려 부정적인 결과를 초래할 수 있다고 우려한다. 중국에게는 북핵문제 해결보다 북한의 붕괴 방지와 한반도 안정이 더 중요하다. 유엔 안보리의 과도한 대북 압박·제재의 결의에 반대하고, 그 이행에 적극 동참하지도 않는다. 비핵화를 지지하지만 북핵 폐기보다는 핵문제로 인한 한반도의 안보위기 악화를 방지하고, 평화와 안정을 유지하는 데 우선순위를 두고 있는 것이다. 여기에는 북한의 2차 핵실험 이후 북한의 핵보유 의도와 미국의 북핵문제 해결에 대한 진정성 및 동아시아 전략에 대한 의구심이 작용하고 있다. 북한이 핵을 포기할 리 없는데 미국 등 국제사회가 핵포기를 강요하는 것은 다른 의도가 있다고 보는 것이다.

중국은 줄곧 북핵문제를 해결할 수 있는 유일한 방식이 6자회담이라는 점을 강조해 왔다. 중국은 6자회담이 북한 핵문제를 다루는데 있어 가장 합리적이고 현실적인 해결 방도(플랫폼)라고 본다.[30] 다만, 중국은 6자회담이 유명무실한 상황에서 북핵문제 해결과 함께 동북아평화체제 구축 기제로 재작동할 수 있도록 회담의 절차와 운영방식의 조정을 검토하고 있다. 변화된 상황에서 6자회담보다 4자회담을 보다 효율적인 방식으로 보는 것 같다.

넷째, 중국은 북한이 핵을 포기할 가능성이 낮다고 보고, 강제적 방식보다는 북한의 체질 전반에 대한 개선을 통해 해결하고자 한다. 미국이 북한의 핵포기 대가로 일정 수준의 경제원조와 안전보장을 해주고, 지역차원에서 미중 간의 협력과 6자회담을 통해 동북아 다자안보기제를 창설하며, 세계차원에서는 핵비확산조약(NPT)을 통해 북한의 비핵화를 견인할 수 있을 것으로 본다. 이에 따라

---

[30] 중국이 6자회담에 외교적·전략적 중요성을 부여했던 이유는 ①이 회담이 미국의 양자동맹 외교를 견제할 수 있는 다자 안보협의체이고, ②자국 주도로 이루어지고 있어 발언권을 강화할 수 있으며, ③한반도의 평화·안정에 이바지함으로써 국제사회에서 중국위협론을 불식시킬 수 있고, ④주변국에 책임대국으로서의 이미지를 각인시킬 수 있기 때문이다. 따라서 중국은 지속적인 6자회담 개최와 6자회담의 궁극적인 성공에 관심을 두고 있다. 중국은 6자회담이 성공적으로 진행되면 자국이 한반도 평화체제 및 동북아 안보협력체의 형성을 주도할 수 있다고 판단하고 있다. 黄凤志·金新, "朝核问题六方会谈机制评析,"『现代国际关系』, 2011年 12期, pp. 9-15.

중국은 북한에 대해 경제·군사적 제재를 포함한 강요나 압박을 행사하려는 의지를 갖고 있지 않다.

중국은 지난 20년 동안 북핵문제 해결 과정에서 이 문제의 복잡성을 경험했다. 이에 따라 중국의 북핵정책은 우선 6자회담의 틀을 유지함으로써 문제의 악화를 방지하고, 한반도의 평화·안정을 확보하는 것이다. 그런 한편, 북한체제의 유지에 필요한 지원을 통해 북핵문제를 안정적으로 '관리'하는 데 중점을 두고 있다.

북핵문제의 최대 쟁점인 북한의 '선 북미관계 개선을 통한 안전보장'과 한미의 '선 북핵 포기' 입장과 관련해서는 북한 편에 서 있다. 경제적으로나 국제적 위상 면에서 큰 나라인 미국이 먼저 조치를 취해 북한이 안심하고 국제사회로 나와 정상적인 행동을 할 수 있도록 명분을 주고, 배려해야 한다는 것이다.

북한의 불안감을 해소하기 위해서는 미국·중국·한국·일본 모두의 노력이 필요하며, 북한을 자극하지 말아야 한다고 주장한다. 북한에게 핵을 포기하라고 계속 압박과 제재를 가하면서 불안을 느끼게 하는 것은 모순적인 일이라고 지적한다. 북핵문제 해결을 위한 한미의 진정성을 의심하고 있는 것이다.

중국은 북핵문제의 심각성에도 불구하고 아래 〈표Ⅱ-2〉와 같이 이 문제가 근본적으로 북미 양자 간의 대결문제이자 현안이기 때문에 자국의 역할은 제한적이라고 판단하고 있다. 미국과 한국이 소극적인데 자국이 앞장서서 적극 나설 일도 아니라는 입장이다.[31]

---

[31] 張璉瑰, "朝鮮核問題現狀與美國責任," 『東北亞學刊』, 2012年 5月 第2期(總第2期), pp. 7-8.

〈표II-2〉 북핵문제 관련 북미 대결전략

구분	미국	북한
전략환경	동아시아 패권의 약화	국가안보 불안
전략목표	지역패권 유지, 비핵화, 비확산	안전보장, 경제지원, 북미관계 정상화
전략자원	군사력 전진배치, 한·일군사동맹	핵실전 능력
전략수단	정치적 압박, 군사적 위협, 경제봉쇄	핵무기 보유, 벼랑 끝 전략

* 출처: Huang Fengzhi·Jin Xin, "Assessment of North Korea Nuclear Six –Party Talks," CIR, Vol.22 No.1 (January/February 2012), p. 100.

특히 중국은 북한의 핵보유가 자국의 노력, 즉 자국의 중재·조정외교의 실패가 초래한 것이 아니라 매우 복잡한 배경이 있다고 보고 있다.[32] 따라서 중국은 핵보유가 기정사실화된 상황에서 북한이 핵을 포기하도록 하는 것이 궁극적인 목적이지만, 현실적인 목표는 북한의 핵무기·핵기술·핵물질의 해외 이전과 관련된 핵위험을 '관리'하면서 중장기적인 과제로 접근하고 있다.

중국으로서는 북한이 소위 '레드라인(red line)'만 넘지 않는다면, 북한의 핵은 북한의 생존(안전)과 '이이제이(以夷制夷)'라는 일석이조의 효과를 거둘 수 있는 것이다. 중국은 북한의 핵무장이 북한의 불안 해소와 한반도에서 남북한 군사적 균형에 해롭지 않은 것으로 보는 경향이 없지 않다.

북한의 핵실험과 미사일 발사 후 중국이 매번 강조하는 바는 "한반도의 비핵화 및 한반도의 평화·안정 수호를 위해 힘쓸 것이다. 유관 각 측이 냉정함을 유지하고 자제, 한반도의 핵문제를 적절히 처리하는 것이 공동의 이익에 부합하며, 공동의 책임"이라는 것이다.[33]

---

[32] 어우양산(歐陽善) 저, 박종철·정은이 역, 『중국의 대북조선 기밀파일』(서울: 한울, 2008), p. 181.

[33] 2012년 4월 13일, 12월 13일 중국 외교부 대변인 브리핑 내용. 2006년 북한의 1차 핵실

제3절 접근전략·방침

중국의 대외정책에는 자국의 오랜 역사에서 배운 지혜가 묻어 있다. 중국이 매 사안을 전략적으로 접근한다는 사실은 잘 알려져 있다.[34] 대북정책도 예외가 아니다.

중국은 상술한 대북정책의 목표와 기조를 구현하기 위해 다음과 같이 4가지 접근전략을 구사하고 있는 것으로 보인다. ①견제와 균형 ②중요 사안의 분리접근, ③전략적·장기적 고려 ④적극적 관리·통제가 그것이다. 이러한 전략은 2009년 중국의 대북정책이 보다 강화되면서 뚜렷해지고 있다.

험 이후 북 핵실험, 미사일 시험발사 관련 중국의 공식입장은 이와 유사한 것이었다.

[34] 중국의 서점에 가면 국가 '大戰略'을 논한 책자가 상당히 많다는 것을 볼 수 있는데, 대표적인 것으로는 胡鞍钢, 『中国崛起之路』(北京大学出版社, 2007); __, 『中国大战略』(浙江人民出版社, 2003); 葉自成, 『中國大戰略』(中國社会科学出版社, 2004); 郭樹勇 著, 『大战略研究叢書: 大國成長的邏輯』(北京大學出版社, 2006); 金骏远, 『中国大战略与国家安全』(北京: 中国社会科学出版社, 2008); 中國未來走向 編寫組 編, 『中國未來走向 - 聚焦高層決策与國家戰略布局』(北京: 人民大出版社, 2009.5); 楚树龙·金威, 『中国外交战略和政策』(北京: 时事出版社, 2008); 門洪華 著, 『構建中国大戰略的框架 - 國家實力, 戰略觀念与國際制度』(北京大学出版社, 2005.2); 宋越來 著, 『中國策 - 新世紀, 大視野与我們的治國方略』(武漢出版社, 2010.1) 등이 있다.

1. 견제와 균형(이중성)

중국은 대북정책을 추진하면서 남한과 북한, 미중관계와 중북관계, 책임대국과 북한의 전략적 가치 사이에서 균형과 조화를 취하고 있다. 이를 통해 주변국들을 견제하면서 자국의 이익을 도모하고자 한다.

중국은 '두개의 한국' 정책을 추진하는 과정에서 남북한 균형을 유지한다는 원칙을 견지하고 있다. 일례로 중국의 모든 호텔 현관에는 주요국의 현재 시간을 알려주는 시계가 있으나, 가장 많은 관광객이 투숙하는 한국인에게 서울 시간을 알려주는 시계는 없다. 북한의 평양 시간을 알려주는 시계와 함께 걸지 않으면 안 되기 때문이다.

중국에게 남한과 북한은 서로 다른 의미에서 어느 하나도 포기할 수 없는 중요성을 지니고 있다. 북한이 군사안보적 측면, 특히 대미관계에서 중요한 존재라면, 남한은 그것을 제외한 거의 모든 면에서 북한을 능가하는 유용성을 지닌다.[35]

따라서 중국은 한반도 문제에 대해 "시비곡절을 가려 자국의 입장과 행동을 결정하고 있다. 남북한 어느 일방을 두둔하거나 이유 없이 한쪽에 힘을 실어주지 않는다"는 방침(등거리)을 강조한다.[36] 또 사안과 상황에 따라 자국의 대북정책에 일부 조정이 있을 수 있고, 주권국가 간에는 이견이 있다는 점을 강조한다. 중국은 대

---

[35] 전성흥, "두개의 한국정책 바로보기," http://blog.naver.com/PostPrint.nhn?blogId=lestep han &logNo=50094533843 (2012.11.18 검색).

[36] 2012년 6월 3일 한중친선협회 주최 간담회에 참석한 한중수교 당시 중국 측 협상 수석대표 쉬둔신(徐敦信) 전 중국 외교부 부부장과 장칭옌(張庭延) 전 초대 주한대사는 중국이 북한을 지나치게 감싸고 있다는 지적에 대해 이같이 설명·강조했다.

세에 따라 북한에게도 할 말이 있으면 말할 것이고, 할 일이 있다면 할 것이라는 입장이다.

이런 점에서 한국 내 일각의 '통중봉북(通中封北)' 주장은 중국이 일방적으로 남한 편에 서는 것을 전제한 것으로, 한반도 및 역내 정세안정에 도움이 되지 않는 것으로 본다.

중국은 2010년 천안함 사건 처리 과정에서도 균형과 중립을 유지하려고 노력했다. 시종 "한반도의 평화·안정 유지라는 대국적 관점에 기초해서 이 사건을 냉정하고 절제된 자세로 처리해야 한다", "중국은 어떤 일방의 입장에도 기울이지 않을 것"이라는 입장을 취한 것이다. 중국이 한미동맹의 강화에 대응, 2009년부터 북한과의 동맹을 강화한 것 또한 대미 견제와 함께 세력균형을 위한 것이다.

사실, 중국이 북핵문제와 북한문제를 처리하는 과정에서 관련국가들 중 어느 한쪽으로 경사되는 것은 자국의 전략적 이익에 부합하지 않는 것이다. 관련국들 간의 이해관계가 다른 경우가 많고, 특히 중국은 책임대국이라는 위상과 이미지를 고려하면서 북한의 안정과 안정된 중북관계를 추구해야 하기 때문이다.

이에 따라 중국의 대북정책에는 많은 경우 이중성을 보이고 있다. 예를 들면, 중국은 북한이 위기를 조성할 경우 추가적인 도발을 견제하는 한편, 북한체제의 생존과 안정을 위해 최소한의 인도적 지원 등을 유지하고 있다. 북한의 도발에 대해서는 단호히 반대하고 국제사회의 대북제재 결의에 참여하면서도, 북한의 안정을 해치는 과도한 제재는 반대한다. 북한과의 전통적인 우호노선을 강조하는 가운데 국제공조를 병행하고 때로 절충하는 전략적 모호성도

취하고 있다.[37]

또한 중국은 북한이 자국이 원치 않는 일을 하면 엄격한 태도를 취하고 있다. 그 방법은 공개적으로는 최대한 온화하게 말하되, 문을 닫고 북한과 대화할 때는 매우 강하게 큰 소리로 입장을 전달한다. 북한문제가 불거질 경우 당 기관지인 인민일보는 당사국들의 자제와 대화를 촉구하는 반면, 인민일보 자매지인 환구시보는 북한에 대한 불만과 경고, 정부의 강경 대처를 촉구하는 것도 같은 맥락이다.[38]

중국은 북한이 대미관계 개선을 추구하면서 자국을 폄훼하거나 한반도 문제에서 제외시키려는 행태를 보일 경우에도 좌시하지 않았다. 일시적이나마 북한 급변사태나 '한반도 통일이익론'을 공개적으로 논의하도록 했다. 한국이 주도하는 것이 명백한 '자주적 평화통일'을 강조하기도 한다. 북한과 함께 미국을 견제하고 한국을 견인하려는 것이다.

이렇듯 중국은 견제와 균형, 정책의 이중성과 모호성을 통해 자국의 입지를 강화하면서 북한과 한반도에 대한 영향력을 유지하고자 한다. 따라서 중국의 대한반도 또는 대북한 정책을 올바로 보기

---

[37] 김진무·성채기·전경만, 『북한과 중국』(서울: 한국국방연구원, 2011), pp. 170-173; 박홍서, "게임이론을 통해 본 중국의 대한반도 전략: 천안함, 연평도 사건을 중심으로,"(제91차 중국학연구회 정기 학술발표회 발표문, 2011), p. 161-162 참조.

[38] 인민일보 자매지인 環球時報(발행부수 200만)는 중국정부의 입장을 대변하지는 않으나 사설에 담긴 북한에 대한 메시지는 분명히 중국정부 입장의 또 다른 면이나 분위기를 보여주는 것이다. 환구시보의 사설은 전문가의 검토와 중국정부의 동의가 있어야 게재되기 때문이다. 그렇다고 이를 중국 정부의 정책 또는 공식입장으로 이해하는 것은 오판을 초래할 수 있다. 참고로 중국 내에서는 "중국의 지도층은 人民日報를 보고, 스스로 지도층이라고 생각하는 사람들은 환구시보를 보며, 지도층이 되고자 하는 사람들은 南方週末을 본다"는 말이 회자되고 있다.

위해서는 표명된 정책(stated policy)과 그 이면에 숨겨져 있거나 잠재되어 있는 실질목표(real purpose), 진의를 잘 읽을 수 있어야 할 것이다.

2. 중요 사안의 분리접근

중북관계에는 두 개의 측면, 즉 '북한문제'와 '북핵문제'가 있다. 북핵문제의 배경 또는 배후에는 북한문제가 자리하고 있다. 그동안 국제사회는 북핵문제에 집중, 북한문제에는 관심을 두지 않았다.

중국은 개선의 움직임이 거의 없는 북한문제의 해결 없이 북핵문제가 해결될 수 없다고 생각한다. 북한의 안보불안을 해소하는 일이 중요한 일이라고 보는 것이다. 이런 맥락에서 6자회담의 9·19공동성명은 북핵문제 해결과 함께 북한문제 해결 방안을 담고 있다.[39]

중국은 그동안 북한과의 전통적인 우호협력관계를 유지하면서 6자회담을 통한 북핵문제 해결을 위해 노력해 왔다. 북한이 핵을 포기해 안전보장을 확보하는 방향으로 가도록 설득해 온 것이다. 이는 국제사회의 책임대국으로서 자국의 위상과 역할, 강대국(미국) 과의 관계를 고려한 것이었다.

아래 〈표Ⅱ-3〉에서 보는 바, 중국은 2009년 이전에는 북핵문제와 북한문제를 별도로 구분하지 않았다. 대미 협조 차원에서 북핵문제 해결을 위해 적극적인 자세로 임했다. 그 결과, 북핵문제 해결은 진전되지 않은 채 북한의 불안·고립감만 고조되었다. 중북관계는 더욱 소원해졌다. 북한은 중국을 배제하려 하거나 곤혹스럽게

---

[39]　朱锋,『国际关系理论与东亚安全』(中国人民大学出版社, 2007), pp. 193-203.

하는 도발을 계속했다. 중국은 자국의 대북 영향력과 한반도 문제의 주도권이 약화되는 딜레마에 처하게 되었다.

〈표II-3〉 중국의 북핵·북한 문제 인식

구분	주요 인식 내 용
북핵문제	● 국제사회의 핵포기 압박 ⇒ 북한의 불안 증대 ⇒ 핵개발 가속 ● 미국은 북핵문제를 북한변동·동맹강화·대중견제·압박의 구실로 활용 ● 북핵은 대미 협상용 ⇒ 북한정권의 정체성, 안보구상의 핵심(핵보유) 　－ 북한의 핵포기 및 6자회담 전망 불투명
북한문제	● 문제아·미운 오리새끼/전략적 완충 ⇒ 북한부담론/북한자산론 ● 북한 불신, 대북관계(동맹)에서 딜레마(방기·연루 위험) 지속 ● '책임대국'(주로 대미관계)과 북한 안정관리 사이의 딜레마도 지속

* 출처: 관련 자료를 종합·정리함.

따라서 중국은 2009년 7월 관련 회의를 연이어 개최하는 등 고심 끝에 북핵문제와 북한문제를 분리하기로 결정했다. 이전과 달리 '북핵문제 해결'보다 '북한체제 안정'을 우선시하는 방향이었다. 미국 등과의 국제공조를 통한 북핵문제의 해결보다 북한과의 협력을 통한 북핵·북한문제 해결을 추구하기로 한 것이다.[40]

아래 〈표II-4〉와 같이, 2009년 이후 중국은 북한문제에서 시작해 북핵문제로 접근하는 전략을 구사하고 있다. 북한을 개혁개방으로 유도, 대외 경제관계 발전 등을 통해 북한 스스로가 핵을 포기하도록 하는 것이다. 중국은 '북한문제'라는 북한의 장기적 존재방식과 관련된 큰 틀에서 '북핵문제'에 접근하고 있다.

동시에 중국은 경제적 관여를 통해 대북 영향력을 확대하면서,

---

[40] 최명해, "북한의 대중 '의존'과 중국의 대북 영향력 평가," 『주요국제문제분석』(외교안보연구원, 2010), pp. 6-7.

북한이 한반도 안정을 해치는 도발을 억제하고, 북한의 권력승계 과정에서 불안정하지 않도록 지원하고 있다. 중국은 새로운 북한 지도부와의 교류를 보다 강화해 영향력을 확대하고자 한다.[41]

〈표II-4〉 중국의 북핵·북한 정책 변화

구분	정책 내용
북핵문제	• 북한의 핵포기보다 핵위험 관리에 중점 • 낮은 수준의 핵보유 국가에 머물게 관리, 일본의 핵무장 차단 • 6자회담의 당위성 주장, 유용성을 인정하되 대안을 검토
북한문제	• 북한의 국제적 고립 완화, 국제사회의 대북 압력 완화/완충 역할 　– 불안정 관리, 대미 완충지역 확보, 균형자 역할(대미 견제) 추구 • 북한의 안정 지지 ⇒ 정치적 신뢰 구축 ⇒ 전략적 소통·협력·영향 강화 • 경제협력을 지렛대로 북한의 점진적 개혁개방과 국제사회로 견인 　– 경협을 통한 변경 안보, 자원·시장 기지화, 出海口 확보 　– '정부가 주도' 하는 시장경제(Beijing Consensus) 확장

* 출처: 관련 자료 종합·정리함.

3. 전략적·장기적 고려

한국인과 중국인이 다른 점이 많지만, 유독 차이가 나는 것은 시간 개념이다. 한국인들의 '빨리 빨리'에 비해 중국인들은 '만만디(漫漫的)' 그 자체다. 일상에서 뿐만 아니라 국가 차원에서도 중국인들의 시간은 무한대인 것처럼 보인다. 우리 세대에 못하면 다음 세대에 하면 된다고 할 정도이다.[42]

　또 중국은 중요 사안은 전략적으로 접근하는 경향이 있다. '전략적 사고'는 지엽적인 발전을 위해 대세적인 이익을 저해해서는 안

---

[41] 김흥규, 앞의 논문, p. 14.

[42] 이세기 지음, 앞의 책, p. 251.

되며, 당면한 이익을 위해 장기적인 이익에 손해를 끼쳐서는 안 된다는 것이다. 피아의 능력을 적절히 활용함으로써 국익을 극대화시키기 위한 사고이다.[43]

중국은 중북관계를 '전략적인 관점과 장기적인 안목'에서 파악하고 정책을 추진하고 있다.[44] 최근 중국의 대북정책은 현실적으로 북한의 핵무장을 저지하기 어렵다는 점을 전제하고 있다. 북한이 핵을 포기하지 않을 것인데 이를 계속 요구할 경우 북한과의 관계만 악화되고, 문제를 통제하기 어려운 상황이 조성될 수 있다. 따라서 중국은 중장기적 관점에서 핵포기를 종용하면서도 북한과의 관계를 강화, 대북 영향력을 확대해 가면서 문제를 해결해 나가는 전략을 구사하고 있다.[45]

중국은 또 북핵문제 해결 이후 동아시아 세력관계의 변화에도 대비하고 있다. 즉, 중국은 미일에 대한 전략적 신뢰가 확고하지 않은 상황에서 북한문제를 포괄적·장기적 차원에서 전략적으로 접근하고 있다. 북한의 정치적 안정을 도모하는 가운데 북핵문제를 해결하면서 자국이 주도하는 동북아 경제 또는 안보협력체의 형성을 추구하는 것이다.[46]

한편, 중국은 자국의 경제발전 모델(中國模式: Beijing Consensus)의 북한 이식(移植)이라는 보다 근원적이고 장기적인 전략목표를 추구하고 있다. 이를 통해 중국은 북한체제의 안정과 소

---

[43] 中國 國防大學 저, 박종원·김종운 역, 『中國 戰略論』(서울: 팔복원, 2001), pp. 27-34.

[44] 『新華通信』, 2010年 5月 17日.

[45] 金哲, "新阶段中朝经贸合作的新特点及新思路," 『当代亚太』, 2010年 第6期, pp. 141-144.

[46] 『環球時報』, 2010年 10月 11日.

위 '베이징 컨센서스'에 기초한 친중국 체제의 정착을 모색하는 것으로 보인다. 북미관계가 개선되더라도 자국의 영향력이 약화되는 것을 최소화할 수 있는 전략이다.

나아가 중국은 현재는 '전략적 부담'이지만 미래에는 '전략적 자산'이 될 수 있는 북한을 중·단기적으로는 북핵문제로 인해 유발되는 위기관리에 중점을 두고 있다. 장기적으로는 북한의 안정·발전을 유도함으로써 대북 영향력을 유지하면서 자산으로서 북한의 전략적 가치를 극대화하고자 한다.[47]

중북 경제협력에서도 중국은 이전과 질적으로 다른 전략을 구사하고 있다. 대증요법(對症療法)식 처방이 아니라 북한으로 하여금 중국의 지원협력 아래 경제구조를 바꿔 활로를 뚫는 '근본적인 치유방식'이 그것이다.[48]

북한은 나선 경제무역지대와 황금평 경제지대를 종합경제특구로 발전시켜 경제회생의 선도구로 삼겠다는 계획이다. 이러한 북한의 계획과 연계해 중국은 동북지역 개발의 중요한 축인 창지투(長吉圖) 및 랴오닝(遼寧) 연해벨트 개발 과정에서 북한의 값싼 노동력과 지하자원을 활용, 경제적 이익을 증진하고, 북한의 경제안정을 통해 접경지역의 불안요소를 제거하겠다는 구상이다.

이 구상은 자국 내 '동변도(東邊道) 철도'[49]와 함께 동쪽에서는 훈춘-나진선봉 지구를 잇는 도로를 정비하고, 서쪽에서는 新압

---

[47] 이동률, "중국의 대북전략과 북중관계, 2010년 이후 김정일의 중국방문 결과를 중심으로," 『세계지역연구논총』, 29집 3호 (2011), p. 312.

[48] 龔克瑜, "巧解中朝之惑," 『當代世界』(2009.7), pp. 26-27.

[49] 이 철도는 헤이룽장성(黑龍江省) 무단장(牧丹江)에서 지린성과 랴오닝성의 북한 국경지대(투먼-통화-단동 등)를 거쳐 다롄(大連)까지 이어지는 총 1,380km에 달하는 것으로 2006년 7월 착공되었다.

록강대교를 건설하며, 중부에서는 남양(中)-무산(北)간 철도를 부설하는 것으로 구체화되고 있다. 심양과 단동, 장춘과 훈춘을 잇는 초고속철도의 부설도 추진되고 있다. 길이 만들어지면 사람과 함께 물건·돈이 그 길을 따라 자연스럽게 흐르게 될 것이다.

이처럼 중국은 북한문제를 포괄적이고 장기적인 과제로 접근해 북한의 국제적 고립을 완화하고, 정치안정을 지지·지원하며, 경제협력과 정치적 신뢰를 지렛대로 북한을 개혁개방과 국제사회로 견인하는 정책을 추진하고 있다.

특히 중국은 경제협력을 북한문제 해결은 물론, 한반도와 동북아 평화·발전의 요체로 보고 있다.[50] 이 같은 전략적 관점과 장기적인 안목은 북한의 중국 예속, 동북4성화 등 주변국의 우려를 최소화하면서 자국의 목표를 점진적으로 달성해 가는 중국 특유의 방략(方略)일 것이다.

4. 적극적 관리·통제

탈냉전 이후 중국은 중북관계의 특수성에도 불구하고 이를 점차 미중관계의 하위관계로 전환해 나갔다. 중북관계가 더 중요한 이익이 걸린 미중관계의 발전에 장애가 되지 않도록 관리해 왔다. 가능하면 비용을 최소화하면서 중북관계의 현상유지에 기반을 두고 북한을 점진적으로 개선해 나가려고 한 것이다.

이러한 중국의 정책 추진 결과에도 불구하고 북한·북핵문제는 전혀 해결의 기미를 보이지 않았다. 점점 더 악화됨으로써 자국의

---

[50] 王湘穗, "以经济合作推动东北亚安全", 『现代国际关系』, 2012年 01期, p. 16.

이익이 침해되었다. 북한·북핵문제의 악화는 북한 및 중북관계에서 외부세력이 개입을 강화하는 빌미가 되기도 했다. 자국의 전략적 이해가 침해되는 가운데 국제사회에서의 위상과 이미지도 악화되었다. 대북정책을 재검토하지 않으면 안 되는 상황이 초래된 것이다.

이에 따라 중국은 기존의 '한방식' 처방에 '양방식' 처방을 더하는 보다 적극적인 북한관리 정책을 추진하고 있는 것으로 보인다.[51] 그 일환으로 중국은 2009년부터 국제공조를 통한 북핵·북한문제 해결 행보에서 독자적인 행보에 중점을 두는 방향에서 정책을 전환하고 있다.

2011년 말 김정일 사망 이후에는 기존의 북한 후원자에서 보호자로 변화하는 모습을 보였다. 한반도 문제와 관련해서도 상황의 안정적 관리를 위한 '건설적 중재자(constructive mediator)'에서 적극적인 '실용적 관리자(pragmatic manager)'의 역할을 모색하고 있다.[52]

최근 중국이 북한과의 경제협력에서 '정부 주도', '새로운 경제협력'을 강조하고 있는 것은 중국의 대북정책 변화를 실감할 수 있는 부분이다. 중국은 1990년대 중후반부터 시작한 '서부대개발'을 위해 서부의 인접국가인 미얀마와의 경제협력을 적극 추진했듯이, 2009년부터는 북한과의 경제협력을 적극화하고 있다.[53] 이를 통해 자국

---

[51] 2009년 10월 중국출장 시 본 연구자와 면담한 당 대외연락부 아시아 2국장은 당시 북한의 여러 가지 문제 해결을 위해서는 양방보다 한방 처방이 필요하다고 강조한 바 있다.

[52] 2011년 7월 22일 아산정책연구원 전문가 초청 세미나에서 주펑(朱鋒) 베이징대 교수의 발언.

[53] 중국은 인접국가인 미얀마와의 관계에서 인프라(석유·가스파이프 라인, 미얀마 회랑 등) 건설과 지하자원 부문의 투자를 통해 서부대개발의 성장동력을 확보하고, 해상수송로 확보 및 내륙지역으로의 교통인프라 구축을 통해 경제권역을 넓혀가고 있다. 미얀마와의 국경지대는 일종의 완충지대적 성격을 가진다. 국경지대를 개발해

동북지역의 안정과 주변지역의 안정을 도모하고자 한다.

중국의 동북진흥계획은 미얀마와의 경제협력과 마찬가지로 자국의 지린성(吉林省)과 랴오닝성(遼寧省)을 북한지역의 압록강·두만강 지역과 '일체화'하는 것으로 계획되어 있다. 중국이 국경안보의 위험지대에 단일 경제구역 형성을 추진하는 데에는 '新완충지대' 형성이라는 전략적 의도가 깔려있다. 중국의 '지역 일체화' 의도는 대북 경제협력을 통해 자국의 정치적 영향력을 확대시키고, 접경지역의 경제발전과 안정을 추구하려는 것이다.[54]

중국이 북한을 보다 적극적으로 관리하고자 하는 모습은 2010년 5월 김정일의 방중 시 중국지도부의 발언에서 구체화되었다. 후진타오 주석은 김정일 위원장에게 '내정·외교의 중대문제, 국제·지역 정세, 치당치국(治黨治國)의 경험'에 대한 협의를 제의했다. '북한체제의 안정'과 '북핵상황 관리'를 위한 양국 간에 전략적 소통을 강조하고, 이를 위해 상시적인 의견 조율이 가능한 고위급 대화채널의 신설을 제안한 것이다. 중국이 제안한 5개 사항 중 3개 항은 양국 고위층의 교류 확대와 소통을 위한 것이었다. 이는 중국지도부가 북한지도부와 '불통' 상태에 빠진 현실을 극복하기 위해 북한과 정상적이고 상시적인 대화통로의 구축을 열망하고 있음을 보여주는 것이다.[55]

발전시킴으로써 난민의 국내 유입을 최대한 저지하고, 국경안보 관리대상을 일정한 지역으로 집중시킬 수 있다는 고려가 내재되어 있다. 이선진, "동남아, 미국과 중국의 각축장," 『국가와 정치』, 제18집 (2012), p. 70.

[54] 满海峰, "新时期中朝关系定位与中朝边境地区经济合作发展," 『辽东学院学报(社会科学)』(2 011), pp. 120-125; 禹颖子, "近期中朝边境地区经济合作发展趋势剖析," 『社会科学战线』, 2012年 第1期, pp. 244-246 참조.

[55] 이종석, 『2차 핵실험 이후 북한·중국관계의 변화와 함의』(세종정책연구, 2012-21), p. 24.

원자바오 총리가 김정일 위원장에게 "중국의 개혁개방과 건설의 경험을 소개해 주고 싶다"는 점을 직접 강조한 것은 사실, 그 이전까지 중국이 공식적으로 발표한 양국 정상회담 내용 중 가장 강한 표현이었다. 이 또한 북한을 보다 적극적으로 관리하고자 하는 대북전략과 의도에서 비롯된 것이었다.

한편, 2011년 싱가폴에서 열린 제10차 아시아안보회의(ASS: Asia Security Summit)에 참석한 량광례(梁光烈) 중국 국방부장은 "우리는 북한에게 어떤 모험도 하지 말 것을 촉구하고 있다(我们劝他们不要冒险)"고 밝혔다. 중국은 북한의 거듭된 J(繊) -10 전투기 판매 요구도 거부하고 있다.[56] 그런 한편으로 북한이 전략적 부담(鷄肋)이 되지 않도록 상호 소통과 협력을 강화하고 있다.[57]

중국의 적극적인 북한 관리·통제 노력은 북한의 무모한 도발을 억제하기 위한 것이다. 국제사회의 '불량국가(rogue state)'인 북한의 도발은 곧 북한을 지원하는 자국에 대한 비난으로 이어진다. 국제사회는 중국이 북한의 인질이라고까지 힐난하고 있다. 이에 중국은 북한에게 정치경제적 후원에 대한 반대급부로 자국이 원치 않는 '무분별한 도발의 자제'를 요구하고 있다.[58]

중국의 이 같은 전략은 자국의 대전략뿐만 아니라 대북관계에서의 자신감에 기인한 것으로 보인다. 중국은 북한의 권력승계 과정에서 북한에 대한 영향력을 유지·확대하는 것이 자국의 국가이익에 부합한다고 보았다. 김정은 체제의 등장을 대북 영향력 확대, 북한

---

[56] 『環球時報』, 2012年 3月 8日.

[57] 『中國網』, "朝鮮吃定中國不會放棄它觀點中國," 2012年 3月 28日. 통일부, 『북한 공개 정보 자료집(I)』(서울: 통일부, 2012 상반기), p. 278 참조.

[58] 이종석, 앞의 논문, p. 17.

의 경제개혁 견인, 동북아 영향력 확대를 위한 일종의 기회로 판단한 것이다.

중국은 김정은 체제 등장 이후 '전략적 소통'과 '대를 이은 우의 친선'을 강조하면서 북한의 새로운 세력과 유대를 강화해 불안정한 북한을 안정적으로 관리하고자 한다.[59] 이전과 달리 보다 '전략적 관리자'의 입장에서 새로운 규범을 제시하며 중북관계를 주도해 나가고 있다.

사실, 중국의 적극적인 대북 접근전략은 일면 한국과 미국의 대북 압박·제재 정책이 초래한 것으로도 볼 수 있다. 그동안 중국의 대북정책은 한미의 대북정책에 대한 대응이자, 그 결과로서의 성격을 지니고 있었다. 2009년 이후 한미동맹의 대북 압박·제재 강화는 중북동맹의 강화를 초래했다.

1950년대 저우언라이(周恩來)의 외교전략의 하나는 '후발제인(後發制人: 먼저 물러나 관망하다가 결정적인 순간에 손을 써서 적을 제압한다)'이었다.[60] 2009년 이후 중국은 이러한 전략을 통해 한미의 대북정책(사실상 북한 급변/붕괴, 흡수통일로 인식[61])을 무력화하면서 북한에 대한 영향력을 보다 확고히 하고자 한다.

위와 같은 중국의 대북정책과 기조·전략, 논리는 아래 〈표Ⅱ-5〉와 같이 정리할 수 있다. 이는 다음에서 설명할 중북관계의 주요 현안 및 관심사에 대한 중국의 입장에서 구체화되고 있다.

---

[59] 이동률, 앞의 논문, pp. 315-316.

[60] 홍정표·장즈룽 지음, 『현대 중국 외교론』(서울: 나남, 2011), p. 161.

[61] 이수훈·조대엽 공편, 『한반도 통일론의 재구상』(서울: 선인, 2012), pp. 29-45.

〈표II-5〉 중국의 대북정책 논리

정책논리	• 북한·북핵문제 해결은 한반도 평화·안정의 전제 • 한반도 평화·안정을 위해서는 북한체제 연착륙(개혁개방) 필요 • 북한체제 연착륙을 실현하려면 북미관계 개선이 필수적임. • 북미관계 개선에 앞서 중국은 대북 영향력을 확대할 필요가 있음.
대북정책	• 북한과의 정치적 신뢰 및 경협 강화를 통해 대북 영향력 확대 • 북미대화, 북미관계 개선 지원을 통한 북한의 국제환경 개선 • 북한의 개혁개방 독려·지원 • 북한의 정상국가화 및 한반도 비핵화 실현

* 출처: 박동훈·강용범, "중국의 대북정책 논리와 북중관계,"『국제문제연구』, 제11권 제3호 (2011 가을), p. 132.

제4절 주요 쟁점에 대한 입장

1. 대북 원조·경제협력

한국전쟁 시 중국의 참전은 북한을 절대 절명의 순간에 구원해준 것이었다. 1950년 10월 13일 스탈린이 유엔군의 북진으로 전쟁의 패색이 짙어지자 북한군의 만주 철수를 지시한 다음 날, 마오쩌둥(毛澤東)은 참전을 개시했다. 전쟁 종료 이후 중국의 대북 경제원조는 북한의 전후 복구건설에 결정적인 역할을 했다.

냉전시기의 원조는 정치적 원리에 따른 전방위적인 지원, 원가와 대가를 고려하지 않은 지원, 양국관계의 악화에도 중단되지 않는 지원, 눈에 띄지 않는 점증적 지원이 특징이었다. 중북 간의 형제당·형제국 관계에서 형이 어려운 아우를 지원하는 것은 당연한 것으로 여겨졌다. 북한은 자신들이 1940년대 말 중공이 어려울 때 물심양면으로 지원해 주었고, 나아가 중국을 미국으로부터 보호하는 완충 역할을 하고 있기 때문에 중국의 지원을 당연한 대가로 인식했

다.[62]

　탈냉전 이후 중국의 대북 경제원조는 북한의 '고난의 행군' 극
복과 물품 공급을 통한 북한 내 시장경제 조성에 기여했다. 그러나
경제원조의 형식은 변화되었다.[63] 대규모 지원은 북한에 대한 인센티
브로서 약속하되, 실제적인 이행은 전략적으로 접근했다. 북핵문제
에 대한 북한의 협력 정도, 국제정치적 상황, 북한의 국내 상황과 연
동시키는 느슨한 연계전략을 구사한 것이다.

　그럼에도 중국의 지속적인 경제원조는 북한의 경제난을 해소하
는데 기여하지 못했다. 북한에게 잘못된 신호를 보냄으로써 잘못된
행태를 낳는 원인이기도 했다. 중국이 수십 년 동안 적극 원조해 준
북한, 알바니아 등은 여전히 세계 최빈국이다.

　이에 따라 중국은 탈냉전 이후 기존의 원조방식에서 탈피하는
모습을 보였다. 정치적 논리로부터 경제적 논리로 전환했다. '수혈'
위주의 원조로부터 '조혈' 기능을 강화하는 일종의 개발협력(ODA)
방식이다. 북한의 대폭적인 원조 요청에 대해서는 늘 "국내 사정도
있기 때문에 응할 수 없다"는 입장을 유지해 왔다.

　특이한 점은 중국이 식량·에너지 등 전략물자 위주의 대북원조
를 중단한 적이 없었다는 것이다. 중국은 "앞으로도 인접 우호국인

---

[62] 이는 북한 당국의 선전선동의 결과일지라도 북한의 인식의 일단으로 볼 수 있다. 북
한은 중국의 원조는 더 큰 것을 가져가기 위한 미끼일 뿐, 북한이 미국에 대한 방패
막이 역할을 하는 것에 비하면 보잘 것 없다고 인식하는 경향이 있다. 2010년 12월
30일 자유아시아방송(RFA) 보도.

[63] 중국의 대북원조는 형식상 무상지원과 유상지원으로 구분되나 차관 형식의 유상
지원도 상환기간이 도래하면 탕감해 주고 있기 때문에 사실상 무상지원에 해당한
다. 무상지원은 양국 고위급 인사의 상호방문 등 계기 시 식량·비료·디젤유·설비
등을 지원하는 형태로 진행되었다.

북한에 힘닿는 대로 지지와 원조를 계속 제공한다"[64]는 입장이다. 북한의 3차에 걸친 핵실험에 대한 유엔 안보리의 대북제재 결의 시 중국은 중북 간의 무역과 대북 인도적 지원이 중단되지 않도록 노력했다. 북한이 체제를 유지할 수 있는 최소한의 지원을 통해 북한의 순응을 유도하면서 영향력을 유지하고자 한 것이다.

상술한 바, 중국은 북핵문제와 북한문제를 해결하는 데 있어 무력이나 정치적 압력보다 경제적 포용과 관여정책이 더 효과적인 것으로 판단하고 있다. 북한의 붕괴 방지, 영향력 확대 등의 목적을 이루는 데 있어서 현실적이고 효과적인 수단(지렛대)을 경제협력관계의 심화로 보는 것이다.[65]

이에 따라 중국은 2009년부터 대북 경제협력을 새로운 차원에서 전략적으로 접근하고 있다. 그 특징은 다음과 같이 정리할 수 있다.

첫째, 그동안 민간 차원의 경제협력이 미진한 점을 고려, 정부의 주도성을 강화하고 있다. 중국은 대북 경제협력 원칙을 '정부주도, 민간참여, 시장원칙, 공동번영'으로 삼고 있다. 비록 제한적이지만 지지부진한 경제협력을 중국 중앙정부가 적극 나서서 챙기고 있다.

둘째, 동북진흥이라는 자국의 경제발전 전략과 연계시키는 것이다. 대북 경제협력이 자국의 '동북진흥계획'에 따른 '창지투(長吉圖) 개발'과 '중국두만강 개발' 및 '랴오닝 연해 경제벨트 지역 발전'의 일환으로 구체화되고 있다.[66] 이를 통해 중국은 접경지역의 물류기

---

[64] 2012년 1월 8일 류젠민(劉振民) 외교부 부장조리의 新華通信과의 인터뷰.

[65] 黃河呉雪, 앞의 논문, pp. 58-59.

[66] 중국의 동북진흥 성공 여부는 북한과의 협력에 좌우될 수밖에 없기 때문에 대북전략에 대한 판단이 없이는 동북진흥계획이 수립되고 발표되기 어려웠을 것이다. 창지투 개발계획은 2009년 여름에 확정되었는데, 북한 2차 핵실험과 관련한 논쟁이 어느 정도 정리된 그해 10월 초, 원자바오 총리가 평양을 방문해 양국의 우호관계를

지화(借港出海) 및 환동해 신경제권의 형성을 모색해 나가고 있다.[67]

셋째, 공동의 경제협력을 통해 북한 경제체제의 변화와 발전을 유도하고자 한다. 이를 위해 중국은 북한에게 경제협력을 뒷받침할 수 있는 개혁개방과 법제도의 정비, 숙련된 노동력의 지속적인 공급 등을 주문하고 있다.

넷째, 주목되는 것은 자원협력 등 호혜적 교역의 확대와 북한 경제특구의 공동개발을 통한 공동이익 창출을 지향하는 것이다. 그동안 중북관계의 성격상 '호혜'나 '공동개발' 등은 생소한 말이었다. 그러나 중국이 북한의 막대한 광물자원에 관심을 갖게 되고, 나진항과 청진항의 임차사용이 현실화되면서 이런 말들이 양국관계의 핵심어로 떠올랐다.[68]

중국 양국 간의 호혜적인 공동개발은 2010년 10월 원자바오 총리의 방북 이후 '새로운 경제협력'으로 구체화되고 있다. 원자바오 총리는 방북 시 신압록강대교 건설과 특구 개발 등 대규모 경제지원협력을 약속했다. 이후 11월 20일 중국 상무부와 북한 합영투자위원회는 신의주의 '위화도·황금평 경제구'와 '나선 경제무역구'를 묶는 '일구양도(一區兩島: 一區는 나선지역, 兩島는 위화도/황금평)'의 특구개발 계획에 합의했다.

2012년 8월 17일 후진타오 주석은 중국을 방문한 장성택 부장에게 "양국이 각자 우위를 충분하게 이용하고 발휘해 '새로운 협력

확인한 이후에 발표되었다는 점도 이 계획에 북한의 개혁개방 등에 대한 고려가 있었음을 보여준다. 창치투 및 중국두만강 지역 협력 개발의 대상기간 또한 2009년부터 2020년으로 계획되어 있다.

[67] 李欣欣, "关于推动中朝边境经贸合作的新突破 -黄金坪经济区开发建设的几点建议," 『特區经济』, (2012.5), pp. 84-86; 满海峰, 앞의 논문, pp. 91-92.

[68] 이종석, 앞의 논문, p. 15.

관계'를 적극 탐구해 나가자"고 주문했다. '새로운 협력관계'는 정부 주도의 호혜적 경제협력이 북한의 개혁개방과 함께 추진되어야 한다는 것이었다.[69]

중국의 적극적인 대북 경제협력은 기본적으로 북한에 대한 전략적 가치와 상업적 이해타산을 절충하는 형태를 유지하고 있다. 중국은 북한과의 경제협력 과정에서 북한의 변화·발전을 유인하고, 자국의 동북진흥계획과 관련 경제·물류의 통로(出海口) 및 자원을 확보하며, 국제사회의 대북제재라는 위기를 기회로 활용해 북한 시장을 선점하는 효과를 기대하고 있다.

탈냉전기 20년 동안 1, 2차 북핵위기와 1, 2차 북핵실험 등 정치적 우여곡절 속에서도 중북 간의 경제무역은 꾸준히 증가되어 왔다. 2011년의 경우 양국 간의 교역액은 56억 3천만 달러(2012년은 60억 1천만 달러), 북한의 대중국 교역의존도는 89%에 달한다. 이 숫자는 세계 어느 나라에서도 찾아볼 수 없는 것으로 북한경제가 이미 중국에 철저하게 예속되었다고 볼 수 있다.[70]

중국은 양국 간 경제협력의 강화를 통해 북한체제가 활력을 찾

---

[69] 2012년 8월 17일 중국을 방문한 장성택 부장에게 후진타오 주석이 말한 '새로운 협력관계'는 북한이 준비하고 있는 경제개혁에 바탕을 둔 것으로 보인다. 당일 원자바오 총리는 장성택 부장 면담 시 △법률 및 법규의 완비 △시장기제의 역할 발휘 △기업투자 장려 및 실질적인 애로사항 해결 △세관 및 품질검사 서비스 개선 필요성 등을 강조, 새로운 경제개선 조치를 지지하면서도 5가지 구비조건이 구비되지 않으면 중국 기업의 협력을 얻기가 어려울 것임을 주지시켰다. 중국은 북한에게 양국 간 경제협력과 발전을 가로막는 장애요인으로 북한의 선군정치, 불안정한 주변환경, 북한의 특수상황(체제고착, 낡은 사상, 엄격한 통제, 법제도 미비, 준법정신 및 법 집행능력 취약 등)과 낙후한 경제인프라 등을 들고, 이의 개선 없이 자국 기업의 북한 투자는 한계가 있을 수밖에 없다는 점을 강조하고 있다.

[70] 2011년 말 한국의 대중 무역의존도는 22.5% 수준이다. 이 수준에서도 한국시장의 생필품과 식자재의 많은 부분은 중국산이다.

을 수 있도록 지원하고, 북한으로 하여금 미국이 아니라 자국과의 협력이 체제 안전에 더 유리하다는 점을 받아들이게 만들면서 북한의 변화를 추구하고 있다.[71]

앞으로 중국은 경제지원협력의 패키지를 통해 북한을 회유·설득하고, 북한의 체면을 고려하면서도 비공개적인 압력을 병행하는 정책을 지속해 나갈 것이다.[72] 부상한 중국은 이전과 달리 적극적인 의지를 가지고 있고, 충분한 능력도 갖추고 있다. 동북아에서 미국의 영향력이 쇠퇴해 미국이 제기하는 대북제재 강화 요구도 무시할 수 있게 되었다.[73] 자원과 인프라 등 중국이 북한에서 이득을 챙길 수 있는 분야도 많다.

문제는 핵심 사업인 나선지구와 황금평·위화도 공동 개발·관리에 있어 중국과 북한의 의지와 기대가 다소 다르다는 점이다. 북한은 중국 중앙정부의 직접 투자를 기대하고 나선지구와 함께 황금평 개발에 관심이 있으나 중국은 시장원칙과 나선지구를 통한 출해구 확보에 관심을 두고 있다.[74]

---

[71] 이는 북한의 2차 핵실험 이후 2009년 7월 15일 당중앙 외사영도소조가 개최된 직후 7월 17~20일 베이징에서 개최된 재외공관장 회의 기간 중 주요 관련자들이 참석해 중국의 대북정책 관련 내부회의가 개최된 이후 중국의 대북정책이 전환되었고, 특히 2009년 10월 온자바오 총리가 방북해 중북관계를 새롭게 함과 동시에 2009년 11월 중국이 '창지투개발계획'을 공식 발표한 것 등을 보면 이러한 추론이 가능하다. 이희옥, "중북관계의 새로운 발전", 『동아시아 브리프』 제5권 제2호(2010.5.1), p. 46.

[72] 김흥규, "한반도 통일에 대한 중국의 입장 및 역할, 대중정책에 대한 함의와 더불어," (흥사단 발제문 자료집, 2012.3.23), p. 135.

[73] 『環球網』, 2012年 10月 13日. 『財迅』, 2012年 8月 21日.

[74] 2012년 장성택 부장의 중국 방문 이후 중국의 한 언론은 "중국 측(원 총리)은 지방 및 기업의 적극성을 보다 유도해야 한다"는 입장이라고 보도했다. 『新華通信』, 2012年 5月 26日.

또 북한이 중국기업이 요구하는 제반 여건과 환경을 갖추는 데
상당한 시간이 걸린다는 것이다. 그렇다고 이 사업들이 적극 추진되
지 않을 것이라는 판단은 우리식의 자의적이고 희망적인 사고이자
기대이다. 중국과 북한 방식은 우리와 다르다는 사실을 염두에 둬
야 한다. 이 사업들은 중북 양국 정상이 합의한 것이다. 최근 중북
관계가 갈등 상황인데도 합의가 이행되는 모습은 '보는 대로가 아
닌, 있는 그대로' 볼 필요성을 제기하고 있다.

2. 대북 영향력 행사

북한의 핵개발 이후 국제사회는 아직 문제 해결을 위한 묘수를 찾
지 못하고 있다. 국제사회의 대화와 압박을 통한 문제 해결 노력은
북한의 핵능력 증강을 막는 데 실패했다. 그런 가운데 국제사회는
북한의 유일한 후원국이자 특수한 관계에 있는 중국에게 북한의
형제국으로서의 역할과 책임을 요구하고 있다. 중국이 적극 나서면
북한 및 북핵문제가 해결될 수 있을 것으로 믿고 있다.

사실, 중국은 북한에 대해 강력한 영향력과 지렛대(leverage)를
구비하고 있다. 북한은 에너지의 90%, 식량의 40% 등 이른바 전략
물자의 절대량을 중국에 의존하고 있다. 또 중국은 북한의 최대 교
역대상국이다. 북한 소비시장에서 유통되는 생활필수품의 80% 이
상이 중국산 제품이다.[75]

G2로 부상한 중국은 이전에 비해 훨씬 더 큰 영향력을 갖고 있

---

[75] Gordon G. Chang, "Policy Implications of China-North Korean Relations,"
Inter national Journal of Korean Studies, Vol.ⅩⅥ No. 1 (Spring 2012), p. 27.

다.[76] 경제력과 외교력, 군사력 등 종합국력의 신장에 바탕을 둔 자신감도 있다. 중국인들의 '강한 중국'에 대한 요구와 미국의 상대적 침체, 한계에 다다른 일극 지배체제의 균열도 중국의 역할에 대한 기대를 높이고 있다.

이렇듯 중국은 다른 어느 나라보다도 북한에 대한 영향력이 큰 나라이다. 힘의 정치(power politics)가 지배하는 일반 국제관계에서 보면 대국인 중국은 소극인 북한에게 일방적이고 결정적인 영향력을 행사할 수도 있다. 그럼에도 특수한 중북관계에서, 또 특수한 국가인 북한과의 관계에서 영향력의 존재와 실제 행사는 별개의 문제이다. 중국의 영향력은 사실상 실제 사용할 수 없는 영향력이다.[77]

중국은 북한에 대한 영향력을 행사할 수 있는 경제적 수단과 군사적 수단을 가지고 있다. 그러나 중국이 군사적 수단을 행사하기는 어렵다. 식량·에너지 지원 등 경제적 수단을 통한 대북 압력·제재는 바람직하지 않다고 본다.[78]

한미를 비롯한 국제사회는 중국이 대북 영향력을 행사할 수 있는 충분한 힘이 있는 것으로 본다. 1차 북핵위기 때부터 지속적으

---

[76] 중국의 대북한 영향력에 관해서는 이동률, "중국의 대북한 영향력에 대한 실증연구," 『중국의 대내외 정치환경의 변화와 한국의 대응전략』(서울: 전국경제인연합회, 2005), pp. 137-138; 이성일, "한중 국교정상화 이후 중국의 대북 영향력 변화에 관한 고찰 - 중북관계의 변용을 중심으로-," 『동북아문화연구』, 제28집 (2011); 최명해, "북한의 대중 '의존'과 중국의 대북 영향력 평가," 『주요국제문제분석』(외교안보연구원, 2010.6.11) 참조.

[77] 정재호 지음, 앞의 책, p. 334.

[78] 관련 중국내 연구는 기본적으로 중국이 일정한 영향력은 갖고 있으나 크게 제한되어 있다는 점을 강조하고 있다. 崔立如, "朝鮮半島安全問題: 中國的作用,"『現代国際关系』, 2006年 第9期, pp. 42-27; 蔡建, "中国在朝核问题上的有限作用,"『国际观察』, 2007年 第3期, pp. 55-6; 傅梦孜, "关于中国国际影响力问题的若干思考,"『現代国际关系』, 2011年 01期, pp. 1-13 참조.

로 중국의 적극적인 영향력 행사를 요구해 왔다.[79] 2002년 2차 북
핵위기 발생 이후 국제사회의 중국에 대한 기대는 더 높아졌다. 그
러나 중국은 시종일관 북한에 대한 영향력은 크지 않다고 주장해
왔다. 국제사회의 보편적 시각으로 보면 이해할 수 없는 일이었다.

2010년 천안함·연평도 사건 이후 미국은 기회 있을 때마다 북한
과 중국에 대해 경고하면서 북한의 도발 단념을 위한 '중국책임론'
을 거론했다. "북한에 대해 가장 큰 영향력을 행사할 수 있는 나라
는 중국"이라면서 "중요한 것은 중국도 개입(국제공조)해야 한다"고
압박한 것이다. 중국의 입장은 변함이 없었다. 중국은 한미 등 국제
사회의 '북한도발 억제를 위한 공조' 요구에 대해, 이는 탈피해야 할
냉전사고로 유관국은 냉정과 절제, 인내심을 가질 필요가 있다고
주문한다.

나아가 중국은 자국에 대한 한미일의 대북 영향력 행사 요구
는 있을 수 없는 일이라고 반발한다. "(한미일이) 북한에 요구할 것
이 있으면 (중국에 요구할 것이 아니라) 직접 북한과 대화해야 한
다", "사태를 악화시키지 않으려면 대화가 유일한 방법"이라고 강조
한다. 중국은 "우호국에 대한 내정 불간섭이 자국 외교의 원칙"이라
며, "북한에 대해 할 말이 있으면 하겠지만, 무엇을 해라 마라는 식
의 내정간섭은 하지 않는다"는 입장이다.[80]

'중국책임론'과 관련 중국은 자국의 국력 증가만큼 국제사회의
일원으로 책임을 다하는 것은 올바른 방향이고 당연한 것으로 여
긴다. 중국정부와 지도자들도 중국이 더 큰 책임을 져야 한다는 견

---

[79] 이성일, "중국의 한반도정책과 한중 '전략적 협력동반자관계'의 의미: 중국측 시각을
중심으로," 『사회과학연구』, 제49집 1호 (2010), p. 235.

[80] 청융화(程永華) 주일 중국대사의 『아사히(朝日)신문』과의 인터뷰, 2010년 12월 9일.

해를 받아들이고, 실제 점점 더 큰 책임을 지고 있다고 말한다. 다만 중국은 자국이 짊어지고자 하는 책임의 크기는 국제사회가 생각하는 것과 큰 차이가 있다고 주장한다. 중국은 국제사회나 아시아를 주도하는 '경찰'이 되고자 하지 않고, 작은 일에 개입하는 것도 원치 않는다는 입장이다.

중국은 자국의 대북 영향력 행사에 따른 부정적인 결과를 잘 알고 있다. 한때 북한에 영향력을 행사한 이후 소국인 북한에 사과하고 응분의 대가를 지불해야 했던 뼈아픈 역사도 기억하고 있다.[81] 역사가 현재를 장악하고 있는 셈이다.

중국의 대북한 영향력 행사에는 몇 가지 제약이 있다. 먼저 중국의 대외전략이 한반도의 현상 변화를 원하지 않는다는 것이다. 불확실성을 증대시키게 될 대북 영향력 행사에 매우 신중할 수밖에 없다. 평화롭고 안정된 동북아를 갈망하는 중국으로서는 최악의 상태인 북한에 대한 압박으로 인해 자칫 북한의 붕괴 혹은 북한의 탈중국 가능성을 우려하고 있다.[82]

중국 상하이의 한 한반도문제 전문가 공커이(龔克瑜)는 중국의 대북 영향력 행사 문제와 관련 자국의 입장을 아래와 같이 설명한다.

---

[81] 대표적인 사건은 1956년 8월 북한이 친중 세력인 북한 내 '연안파'를 제거하자 중국이 소련과 함께 압력을 행사해 이를 번복하게 했으나 북한은 이를 곧바로 원상회복, 결국 중국은 북한에 사과해야 했다. 1960년대 후반 중국의 문화대혁명 과정에서 홍위병들이 김일성을 비난(수정주의자)하고 변화를 강박한 바, 문혁이 끝난 후 중국은 유감 표시와 함께 대규모 지원으로 사과를 표시해야 했다.

[82] 이성일, 앞의 논문, p. 235.

- 강대국이 약소국가에 피해와 고통을 주는 것은 도리가 아님. 접경지역의 평화를 추구하는 중국의 정책기조(3隣 : 安隣, 睦隣, 富隣)에도 어긋남.
- 평화공존 5원칙(내정 불간섭)은 중국과 북한이 존중해 온 오랜 전통임. 우리가 북한을 간섭한다면 중국에 대한 미국의 내정간섭을 막을 수 없음.
- 북한 지도부에 대한 한정된 제재가 있다면 몰라도 일반적인 제재는 북한주민의 희생을 초래하는 비인도적인 일임.
- 북한에 대한 압박·제재는 북한체제의 불안정을 가중시키는 것으로, 이는 곧 중국에 부메랑이 될 것임. 북한의 반발과 저항(상황 악화)도 예상됨.
- 한미 등 이해관계가 다른 나라의 요구를 북한에 강요하는 것은 중국의 국익에 도움이 되지 않음. 문제가 있으면 結者解之(당사자 해결)이 바람직함.
- 피당사자인 북한은 시종 자주의 길을 걸어 왔음. 중국의 영향력 행사의도를 신뢰하지 않으며, 중국의 능력도 크게 평가하지 않고 있는 것으로 보임.[83]

현실적으로 중북 간의 힘의 비대칭성에도 불구하고 중국의 의도가 일방적으로 북한에 관철된다는 보장은 없다. 북한의 변화, 북핵문제와 6자회담에 대한 북한의 태도는 중국의 영향력만으로 문제가 해결될 수 없음을 말해 주고 있다. 북한의 핵실험과 미사일 발사를 저지하기 위한 중국의 노력이 성공한 적이 거의 없다.

중국이 영토문제로 갈등을 빚은 캄보디아, 필리핀, 베트남 등에

---

[83] 이는 2009년 5월 상하이 거주 한반도문제 전문가 초청 세미나에서 본 연구자의 질문에 대한 상하이국제문제연구원 공커이(龔克瑜) 연구원의 설명이다. 문대근 지음, 『한반도 통일과 중국』(서울: 늘품플러스, 2009), p. 164 참조.

대해 단호한 태도를 보인 반면, 북한에 대해 매우 신중한 것은 중국의 대북 통제력과 영향력이 크지 않다는 것을 반증한다. 북한은 중국이 자국을 방기(포기)하지 않을 것이라고 확신하고 있다. 중국에 대해 상당한 정도의 융통성과 레버리지도 갖고 있다.

중북관계에서 중요한 것은 국가의 크기가 아니라 상대적인 영향력이다. 미국·중국과 같은 강대국이 북한과 같은 약소국과의 대결에서 항상 이길 수 있는 것은 아니다.[84] 결국, 중국의 대북 영향력이 매우 제한되어 있다는 사실은 그만큼 북한의 대중국 영향력도 있다는 것을 의미한다.

한편, 중국의 대북 영향력 행사의 열쇠(key)는 사실, 한국과 미국 등 국제사회가 가지고 있다. 북한문제 해결 과정에서 중국의 역할은 북한뿐만 아니라 남북관계, 특히 미중관계의 제약을 크게 받을 수밖에 없다. 특히 미국의 반응과 협력은 중요하다. 상호 불신 상황에서 중국이 한미일의 대북 영향력 행사 요구를 수용하는 것은 곧 북한을 포기하는 것과 같다. 임진왜란과 청일전쟁, 한국전쟁 등 역사적 경험을 통해 중국인들은 동북의 현관이자 울타리인 북한을 포기하는 것은 곧 자국의 안전을 포기하는 것과 같은 것으로 인식하고 있다.

따라서 중국은 북한의 반발을 불러일으키지 않고, 북한의 안정을 해치지 않는 방식으로 영향력을 유지·확대해 나가고자 한다. 북한을 자국의 영향권하에 둠으로써 북한이 정치·경제·군사적으로 더욱 자국에 의존하게끔 만드는 것이 최선이다. 이를 위해 중국은

---

[84] Michael Hendel, *Weak State in the International System* (London: Frank Cass, 1981), p. 10.

최고지도부 교류를 통한 인적유대 강화와 신뢰 회복, 경제교류협력을 구체화하고 있다.

또한, 중국은 미국 등 국제사회의 대북 영향력 행사 요구에 대해 의구심을 가지고 있다. 중북 간의 틈새를 더욱 벌어지게 해, 그로 인한 중북 간의 갈등마찰 또는 북한의 도발을 동아시아에 대한 관여와 군사배치, 군비증강의 구실로 삼는다고 본다.[85]

이렇듯 중국의 대북 영향력은 섣불리 행사할 수 없는 것이다. 그렇다고 중국이 북한의 무모한 도발을 계속 방치할 수는 없는 노릇이다. 따라서 중국은 북한이 자국의 핵심이익을 침해하거나, 책임대국으로서 국제사회와의 공조가 불가피할 경우 자신들만의 방식으로 영향력을 행사하고 있다. 다만, 그 방식과 수준은 대북관계뿐만 아니라 대미관계도 해치지 않는 최적의 조합인 것이다. 중국에게 대북관계는 대미관계 못지않은 중대한 국가이익이 걸려있기 때문이다.

3. 북미관계 개선

북한에게 미국은 말 그대로 '철천지원수'이다. 동시에 미국과의 적대관계는 북한체제의 존재 이유와 방식을 설명해 주는 것이다. '병영국가' 북한의 선군정치는 미국과의 군사적 대치에 근거를 두고 있다. 미국은 그동안 북한체제의 형성과 전개과정, 그리고 미래에 있어서도 큰 영향을 미치게 될 나라임에 틀림없다.

정전상태에 있는 미국과 북한의 관계 발전은 한반도뿐만 아니라 미래 아태지역의 전략구조에 직접적으로 영향을 미치게 될 핵심

---

[85] 『鳳凰衛星TV』, "美日韓打心理戰逼中國對朝施壓," 2012年 3月 30日.

변수이다.[86] 때문에 북미관계는 미중관계와 중북관계에서 미묘한 파장을 일으키는 매우 민감한 문제이다. 북미관계가 마치 '롤러코스터'와 같은 부침을 거듭해 온 이유는 북미관계 개선이 가져올 수 있는 엄청난 파장 때문이다.

그동안 북한은 대미관계 정상화가 체제안보와 경제난 해결을 위한 필수조건이라는 인식하에 총력을 기울여 왔다. 북한에게 미국과의 관계 정상화는 중국과 미국 사이에서 북한이 전략적 우위를 가져올 수 있는 이익이다.[87] 미국으로서도 기왕 북한이 원하는 바에야 북한과의 관계 개선은 잠재적 위협 대상인 중국을 견제하고, 동북아 지역의 주도권을 유지·확대하는 데 도움이 되는 것이다.[88]

그럼에도 중국은 그동안 일관되게 북미관계 진전의 필요성과 지지 의사를 밝혀 왔다. 다음과 같은 4가지 이유 즉, ①북미관계 개선이 한반도 긴장을 해소함으로써 자국의 경제발전에 유리한 환경을 제공하고, ②북한·북핵문제의 근본적 해결을 위해서는 북미관계 개선이 필수적이며, ③북미관계 개선이 이루어진다 해도 그것은 긴 시간을 요한다고 보기 때문이다.[89] 중국은 ④북한이 북미관계 개선의 전제조건인 핵문제를 해결하는 과정에서 자국에 의지할 수밖에

---

[86] 任卫东, "朝美关系是半岛问题的要害,"『瞭望』. 2009(26), p. 23.

[87] 박병광, "북미관계 개선과 중국의 입장,"『주간국방논총』, 제1180호 (2007.12.3), p. 2.

[88] 주장환, "북한 핵위기 해결 과정에서의 한국의 선택,"『KNSI 현안진단』, 제99호 (2008), p. 2.

[89] 미국에게 북한은 패권에 대한 지지와 자원 동원 및 한미일 동맹을 강화하는 데 좋은 구실을 제공하고 있다. 적을 규정하는 것은 우방을 정의하는 일과 동전의 양면을 이루는 일로 이념과 가치를 달리하고, 전쟁의 경험이 있는 북한은 미국에게 이상적인 적일지도 모른다. 북한에게도 미국은 '필요 악'일 수 있다. 이 같은 상황에서 북미관계 개선의 가능성은 매우 희박한 것으로 볼 수 있다. 미국이 요구하는 완전하고 검증가능한 핵폐기, 인권 개선 등에 북한이 순응할 리 없기 때문이다.

없을 것이라는 판단도 하고 있다.

2000년 6월 북한의 김영남 위원장 방중 시 장쩌민 주석은 북한이 미·일·유럽과 관계를 개선하기를 바란다고 말했다. 2000년 10월 북한의 조명록 특사가 미국을 방문해 '북미공동성명'을 발표했을 때도 중국은 이를 역사적 진전으로 평가하면서 적극적인 지지 의사를 표시했다.

또 '2·13합의' 이후 북미관계가 본격적인 관계개선 조짐을 보이던 2007년 가을, 중국 외교부는 "북미 쌍방이 지속적인 접촉과 협상을 통해 신뢰를 증진하고, 상호 관심사를 해결해 나가기 바란다"는 내용의 담화를 발표했다. 2008년 봄, 북한의 핵프로그램 신고문제로 북미관계와 6자회담이 난관에 봉착했을 때, 중국은 1972년 '상하이 코뮤니케'를 참고한 절충안을 제시하는 등 북미관계 개선의 돌파구를 열기 위해 중재역할을 시도하기도 했다.

그럼에도 중국은 북미관계가 진전될 경우 중북관계의 근본적인 변화가 불가피하다는 점에서 이를 바라보는 시선은 복잡할 수밖에 없다. 중국 내 전문가들은 북미관계의 급속한 개선이 단기적 측면에서는 한반도 및 동북아문제에서 중국의 역할을 제한할 것으로 본다. 장기적으로도 중북 간의 전략적 관계를 훼손시킬 수밖에 없을 것으로 보고 있다.[90]

2007년 북한이 미국과 협조하는 과정에서 중국을 비난하고, 철저하게 소외시킨 것은 북미관계 개선에 대한 중국의 의혹과 불안을 증폭시키는 것이었다. 북한의 이러한 행동은 북미관계 정상화와 함께 중북관계 재정립을 통해 장기적으로 등거리 외교의 기반을 구

---

[90] 주장환, "중국의 동아시아정책과 한반도," 『KNSI 특별기획』, 제25-2호 (2009), p. 107.

축하기 위한 것이었다. 이 때문에 중국은 북한이 북미관계 개선이나 북핵문제 해결 과정에서 자국의 체면을 건드리면서 전략적으로 활용할 가능성을 경계하고 있다.

이 같은 인식과 판단은 북미관계 개선을 바라보는 중국의 시각이 과거처럼 적극적이거나 긍정적이지 않다는 것을 말해 준다. 물론 중국은 여전히 공식적으로는 북미관계 개선을 환영하고 지지한다는 입장을 유지하고 있다. 또 베트남·몽골이 그랬던 것처럼 북한이 북미관계를 개선한 이후에도 자국과의 관계를 중시할 수밖에 없을 것으로 본다.

하지만 좀 더 깊숙이 들여다보면 중국은 북미관계 개선에 대해 내심 우려하는 분위기가 역력하다. 중국이 북미관계 개선을 지지하는 배경은 자국의 경제발전을 위한 평화적 대외환경을 확보한다는 맥락이지 북한에 대한 전략적 이익을 포기하겠다는 의미는 결코 아니다.

북미관계 개선에 대한 중국의 우려는 다음 세 가지 이유와 연관되어 있다.[91] 첫째, 중국은 중북관계 회복에도 불구하고 북미관계 개선 과정에서 '중국 따돌리기' 가능성을 우려하고 있다. 동북아 질서의 변화 과정에서 한반도 문제와 관련 자국이 소외될 수 있는 상황을 경계하는 것이다.

둘째, 중국은 북미관계 개선 과정에서 양국 간의 빅딜 가능성을 우려하고 있다. 이는 주한미군 문제와 관련된 것이다. 북한과 미국은 핵협상을 진행하면서 수차 양국관계 개선이라는 대원칙에 합의한 바 있다. 북미관계 개선이 이루어지게 된다면 상호 적대관계가 소

---

[91] 박병광, 앞의 논문, pp. 6-7.

멸, 주한미군의 성격과 역할이 변경될 수밖에 없다. 중국은 북미관계 개선 과정에서 북한이 주한미군의 지위에 대해 어떤 입장을 취할지에 대해 민감하다. 결국 주한미군의 역할에서 자국에 대한 견제가 주요 임무로 부상할 것으로 보기 때문이다.

셋째, 중국은 북한이 미국과의 관계를 급속하게 개선할 때, 한반도문제에서 자국의 발언권과 영향력이 약화될 가능성을 우려하고 있다. 중국에게 중북관계는 첨예한 전략적 이해, '핵심안보이익'이 걸린 문제이다. 북한은 미국의 대중 봉쇄망을 이완시키는 중국의 전략적 완충지대로 기능해 왔다. 그러나 북미관계 개선의 추이·결과에 따라서는 북한이 미국 등 서방의 대중국 봉쇄의 전초기지가 될 수도 있다.

이 같은 인식에 따라 중국은 대북한 및 대한반도 영향력 확보를 중요한 정책기조로 삼고 있다. 중국이 한국과의 경제관계를 발전시키는 한편, 북한에 대해 정치·외교·경제적 지원을 지속해 온 이유가 여기에 있다.

중국에게 북미관계 개선은 단기적으로는 북한의 외교적 고립을 해소하고, 북핵문제 해결과 한반도 및 동북아 평화·안정에 이바지할 수 있는 일이다. 그러나 중장기적으로는 자국의 대북 영향력과 역내 위상을 약화시킬 수 있는 것이다.

때문에 중국은 한반도 문제의 당사자 해결 원칙, 나아가 한국 주도의 자주독립적인 평화통일을 지지한다는 입장을 견지하면서 미국과 북한을 견제하려 한다. 중국의 대북정책의 이면에는 이렇듯 항상 경쟁국인 미국이 자리하고 있다.

4. 중북동맹조약

1961년 7월 11일, 북한과 중국은 '중조우호협력상호원조조약(中朝友好協力互助條約)'을 체결한 이후 매년 기념행사를 가져 왔다. 냉전기에 체결된 조약이 50여 년 동안 지속되었다는 사실은 양국관계의 특수한 역사를 보여주는 것이다.[92] 이 조약은 중국이 상대적인 약소국과 체결한 유일한 사례이다. 유사시 즉각적인 군사개입을 명문화하고 있다는 점에서 매우 특이하다.

이 조약은 중북관계의 연결고리로서, 또 동북아 세력균형의 수단으로 역할을 해왔다. 하지만 중북동맹은 아래 〈표II-6〉에서 보는 바, 조약상의 강력한 결속력에도 불구하고 유약무맹(有約無盟)이다. 한미동맹과는 그 성격이 다르다. 중국은 북한에 자국군을 배치하고 있지 않다. 합동군사훈련도 하지 않고, 양국 간 군사협력기구도 존재하지 않는다. 일종의 '정치형' 동맹인 것이다.[93]

---

[92] 중북 간의 군사동맹은 1949년까지 거슬러 올라간다. 중국공산당은 1949년 3월 18일, 소련이 주최한 회의에서 '중조 상호방어협정'을 체결했다. 이 협정은 ①외부 침략 시 상호 공동방어, ②동북의 조선인부대(무기·병력) 북한 지원, ③북한이 만주의 일제 물자 최우선 사용, ④경제적 물물교환 등이었다. 이에 의거, 중공은 중공군 소속 조선인부대를 1949년 7월부터 1950년 3월까지 수차에 걸쳐 북한에 보냈다. 1950년 북한군 병력이 13만 명이었는데 그중 3분의 1은 중국군으로서 국민당과의 전투에 참전했던 병력이었다. 이들은 한국전쟁 시 주력부대로 참전한다. 따라서 1961년 7월 11일 체결한 중북조약은 사실상 이를 공식화한 것으로도 볼 수 있다.

[93] '정치형 동맹'은 '주둔형'과 달리 행동제약의 상대적 자율성이 높다. 유사시 위협이나 전쟁으로부터 국가의 생존을 담보하기 위한 것이다. 이수형, "국제체제의 변화가 동맹의 유형 및 기능에 미치는 영향,"『국방연구』, 제52권 제2호 (2008), p. 115.

<표II-6> 중북조약과 소북조약 비교

구분	중북조약	소북조약
체결일	• 1961.7.1	• 1961.7.6
유효기간	• 유효기간·수정·폐지 규정 부재 　– 쌍방 합의 없는 이상 효력 　　유지	• 10년간 효력, 일방이 조약폐지 　않으면 5년간 지속 연장 　* '95.9 러 폐기 통보, '96년 무효화 　* '02.2 新러북조약 체결
자동개입 조항	• 일방이 침략을 당할 경우, 지체 　없이 군사적 및 기타 원조 제공 　(제2조)	• 일방이 침략을 당할 경우 즉각 　전면적으로 개입(1조) 　– 전 세계 평화·안전 보장 병기
상호협의	• 양국 공통이익과 관련된 일체의 　중요 국제문제 협의(제4조)	
내정불간섭 및 상호협력	• 내정불간섭 강조 • 경제·문화·과학기술 협조	• 경제·문화 협조만 언급, 과학 기술 　협조 미언급
한반도 통일방식	• 평화적·민주적 통일	• 평화적·민주적 통일

* 출처: 관련 자료를 종합 정리함.

　실제로 중북 양국 모두 조약의 군사동맹적 성격을 부인하고 있다. 중국은 자국이 북한과의 혈맹 또는 군사동맹으로 비춰지는 것을 꺼리고 있다. 북한 또한 중국과의 관계를 동맹으로 생각하지 않고 있다. 김정일 위원장은 2000년 평양을 방문한 올브라이트(Madeleine Albright) 미 국무장관에게 "중국이 개방하고, 소련이 무너지면서 두 나라와 조선의 군사동맹이 소멸된 지 10년이 지났다"고 말했다.[94]

　동맹의 기초인 양국 간의 전략적 이해관계와 안보위협에 대한 평가 또한 서로 달라서 군사동맹으로 보기도 어렵다.[95] 탈냉전 이후

---

[94] 매들린 올브라이트, 백영미 역, 『마담 세크리더리(Madam Secretary)』(서울: 황금가지, 2003), p. 367.

[95] 중국은 미국과 한국과의 관계를 정상화함으로써 이들과의 '전략적 협력관계'를 발전시켜 나가고 있는 반면, 북한은 중국의 전략적인 협력 대상인 미국과 한국을 최대

중북조약은 한중수교 및 '한중 전략적 협력동반자관계' 구축, 중국의 부상 및 중북관계의 정상국가 간의 관계 지향, 북한의 독자적 행보(핵실험 등) 등 변화된 환경에 직면하고 있다. 현재 중북 양국은 냉전시기 양국관계를 상징한 '혈맹(血盟)' 또는 '안보동맹'이라는 용어를 사용하지 않고, '전통적 우호협력관계'로 설명한다.

탈냉전 이후 중국 내 일각에서는 조약의 사문화·폐기·유지·강화 등 다양한 의견이 제기되고 있다.[96] 2001년 (김정일 방중, 강택민 주석 방북 시) 중북 간 조약 폐기와 관련한 협의가 있었다는 언론보도 이후, 2003년에는 양국 간에 조약의 수정·폐기 논의가 있었다.[97] 천안함·연평도 사건 이후에는 미국 항모의 황해 진입으로 조약의 강화 필요성이 제기되기도 했다. 그런 가운데 조약의 실효성 여부가 관심의 대상이 되었다.

탈냉전 이후 양국 간에는 조약에 위배되는 외교행위가 다반사로 일어났다. 그럼에도 조약의 유지에 어떤 영향도 미치지 않음으로써 조약의 실효성 문제가 제기되었다. 예를 들면, 1992년 한중수교와 2006

의 안보위협으로 인식하고 있다. 장용석, "북·중관계의 성격과 중국의 부상에 대한 북한의 인식," 『평화와 통일』, 제4집 1호 (2012), pp. 80-81.

[96] 선지루(沈骥如) 등 일부학자들은 대북 견제용 지렛대를 갖기 위해 중북조약의 수정 또는 파기의 필요성을 제기하기도 했다. 沈骥如, "维护东北亚安全的当务之急 -制止朝核问题上的危险博弈"『世界经济与政治』, 2003年 第9期; 吴铮 "核武降临朝鲜半岛"『财经』, 2006年 10月 15日. 반면, 펑광첸(彭光谦) 중국 인민해방군 소장은 2010년 12월 8일 공산당 기관지 人民日报(人民網)이 주최한 네티즌과의 대화에서 "현재 한반도 질서는 1953년 정전협정에 의해 유지되고 있다. 이 협정은 비록 임시적이기는 하지만 여전히 유효하다"면서 "누군가가 이 협정을 위반해 전쟁을 일으키고 38선을 돌파한다면 중국은 협정 당사국으로서 이를 방관할 수 없을 것"이라고 밝혔다.

[97] 2003년 8월 중국은 군사대표단을 파견, 조약에 명시된 '상호원조 조항'을 수정할 것을 요구했으나, 북한은 이 문제를 논의하기에 "시기가 좋지 않다"는 이유로 거부한 것으로 알려지고 있다. 국제위기감시기구(ICG), "중국과 북한: 영원한 동지인가?," (ICG 아시아 보고서 No. 112, 2006.2.1), 중국은 이를 부인하고 있다.

년과 2009년 북한의 1, 2차 핵실험에 대한 중국의 유엔안보리 대북제재 결의안 찬성은 "체약 쌍방은 상대방을 반대하는 어떠한 동맹, 어떠한 행동 또는 조치를 하지 않는다"는 조약 3조에 위배되는 것이었다. 북한은 이에 강하게 반발했으나 조약은 변함없이 유지되었다.

북한의 제1, 2차 핵실험은 중국의 안보이익에 위해를 가하는 행위였음에도 북한은 중국과 사전 협의하지 않았다. 이는 "일체의 중요한 국제문제들에 대해 계속 협의"한다는 조약 4조 위반이었다. 중국은 강하게 항의했으나 이 또한 조약의 존폐에 영향을 미치지 못했다. 따라서 중북조약의 각 조항이 모두 실효성을 가진 것으로 보기는 어렵다. 사실상 조약의 각 조항을 준수해야 하는 쌍방의 의무는 사라졌다고 볼 수 있다.

아래 〈표II-7〉에서 보는 바와 같이 조약의 전제와 환경이 변함에 따라 양국 간 인식의 차이도 노정되고 있다. 2011년 5월 김정일의 방중 결과 설명 시 북한 측은 조약 체결 50주년을 크게 강조했다. 반면, 중국 측은 별로 다루지 않음으로써 이견이 있는 것 아니냐는 의문이 제기되기도 했다.

〈표II-7〉 중북조약에 대한 양국 간 인식의 차이

구분	중국	북한
조약 성격	• 중북관계의 일반적 근거	• 양자 간 동맹의 성격 강조
조약의 핵심	• 제4조(중요 사항의 상호 협의)	• 제2조(지체 없는 군사적 원조) 제5조(경제적·기술적 원조 제공)
조약의 효력	• 북한의 과잉 기대에 부담	• 대북지원을 당연한 것으로 간주

* 출처: 관련 자료를 표로 재정리함.

중국 내에는 중북조약의 의미·유용성과 관련 다양한 의견과 주장이 있다. 전반적으로는 '조약 유지' 의견이 주류이다. 2010년 천안함 사건 이후(6.24) 중국 외교부는 "1961년 북한과 체결한 중북 우호조약을 수정·폐기할 의사가 없다"며, "이 조약은 수십 년간 양국관계 발전과 한반도의 평화·안정, 발전을 촉진하는 데 긍정적인 역할을 했다"고 강조했다.

중북조약 체결 50주년인 2011년 7월 11일, 중국은 관영 CCTV 보도를 통해 동 조약의 유효기간이 20년이며, 그동안 2회 자동 연장되었고, 2001년 연장된 조약의 유효기간은 2021년이라고 밝혔다. 일각에서 제기한 '조약의 사문화'와 '자동군사개입 조항 폐기' 주장을 불식하기 위한 것이었다.[98]

북한의 김정일 위원장 또한 2011년 7월 10일, 중국 후진타오 주석에게 보낸 축전에서 "조중우호조약 체결은 친선협조관계를 항구적으로 공고히 발전시킬 수 있는 법률적 기초를 마련한 획기적인 사변이었다"며, "조중 친선협조관계를 대를 이어 끊임없이 발전시켜 나가자"고 강조했다.

중국은 조약의 전략적 의미는 줄어들었으나 전술적 유용성이 여전하다는 판단하에 조약에 대한 '현상유지' 정책을 견지하고 있다. 한미일에 대한 전략적 고려, 대북 영향력 유지, 북핵문제 해결, 북한의 안보우려 해소 등의 측면에서 조약의 활용도가 크다고 보는 것이다.[99] 북한의 군사적인 도발을 억제하는데도 유용한 측면이 있다.[100]

---

[98] KBS, 2011년 7월 11일 인용 보도.

[99] 王木克, "中朝互助条约的存与废," 『世界知识』(2011.4), p. 64.

[100] 1997년 3월 중국 외교부 부부장 탕자슈엔(唐家璇)은 "중북 우호조약이 국제적 상황 변화 및 남북한 유엔 동시가입 등으로 이제 친선의 의미만 지닌 형식으로 남아있을 뿐, 만약 북한의 선제 공격행위로 북한이 한미의 공격을 받을 경우, 중국은 북한을 지원해야 할 부담이 없다"고 밝혔다. 『동아일보』, 1997년 3월 21일.

한편, 중국은 조약의 폐기는 북한과의 합의(제7조)가 필요해 사실상 불가능하고, 무리하게 폐기할 경우 중북관계의 파탄이 초래되며, 자국 군부의 보수적 태도 등에 비추어 어렵다고 생각하고 있다.

중국의 입장에서 이 조약은 유사시를 대비하는 일종의 관여(engagement)인 것이다. 향후 동북아 정세의 변화, 미중관계의 향배에 따라 새로운 카드로도 활용될 수 있다. 주목되는 점은 2009년 이후 양국 간 경제협력의 증진과 상호 지도자 방문, 전략적 의사소통 등은 일부 조약의 실효성을 복원하는 의미로 볼 수 있다.[101]

1961년 중북조약 체결 후 중국의 저우언라이(周恩來) 총리는 연설을 통해 아래와 같이 강조했다. 이는 현 중국지도부의 대북한 인식의 저변에도 잠재해 있는 것이다.

> "중국과 조선 양국은 순치상의(脣齒相依)한 우호적인 이웃국가이다. 사회주의 진영 중의 친밀한 형제국이다. 양국 인민의 우정은 역사의 고증을 거쳤다. 조선인민의 중국인민에 대한 원조와 지지는 중국이 조선인민에 대한 원조와 지지보다 더 일찍이 이루어졌고 더 많았다.
> 오늘 사회주의 진영의 동쪽 전방에 있는 조선민주주의인민공화국은 우리의 안전과 건설을 보장해 주고 아시아와 세계평화를 보호해 주는 중요한 요소이다. 우리는 중국과 조선 인민 간의 위대한 우정을 중요시하며, 조선인민들의 중국에 대한 지원을 영원히 감사하게 생각할 것이다"[102]

---

[101] 즉, 북중우호조약은 포괄적 조약으로서 안보 조항 이외에 경제협력 및 문화교류에 대한 부분도 포함하고 있는데, 2009년 이후 양국 간 경제협력이 확대되어 일부 조항이 실현되고 있다. 또한 2010년 3월 천안함 사건 이후 2010년 5월 양국 정상회담에서 상호지도자 방문 확대와 전략적 소통 강화가 합의되어 조약의 3조가 회복되고 있다.

[102] 劉金質·楊准生, 『中國對朝鮮·韓國文獻選編, 1949-1994』(北京: 中國社會科學出版

5. 한반도 통일

중국은 한반도 통일 과정에서 어떤 방식으로든 개입하거나 영향력을 행사할 중요한 변수임에 틀림없다.[103] 양안(대만)통일이라는 역사적 과제를 안고, 북한에 대한 전략적 이해를 갖고 있는 중국은 한반도의 통일에 대해 관심을 갖지 않을 수 없다.

사실, 중국에게 통일된 한반도는 경제발전과 안보이익을 가져다줄 가장 이상적인 상태이다.[104] 한반도 통일은 양안의 통일을 촉진한다는 점에서도 중대 사안이다. 중국은 한국 주도의 남북통일이 역사적·현실적 대세라는 점과 변화하고 있는 동북아의 전략적 상황이 자국에 유리하게 전개되고 있다고 본다.

중국이 한반도 통일 과정에 어떻게 개입할 것인지는 불확실하다. 중국 정부의 기본입장과 중국 내 관련 전문가들의 언급을 통해 추론할 뿐인데, 중국정부는 한반도 통일을 지지한다는 입장을 지속적으로, 최근에는 보다 적극적으로 표명하고 있다.

1992년 8월 24일, 한중수교 성명 제5항은 "중국 정부는 한반도가 조기에 평화적으로 통일되는 것이 한민족의 열망임을 인정하고, 한반도가 한민족에 의해 평화적으로 통일되는 것을 지지한다"고 명시했다. 20년이 지난 2011년 초 후진타오 주석은 "남북한이 궁극적으로 독립적이고 평화로운 통일을 실현하기를 희망하고 지지한다. 남북한 통일은 남북 양측의 근본 이익이며, 한반도 평화와 안정에

社, 199 4), pp. 1292-1295.

[103] 중국 내 관련 논의 동향 및 입장에 대해서는 박병광, "북한 급변사태와 중국," 『동아시아브리프』, 제3권 4호(2008), pp. 107-112; 박창희, "북한 급변사태와 중국의 군사개입 전망," 『국가전략』, 제16권 1호(2010), pp. 33-59 참조.

[104] 金强一, "중국의 동북아전략과 대한반도정책," 『JPI정책포럼』, Vol. 19 No. (2009), p. 1.

도 기여할 것”이라는 입장을 밝혔다.

2012년 1월 이명박 대통령의 방중을 결산하는 양국 공동언론발표문에서 후진타오 주석은 “중국은 남북한 양측이 대화와 협상을 통해 관계를 개선하고 화해와 협력을 추진해 최종적으로 한반도의 평화통일을 실현하는 것을 지지한다.”고 밝혔다. 이렇듯 남북통일을 지지하는 중국정부의 공식 입장을 보면 한국 내에서 ‘중국은 한반도 통일을 원하지 않고, 현상유지를 선호하고 있다’는 일반론과 사뭇 다른 것이다.

사실, 중국정부의 공식 입장(자주평화통일)의 이면에는 한국이 미국과 협력, 북한의 붕괴를 유도해 흡수통일을 추구할지 모른다는 우려가 내재돼 있다. 중국의 가장 큰 관심사는 한반도 통일 과정에서 한국이 자국의 안보우려를 감안해 서로 협력하면서 통일의 길로 나갈 것이냐의 여부이다. 과연 자국의 이익이 존중받을 수 있느냐는 데 대해 의문을 갖고 있는 것이다. 따라서 중국은 평화롭고 통일된 한반도를 바라지만 단기적으로 불확실한 상황에서 남북한이 현 상태로 있기를 바라고 있다.[105]

한반도 통일에 대한 중국의 입장은 한마디로 ‘한반도 통일은 지지하되, 그 과정과 결과는 두고 봐야 한다’는 것으로 요약할 수 있다. 중국이 한반도 통일은 남북 당사자 간에 자주(독립)적이고 평화적인 방법에 의해 추진되어야 함을 강조하고 있는 이유는 한반도

---

[105] 2009년 6월 9일 중국 외교부 부장조리 청궈핑(程國平)의 발언, 위기리크스의 미국외교 문서 공개(2010.11.29) 후 『헤럴드경제』가 2010년 11월 30일 보도함. 참고로 중국은 한국정부의 북한 흡수통일 대비(통일준비) 노력을 강력 비판하고 있는데, 『環球時報』는 한국 통일부의 ‘통일준비 원년’ 연두업무보고 직후인 2010년 12월 28일자 사설에서 “한국은 지금 취권(醉拳)을 하고 있는가, 아니면 취권을 즐기고 있는가?”라고 신랄하게 비판했다.

문제가 주변국의 이해와 긴밀하게 연계되어 있기 때문이다. 중국은 한반도 통일이 자주독립적으로, 남북한 주민의 자결에 의해서 이루어지지 않으면 한반도가 또 다시 주변 강대국 간의 각축장으로 변할 수 있다고 본다.[106]

나아가 중국은 남북통일의 결과로서 통일한국은 자국에 우호적이거나 최소한 중립적이어야 함을 강조하고 있다. 통일한국이 자국의 적대세력이 되거나 적대세력(미국)의 영향권에 들어가는 것을 반대한다. 그럼에도 중국은 북한의 전략적 자산가치가 점차 감소하고 있고, 남북통일이 피할 수 없는 현실로 다가오고 있으며, 통일과정은 한국이 주도할 수밖에 없을 것으로 보고 있다.

중국 내에서도 이와 관련한 논의가 활발하게 진행되고 있다. 아래 〈표Ⅱ-8〉에서 보는 바와 같이 북한을 흡수한 통일된 한국이 과연 중국에 유리하느냐의 여부를 둘러싸고 국익에 이롭다는 '한반도 통일이익론'과 위협이 될 것이라는 '한반도 통일위협론'이 대립하고 있다. 두 견해는 각각 북한의 자산가치에 대한 평가인 '북한자산론'과 '북한부담론'의 연장선상에 있다.[107]

냉전시기, 중국 내에서는 '한반도 통일위협론'이 지배적이었다. 탈냉전 이후에는 북한의 심각한 경제난과 계속되는 모험주의를 비판하는 전문가들에 의해 '한반도 통일이익론'이 제기되었다.

한반도 통일이익론은 한마디로 북한에 대한 계속적인 지지·지원은 중국의 부담을 가중시킬 뿐이라는 인식에 기초하고 있다. 국제

---

[106] 주재우, "한반도 통일에 대한 중국의 담론,"『글로벌정치연구』, 제3권 2호 (2010), p. 80.

[107] 김흥규, "한반도 통일에 대한 중국의 입장 및 역할, 대중정책에 대한 함의와 더불어," (흥사단 금요통일포럼, 2012.3); __, "변화하는 북중관계와 한국의 국가전략"(흥사단 금요통일포럼, 2011.3). uri

사회의 문제아인 북한을 계속 안고 가는 것은 자국의 국제적 위상
에 부정적 영향을 미친다고 보는 것이다.[108]

〈표Ⅱ-8〉 중국 내 한반도 통일 '이익론' 과 '위협론'

통일위협론의 논리	통일이익론의 논리
(통일 과정)	**(통일 일반)**
• 통일 과정에서 한반도의 대변동이 불가피 　– 대규모 북한주민의 동북지역 유입 가능성 • 남북한 통일은 주한미군의 존재로 인해 불가능 • 북한 변화·통일 과정에서 미국과 충돌할 가능성	• 같은 분단국으로서 한국인들의 통일열망을 이해 • 한중 간의 우의가 발전, 동아시아 평화질서 건립 • 한반도 통일로 역내 미중 간의 협력이 보다 용이 • 통일한국은 중국에 평화롭고 안정된 주변환경 제공 • 중국이 타이완 통일에 집중할 수 있는 여건 제공
(통일 결과)	**(통일 결과)**
• 미군 주둔 통일한국은 안보상 중대 위협 초래 　– 대미·일 카드 상실, 변방에서 미군과 대치 • 통일한국·한민족주의 등은 新변방 문제 야기 　– 간도와 중북국경조약 승계문제 등 • 통일한국의 흡인력이 조선족의 자치독립 야기	• 분단보다 통일된 한반도가 중국의 발전에 유리 　– 보다 유리한 안보환경, 경협 확대 등 • '시장 확대' 와 '위협 제거' 라는 보다 큰 이익 제공 • 통일한국은 미국·일본보다 중국에 경사될 가능성 • 한국은 타국 침략의 역사가 없고. 위협세력이 되지 못함.

* 출처: 문대근 지음, 『한반도 통일과 중국』 (서울: 늘품플러스, 2009), pp. 320-327.[109]

---

[108] 1999년 陳龍山 이후 陳峰君·金景一·金强一·朱鋒·楚樹龍·唐永勝 등이 가세하고 있다.

[109] 보다 자세한 내용은 陈龙山, "朝鲜半岛统一问题略论,"『东北亚研究』, 1999年 第2期; 陈峰君, "朝鲜半岛和平统一中国乐观基成,"『东北亚研究』, 2001年 第1期; 金景一·金强一, "朝鲜半岛的地缘政治意义及其对我国的影响研究,"『中国外交』(中国人民大学, 2008.11); 张琏瑰, "朝鲜半岛的统一与中国,"『当代亚太』, 2004年 第5期; 金夏中, 『腾飞的龙』(世界知识出版社, 2002); 金强一, "中美日东北亚战略框架之中的朝鲜半岛问题——朝鲜半岛问题与东北亚大国战略指向关联的研究,"『东疆学刊』, 2008年 03期; 孟庆义, "朝鲜半岛统一问题研究的新视角,"『东南大学学报(哲学社会科学版)』, 2010年 05期; 赵来文·卢德焕·郑岩, "朝鲜半岛统一问题及对中国的影响,"『白

그러나 2009년 말부터 한미동맹이 전략(가치)동맹으로 강화되고, 특히 2010년 천안함·연평도 사건 이후 다시 '한반도 통일위협론'이 확산되는 분위기이다. 중국내 일부 전문가들은 한국의 이명박 정부가 대북 강경정책을 추진하면서 통일(준비)을 얘기하는 것은 '어불성설(語不成說)'이라고 지적한다. 동북공정의 연장선상에서 '무슨 통일은 통일이냐?'는 한반도 통일부정론도 존재한다.

그럼에도 여전히 중국 내 전략파를 중심으로 아래 〈표Ⅱ-9〉에서 보는 바와 같이 한반도 통일이익론이 확산되고 있다. 이는 그 진정성에도 불구하고 다분히 한반도에서 경쟁국인 미국을 견제하고, 자국이 이미지와 위상을 높이려는[110] '공공외교(public diplomacy)'의 성격이 내포되어 있음을 부정할 수 없다.[111]

城师范学院学报」, 2003年 02期 등 참조.

[110] 이는 朱鋒(2011.9.1), 楚樹龍(2012.1.2.), 曲星(2010.19), 唐永勝(2012.1) 등이 한국 내 언론사 인터뷰 또는 국내 학술회의 등에서 발언한 것이다. 미국과 경쟁하고 있는 한국에 대한 중국의 공공외교는 치밀하고 전략적인 것일 수밖에 없다. 한편, 미국은 2010년 이후 한국인들에게 중국과 북한의 위협과 한반도 긴장을 강조하면서 한미동맹 강화와 국방비 증액을 강조하고 있다. 미어샤이머 교수, 랜드연구소, 월트 교수, 서면 주한미군사령관은 한국 내 국제학술회의 참석 시(2011.10.10, 10.12) 각각 "중국은 舊소련보다 위협적이다. 한국은 미국의 가장 중요한 동맹이다", "북한 붕괴 시 미중 간에 군사적 충돌을 일으킬 개연성이 있다", "미중관계가 악화될 경우 한국은 '선택의 순간'에 직면할 것이다", "북한의 위협은 장난이 아니다. 한국의 방위예산 감축은 안 된다"고 언급한 바 있다. 부상하는 중국은 한반도 평화와 통일을 말하는 반면, 쇠퇴하는 미국은 위협과 긴장을 얘기하면서 통일에 대해서는 언급하지 않고 있다.

[111] 중국은 소프트파워, 즉 자국의 새로운 이미지를 창출하기 위해 '공공외교'를 강화하고 있는 바, 2009년부터는 외교부내 기존의 '공중외교처(公衆外交處)'를 '공공외교판공실'로 격상시켰다. 참고로 최근 중국의 공공외교(PD)에 대한 자세한 논의 내용은 檀有志, "公共外交中的国家形象建构 —以中国国家形象宣传片为例,"「现代国际关系」, 2012年 03期; 何兰, "强化公共外交´减少舆论噪音,"「现代国际关系」, 2010年 11期; 林利民, "中国对外战略: 新问题´新任务´新思路,"「现代国际关系」, 2010年 11期; Tan Youzhi, "Public Diplomacy and China's National Image, Contemporary International Relations,"「现代国际关系(英文版)」, 2012年 02期 등

이들의 주장은 다음과 같이 두 가지 측면에서 분석할 수 있다.

우선, 통일된 한반도가 중국에게 평화와 안정, 발전의 이익을 제공하게 된다는 점에서 주장의 진정성이 없지 않다. 부상한 중국이 한반도 통일 과정에서 결정적인 역할을 한다면 잃을 게 없을 것이라는 자신감도 작용하고 있다.[112]

〈표II-9〉 한반도 통일 관련 중국 전문가들의 주장

성명	주장 요지	일시
朱 鋒	"중국의 자동군사 개입을 규정한 중북동맹조약은 이미 사문화" "남북이 합의하면 통일됨. 중국이 지지하고 말 문제가 아님"	2011. 9.1
楚樹龍	"유사시 중국은 남한이 주도하는 한반도 통일을 수용할 것임"	2011. 9.1
曲 星	"동북아에 배타적 군사동맹 존재, 미국은 동북아 평화의 장애"	2011.10.17
閻學通	"통일은 남북한에 달려 있음. 어느 나라도 통일을 반대 못함"	2011.10.12
唐永勝	"한반도 통일은 역사적인 대세임. 한반도는 한반도의 것임"	2011.12.8
金景一	"중국이 통일 반대할 이유 없음. 미일이 긴장·분단유지를 희망" "한반도 통일은 곧 미국의 동북아 전략의 실패를 의미함"[182]	2012.1 2012.4

* 출처: 각각 국내언론 인터뷰 및 국내외 학술회의 시 발표한 자료 등을 취합, 정리함.

반면, 이를 통해 ①한국 내에서 지배적인 '중국이 남북통일에 반대한다'는 여론을 무마·희석시키고, ②상대적으로 미국이 한반도의 긴장을 조장하고, 통일을 반대하고 있다는 여론을 조성하는 한편, ③북한의 과도한 대미 접근 및 중국 방기 가능성을 견제하려는 것

을 참조.

[112] 『鳳凰衛星TV』, 2012年 9月 28日, 시사평론가 石齊平의 발언.

[113] 金强一, 앞의 논문, pp. 55; 金景一·金强一, 앞의 논문, pp. 11-12. 특히 북경대 金景一 교수는 통일된 한반도가 미국을 향한 일변도 외교정책을 취할 경우 중국에 불리하게 작용할 것을 우려해 일부에서 '현상유지설'이나 '등거리 외교설'을 제기하기도 하지만 한반도의 안정과 통일이 중국의 이익에도 부합한다고 강조하고 있다.

으로 볼 수 있다. 나아가 ④한미동맹을 강화하면서 남북통일을 추구하고 있는 한국과 미국의 대북전략을 견제하려는 것일 수 있다.

한반도 통일이익론에도 불구하고, 중국이 내심 우려하는 것은 통일 이후에 대한 한국의 비전이 모호한 데서 오는 불확실성이다. 중국내 전문가들은 통일 이후 동북아 질서에 대한 한국정부의 비전이 명확하지 않다는 점을 지적한다. 그동안 한미 양국이 한반도 통일 이후에도 한미동맹의 유지와 주한미군의 주둔을 강조해 왔는데, 중국은 그러한 상태의 통일한국을 결코 바라지 않는다는 것이다. 중국이 부상하면서 점차 생각(입장)이 달라지고 있다.

중국 내에서는 한국에 대한 뿌리 깊은 전략적 의혹을 반영하는 2개의 결정적인 반대가 있다. 하나는 한반도가 중국에 대항하는 미국의 전략적 요새의 역할을 해서는 안 된다는 것이다. 다른 하나는 통일한국의 민족주의가 중국의 영토(간도 등) 및 중화민족(조선족)의 통합을 저해해서는 안 된다는 것이다.[114]

요컨대, 중국 입장에서 가장 큰 관심사는 한반도 통일 과정에서 한국이 자국의 안보이익을 얼마나 존중해 줄 것이냐는 것이다.[115] 한반도 통일 과정에서 중국이 가장 중요하게 여길 이익은 자국의 안전과 한반도에서의 영향력 유지 여부이다.

이런 점들을 고려하면, 중국이 한반도의 현상유지를 고집할 이유가 없다는 결론이 가능하다.[116] 중국은 북한의 부담과 한반도의

---

[114] 스인홍(時殷弘), "북한문제와 한반도에 대한 중국의 대응 – 전략적 끈기로 장기화된 난관을 타개,"『2010년 한반도 정세전망과 북핵문제』(2009년도 국가안보전략연구소 국제학술회의 발표문, 2009.12.7), p. 62.

[115] 주펑(朱鋒),『조선일보』, 2012년 1월 4일 인터뷰 내용.

[116] 金强一, 앞의 논문, pp. 7–9.

불안정한 분단의 지속보다, 통일한국이 자국에 우호적인 국가로 남
거나 자국의 영향력 확대를 의미하는 통일한국을 선호한다는 것이
다. 역사적으로도 통일된 한반도 국가가 중국의 평화와 안전에 유
리했다. 한반도가 통일되면 중국을 중심으로 하는 동북아 경제협력
이 활성화되고 경제공동체의 형성이 가능해져, 그야말로 동북아 평
화·번영의 시대를 열 수 있다고 보는 것이다.

따라서 한반도 통일에 대한 중국의 입장과 태도는 한국과 미국
이 어떻게 대응하느냐에 따라 달라질 수 있다. 그럼에도 중국은 한
국 주도의 통일이 불가피한 대세로 자리 잡을 경우, 한국 및 미국
과 대치하기보다 적정선의 협의를 통해 통일한국을 받아들이는 쪽
으로 행동할 가능성이 크다.

중국은 지난 60여 년 동안 끌어안고 온 북한이 이제 더 이상 희
망이 없는 존재라는 사실을 어느 나라보다도 잘 알고 있다. 구소련
이 구동독을 지키기 위해 많은 국력을 낭비했으나 결국 서독에 의
한 통일로 귀결되었고, 미국이 베트남을 지탱하기 위해 엄청난 희생
을 치렀음에도 불구하고 결국 베트남을 내주고 철수한 사실도 잘
알고 있다. 중국은 통일이 불가피한 추세로 나아가는 한반도에서
감당하기 어려운 짐인 북한문제를 심각하게 고민하지 않을 수 없는
것이다.

그러나 중국은 한반도 통일은 언젠가는 이뤄질 자연스러운 일이
지만, 급히 될 문제가 아니라고 본다. 일정한 여건과 환경이 충족되
어야 실현될 수 있는 것으로, 지금은 때가 아니라는 것이다. 남북한
이 상호 적대감을 해소하고, 경제적 격차와 이질감을 줄여 나가며,
특히 주한미군이 철수해야 한다고 주장한다. 이러한 여건이 충족되
지 않은 상태에서 한국정부가 통일을 말하고 준비하는 것은 흡수

통일 혹은 취권(醉券: 쇼)을 하려는 것으로 생각한다.[117]

근래 한국이 북한을 압박해 통일을 이루려는 움직임에 대해 중국은 2010년을 전후 북한의 급변사태(붕괴) 발생 가능성을 의도적으로 배제하고 있다. 북한 정국에 영향을 미칠 능력이나 수단이 없고, 남북전쟁 또한 감당할 수 있는 실력과 결심이 없는 한국정부가 자기중심으로 북한을 흡수통일하려는 것은 오판이라고 비판하고 있다.[118]

따라서 검증되지 않은 한반도 통일에 반신반의(半信半疑)하고 있는 중국은 한반도 통일문제를 협의하는 과정에서 동아시아 질서 변화에 대한 한국정부의 청사진을 요구할 것이다. 한국이 자국의 지정학적 이해를 침해하지 않는, 분명한 청사진을 제시하기 전까지 중국은 남북한 통일에 협조하지 않을 것이다.[119]

결국, 한반도 통일 과정에서 대두될 수 있는 가장 큰 문제는 한미동맹과 주한미군 문제와 관련된 것이다.[120] 중국 전문가들은 한국이 경제적으로 중국에 의존하면서, 정치·안보는 미국에 의존하는 것은 지속가능한 전략이 아니라고 지적한다. 한반도 통일 이후 동맹의 주적(북한)이 사라졌는데도 중국의 위협을 명분으로 하는 한

---

[117] 2012년 11월 북경에서 개최된 한반도 통일(준비)을 주제로 열린 한 포럼에서 류우익 통일부장관이 "한반도 분단 상황의 안정적 관리가 중국의 이익이라는 중국인들의 생각은 검증되지도 유효하지도 않다"는 지적에 대해, 가오하오룽(高浩榮) 新華社 세계문제연구센타 연구원은 10월 31일 新華網에 올린 글("한반도 통일에 대한 나의 의견: 朝鮮半島统一问题之我见")에서 이와 같이 비판했다. 한편, 2012년 11월 13일, '한반도 통일의 필요성에 관한 세계적 시각'과 '통일외교 국제적 네트워크 제도화' 등 통일준비를 주제로 한 '한반도국제포럼(KGF)'에 중국은 참여하지 않았다.

[118] 『環球網』, 2012年 10月 23日.

[119] 金强一, 앞의 논문, p. 10.

[120] 楚树龙·金威, 『中国外交战略和政策』(北京: 时事出版社, 2008), p. 176.

미동맹이 가능한가에 대해 의문을 제기한다.

동시에, 한국이 외세(미국)의 개입 없이, 중국의 경제발전과 한반도의 평화·안정을 해치지 않는 방식으로 통일을 한다면 기꺼이 지지할 것이라고 강조한다.[121] 강대국으로 부상하는 과정에서 이 같은 중국의 입장과 강조는 더욱 강화될 것이다. 미국 또한 이에 대응하는 전략을 강화할 것이다.[122] 민족자결 우선이 아닌 주변국의 협력을 통한 남북한통일은 결코 쉽지 않은 것이다.

---

[121] 주펑은 "중국 국민들이 통일 이후 한미동맹 강화를 우려하는 것은 한국 정부가 통일 이후 동북아 안보와 주변국 관계에 대해 명확한 입장을 밝히지 않고 있기 때문이다. 독일은 통일 당시 영국과 프랑스에 '통일 이후에도 유럽연합(EU) 내에 남아 평화적인 역할을 계속할 것'이라고 보증했다. 중국인들은 한국이 왜 통일을 하려는 것인지, 통일 이후 동북아 안보는 어떻게 될 것인지 잘 모르고 있다"고 강조한다. 주펑(朱鋒), 『조선일보』, 2012년 1월 4일 인터뷰.

[122] 2012년 12월 31일 미국 상원 외교위원회는 "한반도 통일과 중국의 역할(China's Impact on Korean Peninsular Unification)이라는 보고서에서 중국이 한반도의 분단보다 통일이 국익에 더 부합된다고 판단, 북한과의 특수관계를 끝내기 전까지 한반도 통일이 성사되기 어렵다고 보고, 미국의 적절한 대응방안 마련을 촉구했다.

대북정책과 중북관계 전개 양상

지난 20년 동안 중북관계는 냉전시기와 유사하게 상승곡선과 하강곡선을 반복하는 곡절을 보여 왔다. 그 과정에서 국제체제 수준의 구조적인 변인과 함께 국가단위 수준에서 발생한 이슈들이 정치화되면서 중국의 대북정책과 중북관계에 영향을 미쳤다.

여기서는 ①동아시아 체제수준에서의 미중 간 세력배분의 변화와 그 과정에서 일어난 ②단위수준(주로 북한)의 정치화된 이슈들이 ③중국의 대북정책과 중북관계에 어떤 영향을 미쳐왔는가를 4개 시기로 구분해 살펴보기로 한다.[1]

---

[1] 4개 시기의 구분 기준은 대체로 양국관계의 고위급 인사교류의 회수이다. 양국의 언론이나 각종 회의 시 양국 인사의 발언에서도 양국관계의 수준을 읽을 수 있다. 이는 중국이 규정하는 양국관계(예: 우호협력/전통적 우호협력/선린우호협력 등)에서도 나타나고 있다. 2002년, 2006년, 2009년에 발생한 북핵위기, 핵실험 등의 사건들은 중북관계의 변곡점이었다.

제1절 소원기(1991~1999)

1. 체제수준의 동아시아 질서 변화

1991년, 소련의 붕괴로 인한 냉전구도의 해체는 국제질서의 변화와 함께 중국의 대북정책에 큰 변화를 가져왔다. 탈냉전은 미소를 중심으로 한 기존의 진영외교 및 위계적인 국제질서를 탈이념의 평등한 국가 간의 관계로 변화시켰다. 중북관계 또한 경제적 이해관계가 이데올로기를 대신하게 되면서 조정될 수밖에 없었다.

탈냉전은 무엇보다 미중관계를 새롭게 재편하는 국제정치적 동인이었다. 탈냉전 초기의 국제질서는 미국 중심의 일극체제 창출과 중국의 지속적인 성장에 대한 미국의 견제로부터 시작되었다. 미중관계를 협력적으로 유도하던 국제정치의 구조적 요인(소련)이 붕괴된 상황에서 미중관계는 다양한 비구조적 요인에 의해 영향을 받았다. 소련 견제라는 전략적 공동이익에 따라 협력해 온 미중관계가 갈등과 협력, 경쟁이 공존하는 관계로 변한 것이다. 탈냉전 시기의 미중관계는 불안정한 이중구조 속에서 우여곡절과 반전의 연속성을 보이며 꾸준하게 발전하게 된다.

중국은 탈냉전기 내내 유일 패권국이 된 미국과 적대관계에 놓이는 것을 적극 피하고자 했다. 미국의 자국 견제를 차단하고, 지속적인 경제발전을 위한 평화로운 국제환경을 확보하는 것이 급선무였다. 1990년대 초반 미국 내에서 '중국위협론'이 확산되고, 대만해협 위기로 촉발된 미국과의 분쟁가능성은 자국의 개혁개방과 경제발전에 치명적일 수 있었다.

따라서 중국은 미국과 서구의 제재와 압력에 정면으로 대응하지 않는 대외정책 노선을 유지했다. 덩샤오핑(鄧小平)이 제시한 2개 전략방침(①冷靜觀察·穩住陳脚·沈着應付·決不當頭, ②增加信任·減少麻煩·發展合作·不敵對抗[2])'이 그것이다.

그럼에도 중국의 급성장은 미국 주도의 국제질서를 불안정하게 할 수 있는 변인으로 간주되었다. 소련 대신 새로운 적을 찾아 나선 미국은 중국을 견제와 변혁의 대상으로 간주하는 한편, 자국의 국제적 지위와 안보를 위협하는 잠재적인 적으로 지목했다. 미국 내의 중국에 대한 이질감과 혐오감, 위협감은 '중국붕괴론'과 '중국위협론'을 빠르게 확산시켜 나갔다.[3]

이에 따라 미중관계는 1990년대 초·중반부터 긴장상태에서 벗어나지 못했다. 1992년 대통령 선거에서 클린턴(William J. Clinton) 후보는 부시(George H. Bush)정권이 인권문제에서 소극적이었다고 비난하면서 "바그다드에서 베이징에 이르는 모든 독재자"에 대한 강경책을 약속했다. 클린턴 집권 후 미중 양국은 인권문제 및 그에 연

---

[2] 덩샤오핑은 특히 초강대국인 미국과의 신뢰 강화, 마찰 감소, 협력관계 발전, 대항하지 말 것을 강조했다. 일종의 와신상담(臥薪嘗膽), 도광양회(韜光養晦) 전략이었다.

[3] 서진영, 『21세기 중국외교정책』(서울: 폴리테리아, 2006), pp. 175-176.

계된 대중 최혜국대우 문제 등으로 갈등상황에 직면했다.

군사안보 영역에서도 미국의 대대만 무기판매와 중국의 미사일 기술 확산 등의 문제를 둘러싸고 양국 간에 긴장관계가 조성되었다. 1995년-1996년 대만해협 위기 시에는 군사적 분쟁에 직면하기도 했다. 대만해협 위기를 전후로 미국은 미일동맹을 강화하면서 중국을 적극 견제해 나갔다.

중국은 탈냉전 후 미국이 반공·반중 정책을 노골화하고 있다고 보았다. 대러관계와 대북관계를 강화해 미국에 대항할 필요가 있었다. 중러 양국은 1994년 장쩌민-옐친 간 정상회담을 통해 '협력동반자' 관계를 수립, 1996년 4월 정상회담에서는 양국관계를 '전략적 협력동반자' 관계로 격상시킴으로써 탈냉전기 양국관계의 토대를 마련했다. 북한도 다독여 나갔다. 주변국가와는 안보협력을 적극 추구했다. 1996년 4월에는 '상하이 5개국 협력회의(SCO)'를 만들었다. '협력안보·상호안보'를 핵심으로 하는 '新안보관'도 제시했다.[4]

이 같은 중국의 적극적인 저항과 특히 미국 내 중국진출 기업들의 반발은 점차 미국정부의 대중국 정책의 변화를 가져왔다. 미국은 1995년 5월 인권문제와 미중교역을 연계시키지 않겠다는 결정을 발표했다. 같은 해 10월 뉴욕을 방문한 장쩌민 주석은 중국이 미국과 '신뢰를 높이고 갈등을 줄이며, 협력을 늘리고 반목을 피할 것'이라고 약속했다. 그럼에도 미국의 중국 견제는 끊임없이 계속되었다.

1997년, 미일 양국은 동북아에서 유사시 공동 대처를 명시한 '신방위지침(defense guideline)'에 합의했다. 이듬해 미국 주도의 전역미사일방어체제(TMD)에 일본이 동의, 대중국 견제 움직임은 한

---

[4]　门洪华, "中国的崛起与东亚安全秩序的变革," 『国际观察』, 2008年 第2期, p. 17.

층 명확해졌다.

한편, 중국은 1997년부터 한국과 미국이 제안한 4자회담 진행과정에서 적극적인 역할을 수행하기 시작했다. "한반도에서 평화기제를 구축하는 것을 찬성하며, 4자회담에 적극적인 태도를 견지한다"는 입장이 강조되었다.[5] 1998년 4월에는 러시아와 '다극화 및 新세계질서 수립을 위한 공동성명'에 합의했다. 중러 양국은 보편적 의의를 지닌 안보관을 확립하고, 쌍무적·다자적 협력을 통한 평화·안전을 추구해 나갔다. 미국의 일극패권을 견제하기 위한 것이었다.

그런 가운데서도 중국은 대미 유화정책을 추진해 나간다. 미국과 중국은 1997년과 1998년 일련의 정상회담을 통해 '건설적 전략적 동반자관계'를 수립, 협력적인 관계를 유지하기 시작했다. 이 시기 미중관계는 주로 경제 분야를 중심으로 협력과 갈등을 수반하는 '경제 중심의 전략적 동반자' 관계였다. 클린턴 행정부 후기의 대중정책은 '포용과 확장(enlargement and engagement)' 기조를 유지한다. '건설적인 전략적 동반자' 담론은 이 시기 미중관계의 핵심 화두였다. 중국은 미국 주도의 국제레짐에도 적극 참여해 나간다.

한반도에서 남북한은 탈냉전과 함께 총리회담을 진행, 1991년 12월 '남북기본합의서'와 '한반도 비핵화 공동선언'에 합의했다. 합의 이행을 위해 3개 분과위원회(정치·군사·교류협력)와 5개 공동위원회도 설치·운영했다. 그러나 1차 북핵위기로 더 이상의 진전은 이루지 못했다. 1994년 남북정상회담을 위한 부총리급 예비접촉이 진행되었으나 김일성의 사망으로 무산되었다.

---

5 『人民日報』, 1997年 7月 3日.

2. 단위수준 이슈의 정치화

이 시기 중북관계에서 이슈화된 사건은 '탈냉전'과 함께 '한중수교'와 '북한의 핵개발'이었다. 1992년 8월 24일 성사된 한중수교는 중북관계에 결정적인 영향을 미쳤다. 한중수교는 이념외교에 기초한 기존의 중북관계에 대한 중대한 수정이었기 때문이다. 중북관계는 상호 전통적 우의의 강조에도 불구하고 급속히 멀어져 갔다. 북한은 중국을 배신자라고 비난했다. 중북동맹의 기반이 와해됨에 따라 스스로의 안전보장을 위해 핵개발을 서둘렀다.

김일성은 "앞으로 소련을 믿을 수 없고, 중국도 믿을 수 없게 되었으므로 주체사상에 입각해 정신적 폭탄과 물질적 폭탄에 의지할 수밖에 없다"[6]고 선언했다. 1992년 7월 27일 노태우 대통령의 중국 방문 직전, 북한은 중앙방송 논평을 통해 "제국주의에 굴복한 일부 혁명변절자들의 배신행위로 말미암아 최근 일부 국가에서 사회주의가 좌절되고 자본주의가 복귀되는 엄중한 사태가 빚어졌다"고 중국을 직접 비난했다.

1994년 9월 중국은 북한의 요구에 따라 판문점 정전위원회로부터 자국의 대표단을 철수시켰다. 1994년 11월 1일 김정일은 '사회주의는 과학이다'라는 논문에서 "지금 사회주의 배신자들은 자본주의에 대한 환상을 품고 제국주의자들의 원조와 협력에 기대를 걸고 있다"고 했다.[7] 1995년 6월 '사상사업을 우선시키는 것은 사회주의의 위업을 수행함에 있어 필수적인 요구이다'라는 논문에서는

---

[6] 『로동신문』, 1992년 8월 26일.
[7] 『로동신문』, 1994년 11월 4일.

"모든 수정주의 사조는 배격해야 한다"고 지적했다.[8] 이때부터 북한은 '우리식 사회주의' 건설을 역설하기 시작한다.

중국에 대한 비난과 함께 보복조치도 시행되었다. 1995년 4월 북한은 평양축전 기간 중 평양-타이페이(臺北) 간 전세기 운항을 추진하는 등 대만과의 관계 개선을 모색했다. 2002년 아시아경기대회 개최지 선정 시에는 대만 지지 입장을 취했다.

1997년 2월 북한노동당 황장엽 비서가 한국에 입국하는 과정에서 중국은 다양한 방법으로 북한을 다독거렸으나 양국 간의 전략적 갈등·대립은 심화되어 갔다. 특히 1990년대 중반 이후 북한은 '고난의 행군'을 하면서 자국을 적극적으로 지원해 주지 않은 중국에 대한 배신감을 키워갔다.

1990년대 후반까지 중국의 북한에 대한 영향력은 운운할 상황이 아니었다.[9] 양국 간 고위인사 방문교류도 이루어지지 않았다. 중국은 북한에 영향을 미칠 수 있는 레버리지를 상실했다. 이후 북한은 핵개발과 함께 중국보다 대미 협상을 통해 체제안전을 보장받으려는 정책을 적극 추진했다. 북한은 핵개발을 통해 미국의 군사압력에 대응하는 한편, NPT 탈퇴라는 위기상황을 조성해 위협의 원천인 미국과의 직접 협상을 모색했다.[10] 1993년부터 북한의 핵개발 움직임은 국제사회의 중요한 이슈로 등장했다.

북한의 핵개발을 둘러싸고 북미관계는 물론 중북관계도 악화

---

[8] 『조선중앙통신』, 1995년 6월 21일.

[9] 이남주, "중국 대북정책의 변화와 북한의 개혁개방," 『통일한반도와 동아시아공동체』(KIFS 제9차 미래전략포럼 발표문, 2011.8.4), p. 2.

[10] Scott Snyder, *Negotiating on the Edge: North Korean Negotiating Behavior* (Washington, D.C.: Institute of Peace Press, 2000), pp. 69-76.

되었다. 그런 가운데 1994년 10월 21일 북한의 핵문제를 해결하기 위한 북미 간 접촉에서 북한의 체제보장과 비확산 레짐을 포함한 '제네바 합의(Agreed Framework)'가 이루어졌다. 북한은 제네바 합의를 전후 중국의 역할을 부정하고 거부하는 태도를 보였다. 조만간 북한이 붕괴할 것으로 예상한 미국은 제네바 합의를 이행할 의사가 없었다.[11] 합의 직후부터 이행은 순조롭지 못했다.

북미 간의 대화와 갈등이 지속되는 가운데 중국에 대한 북한의 섭섭함은 더욱 노골화되어 갔다. 북한은 미중 사이에서 등거리 외교를 추구했다. 중국과 거리를 두고 미국에 접근하면서 미국에 추파를 던지는 일이 많아졌다.[12]

북한은 1998년 6월 유엔사–북한군 간의 장성급회담에서 남한을 당사자로 인정한 남북미 3자 잠정평화협정 체결을 제안했다.[13] 그해 8월 미국이 제기한 북한의 '금창리 지하 핵시설 의혹'을 둘러싼 논란과 8월 31일 북한의 미사일(대포동 1호) 시험 발사는 새로운 위기를 조성했다. 미사일 시험 발사는 김정일 체제의 공식 출범을 알리는 대내용 정치행사라는 의미도 있었지만, 위협을 통한 대미·대중

---

[11] 1995년 말 스탠리 로스 NSC 아시아담당 특보는 "미국의 대북정책은 북한이 조만간 붕괴할 것이라는 맥락에서 수립되었다"고 발언한 바 있다. 1996년 3월 게리 럭 주한 미군 사령관 역시 "문제는 북한이 붕괴하는가 안 하는가가 아니라, 언제 어떻게 붕괴하는가, 내파(implosion)인가 외파(explosion)인가 여부이다"고 주장한 바 있다. 1997년 3월 고어 부통령 역시 비무장지대를 방문한 자리에서 "북한체제가 붕괴하고 있기 때문에 한반도 냉전은 오래가지 못할 것"이라고 주장했다. 『조선일보』, 1997년 3월 31일 등 참조.

[12] 예를 들면, 1994년 4월 김일성은 재미언론인 문명자 씨와의 인터뷰에서 "중국이 우리에게 영향력을 행사한 적이 없다. 우리는 중국의 속국이 아니다"고 주장했다. 1995년 방북한 미국 외교위원회 대표단에게 북한의 한 관리는 "미국이 최근 대두되는 중국의 힘을 견제하길 원한다면, 우리와의 관계를 정상화해야 할 것이다"라고 말했다.

[13] 조성렬, 『한반도 평화체제』(서울: 푸른나무, 2007), p. 47.

억지전략의 일환이었다. 중국과 소원한 관계를 지속해 오던 북한이 미국에 접근하기 위한 벼랑 끝 전략이었던 것이다.

중국을 멀리하고, 핵을 가지고 미국에 접근하는 북한의 전략이 통할 리는 없었다. 북한의 경제난은 더욱 악화되어 갔다. 1998년 김일성의 3년상을 끝낸 김정일은 당 총비서와 국방위원장에 취임한 후부터 중국에 다가가기 시작한다. 김정일은 주북한 중국대사를 불러 "조중친선만 유지되면 한중수교에 이견이 없다. 양국 고위층의 상호 방문을 회복해야 한다"고 밝혔다. 북한이 그때부터 한중수교를 현실로 받아들이기 시작한 것이었다.[14]

3. 중국의 대북정책과 중북관계

소련을 비롯한 공산권의 붕괴는 중국에게 큰 충격을 주었다. 중국 공산당에게는 정체성의 위기로 다가와 스스로를 돌아보는 성찰의 계기가 되었다. '우리는 어디로 가야하는가?' 이 역사적인 물음에 중국지도부는 과거 공산주의가 중국을 지켜내고 통일을 가져왔듯이, 이제 중국이 공산주의를 지켜야 한다는 결론에 도달했다. 공산주의를 지키며 안정을 유지하는 것은 오로지 경제발전뿐이라는 결론이었다. 1992년 2월 광동성 선전(深圳) 뤼후(羅湖) 어촌 마을을 다시 찾은 덩샤오핑은 '남순강화(南巡講話)'에서 "개혁개방을 하지 않고, 경제를 발전시키지 않고, 인민생활을 개선하지 않으면 죽는 길 밖에 없다"고 강조했다. 천안문 사태 이후 흐트러진 중국 내 개혁개방의 분위기를 다잡은 것이다. 그해 8월에는 한국과 수교했다.

---

[14] 정성장, 『북한·중국 군사교류협력의 지속과 변화』(세종정책연구, 2012-16), p. 27.

한중수교와 함께 중국은 대한반도 정책을 기존의 북한 일변도에서 '두 개의 한국' 정책으로 전환, '남조선'을 '한국'으로 칭하기 시작한다. 한중수교 직후 중국은 외교부 대변인의 성명과 외교부장의 담화를 통해 "중북 간에 서명된 모든 조약과 협정이 유지될 것이며, 한중수교로 인해 중북관계가 변화되지 않을 것"이라고 천명했다.[15]

한중관계가 급속히 발전하면서 경제무역 분야의 협력과 함께 사회문화 분야의 교류협력도 활발하게 진행되었다. 중국은 한국기업의 자국내 투자를 적극 유치하면서 한국의 앞선 기술과 자본을 활용한 경제발전에 치중했다.

중러관계도 정상화되고 한미일 등과의 협력에 중점이 두어지자 북한의 전략적 가치는 반감되었다. 선진 기술과 자본을 유치하기 위해서는 북한과 일정한 거리를 둘 필요도 있었다.

중국은 탈냉전으로 북한에 대한 일방적인 경제지원이 정치적 의미가 없어졌다고 보았다. 경제적 이익에 중점을 둔 실리외교 방침을 북한에도 적용해 나갔다. 북한에게 물물교환 대신 시장원리에 따라 경화결제를 요구하고, 대북지원을 감소해 나갔다. 양국관계의 악화는 곧바로 북한경제의 악화를 가져왔다. 중북관계는 급속히 소원해지면서 미적지근한 불냉불열(不冷不熱)의 상태로 접어들었다.

중북관계는 점차 일반 정상국가 관계로 변해가는 모습이었다. 동맹을 추구하지 않고 이념을 앞세우지 않으며, 국가 간에 상호 적대시하지 않는다는 외교원칙이 적용되었다. 중북관계는 혈맹적 특수성이 퇴색되고, 국제적 보편성이 강조되는 가운데 '우호협력관계'로 전환되었다. 이 기간 동안 중국은 중북관계에서 '전통적'이라는

---

[15] 『人民日報』, 1992年 8月 24日.

수사를 전혀 사용하지 않았다.

중국은 1993년 12월 리펑(李鵬) 총리가 밝힌 '8항 정책'에서 북한이 더 이상 전통적인 우호대상국이 아님을 분명히 했다.[16] 이 정책은 북한이 주는 부담을 고려, 대북 정치군사관계를 확대하지 않는 등 남북한 교차승인과 남북대화, 평화통일 지지 입장을 강조한 것이었다.

한편, 중국은 1991년 8월 북한으로부터 핵개발 계획을 통보받고, 1993년 1차 북핵위기가 발생했음에도 북핵문제를 대수롭지 않게 인식했다. 직접적인 간섭·저지보다 소극적이고 방관자적인 태도를 보였다.[17] 북핵문제는 북미 간의 불신에서 비롯된 것으로 본 것이다. 대북제재를 반대하면서 당사자인 미국과 북한이 대화를 통해 해결해야 할 문제로 보았다. 중국은 1차 북핵위기 해결을 위해 도출된 북미 간의 '제네바 합의' 과정에서 미국과 협력하기는 했지만 합의이행을 위한 KEDO(한반도에너지개발기구)[18]에는 참여하지 않았다.

당시만 해도 중국은 북한 핵의 규모나 수준, 그리고 의도로 봤을 때 북한의 핵개발은 자국에 직접적인 위협이 되지 않는, 미국과의 관계개선을 위한 자구책 또는 협상카드 정도로 보았다. 때문에

---

[16] 그 내용은 ①중북 정치·군사회담 중단, ②남북한 간 이념분쟁 불원, ③한반도 비핵상태 보증, ④남북대화와 평화통일 지지, ⑤대북 현대군사무기 지원 중지, ⑥한국과의 우호관계 발전, ⑦한국의 대북 전쟁위협 중단 평가, ⑧중북 우의 보존 및 양국관계 훼손 행동 자제 등이다. Valdimir S. Miasnilov, "China's North Korea Policy: The first Step Toward New Relations", 『중소연구』, 19(1), pp. 100-101.

[17] 박두복, 『후진타오 체제하의 중북관계, -발전추세와 우리의 정책선택 -』(외교안보연구원, 2004-11), p. 152.

[18] KEDO는 제네바 합의(북한에 경수로 2기 제공)를 이행하기 위해 조직된 국제기구로 미국을 중심으로 한국, 일본, EU가 참여, 1995년부터 2007년까지 존속했다. 대북 경수로 사업은 34.54% 공정을 끝으로 2007.7.1 공식 종료되었다. 경수로사업지원기획단, 『KEDO 경수로사업 지원백서』(2007.7).

중국은 '관망자'적인 태도를 유지하면서 북핵문제의 해결은 북한의 안보상의 취약성을 개선해 가는 방향에서 접근해야 한다는 입장을 견지했다.

중북관계가 소원해지면서 중국의 대북 영향력은 크게 저하되었다. 북한의 '탈중국화'도 뚜렷해졌다. 특히 1994년 7월, 북한의 김일성 주석 사망 후부터 양국의 혁명 제1세대 간의 유대도 크게 약화되었다. 여러 요인으로 인해 중북관계는 과거 문화대혁명 시기와 같은 소원한 상태에 빠졌다.

1996년 10월 북한의 동해안 무장공비 침투사건에 대한 유엔안보리 의장 성명에 중국은 사상 처음으로 동의했다. 특히 중국은 북한을 고려하지 않고, 북한 급변사태 발생 등 한반도 정세 변화에 대응하는 차원에서 '동북공정' 사업을 추진하기 시작했다.[19]

그럼에도 중북관계가 단절되지는 않았다. 한중수교 후 3년 동안의 냉각기를 거친 후부터 비록 제한적이지만 최소한의 관계를 유지했다. 중국은 1994년부터 중단된 대북원조를 재개했다. 1996년 4자회담에 참여하면서부터 북핵문제에 관심을 갖고, 북한과 전략적인 공조도 추진해 나갔다.

중국은 북한의 경제난과 북핵문제에 대한 미국의 개입이 강화되는 상황에서 방관자적 입장을 지속할 경우 자칫 한반도 문제 해결 과정에서 소외될 가능성을 우려했다. 1995년 10월 9일 주중 북한대사관에서 개최된 북한정권 창립 50주년 기념연회에 참석한 장쩌민 주석은 "국제관계의 변화에도 불구하고 중북관계는 변함없이 발전

---

[19] 중국의 '동북공정(동북변강연구) 사업'은 북한지역에 대한 역사적 연고권 강화 및 정치적 영향력 확대 등을 목적으로 추진되었다. 여호규, "중국의 동북공정과 고구려사 인식체계의 변화," 『한국사연구』(한국사연구회, 2004.9), pp. 298-299.

할 수 있도록 전력을 다할 것"이라고 말했다.[20] 인민일보는 사설을 통해 북한노동당의 고난을 '눈부신 역정(光輝的歷程)'으로 평가했다.[21] 국제정세가 불안정해지고, 국제사회에서 중국위협론이 증대되자 중국은 북한의 전략적 가치를 재평가하기 시작한 것이다.[22]

1995년부터 우호가격을 부활하고, 구상무역이라는 이름의 무상원조도 재개했다. 양국 간 고위급(부총리급)의 인적 교류도 재개되었다. 이 시기 중북관계는 최고위급(정상급)만 교류가 없었을 뿐 인적 교류와 경제지원이 꾸준하게 이루어졌다.[23] 중국은 중북관계에서 군사교류의 틀을 유지하면서 국제사회에 중북 간 군사동맹이 유지되고 있음을 과시하고자 했다.[24]

중국의 이 같은 대북접근 노력에도 불구하고 북한은 좀처럼 마음을 열지 않았다. 1998년 공식 출범한 김정일 정권은 대미접근을 한층 강화해 나갔다. 북한은 미국과의 직접 담판을 시도한다. 북미관계의 급진전은 북한이 중국을 '방기'하고, 미국에 '편승'할 가능성을 의미했다. 중국에게는 그러한 상황 전개를 사전에 차단할 적극적인 대북관계 개선 필요성이 제기되고 있었다.

---

[20] 刘金质 外 編, 『中国与朝鲜半岛国家关系文件资料汇编, 上』(北京: 世界知识出版社, 2006), pp. 172-173.

[21] 『人民日報』, 1995年 10月 10日.

[22] 黄河吴雪, "新形势下中国对朝外交政策的调整,"『東北亞論壇』, 2011年 第5期 (总第97期). p. 56.

[23] 사실, 양국 정상 간의 교류가 없었던 것은 한중수교의 충격도 있었지만 1994년 김일성의 사망 후 3년의 조문기간과 이후 김정일로의 권력승계를 마무리 하는 과정에서 상당한 시간이 필요했기 때문이다. 김정일이 1998년 헌법 개정 등을 통해 공식적으로 등장한 이후 중북관계가 서서히 복원되는 모습을 보였다.

[24] 중국은 1991년부터 8년 동안 12개 군사대표단을 북한에 파견했고 북한은 10개 대표단을 파견했다. 이종석, 『북한-중국관계, 1945-2000』(서울: 중심, 2000), p. 280.

그 와중에 1999년 주룽지(朱鎔基) 총리의 방미 직후인 그해 5월, 미국은 코소보 전쟁 과정에서 중국대사관을 오폭(?)했다. 미국 의회는 중국의 핵기술 도난 의혹을 제기했다. 중국은 이 사건들이 자국을 제압하고자 하는 미국의 계산된 행동으로 간주했다. 양국 간의 방문·회담 등이 무기한 연기되는 등 미중관계는 크게 경색되었다. 중국은 전통시대부터 강대국 관계가 악화될 경우 자국의 안보문호이자 울타리인 북한(지역)을 챙겨왔다.

제2절 복원/조정기(1999~2006)

1. 체제수준의 동아시아 질서 변화

중국은 1998년 미국과 전략적 동반자관계를 수립했음에도 불구하고 미국의 대중국 정책 의도를 우려하지 않을 수 없었다. 중국은 1999년 코소보전쟁 과정에서 발생한 미군의 중국대사관 오폭 사건을 매우 불안한 시선으로 경계했다. 미국의 군사적 일방주의와 유엔의 무기력은 중국을 긴장시키기에 충분했다. 중국은 이 사건에 강력 항의함으로써 미중관계는 급속히 악화되었다. 미국은 중국의 WTO 가입에 다시 제동을 걸었다.

2001년에 들어와 미국 부시(George Walker Bush Jr.)정부는 중국을 '전략적 경쟁자'로 지목하고, 북한을 이란·이라크와 함께 '악의 축(Axis of Evil)'으로 규정했다. 동시에 세계 각 지역에 대해 공격적인 외교를 단행하면서 중국의 안보위협은 배가되었다. 2001년 미군 정찰기 충돌사건 등으로 미중 간에는 팽팽한 긴장이 조성되었다.

부시대통령 집권 후 체이니(Richard Bruce Cheney) 부통령,

럼스펠드(Donald Rumsfeld) 국방장관과 같은 '신보수주의자들(Neocons)'은 중국은 미국에게 '21세기 최대 도전'이 될 것을 경고하면서 대중 강경책을 주장했다. 미국은 중국을 '아시아의 잠재적 위협국(a potential threat in Asia)'으로 규정했다. 곧이어 다양한 대중국 견제정책을 추진해 나갔다.

클린턴 정부 때는 미일동맹의 강화에도 불구하고 미국이 중국과 전략적 동반자관계를 설정, 불안정하나마 동아시아에서 균형이 이루어졌다. 부시 정부에 들어와서는 불안정한 균형이 완전히 깨진 것이다.

9·11 테러 이후 미국은 아프간 전쟁과 이라크 전쟁을 치르면서 중동·서남아·중앙아·동남아 등 전 세계적으로 군사적 영향력을 확대해 나갔다. 자국 주도의 국제질서를 세계에 확신시킴과 동시에 중국의 잠재적 도전에 대한 봉쇄를 본격화한 것이다.

2002년은 여러 측면에서 충격적 사건이 연속된 해였다. 새해 벽두인 1월 29일, 부시대통령은 북한을 3대 '악의 축'으로 공식 규정했다. 9·11 이후 '테러와의 전쟁' 의지를 분명히 한 부시 행정부는 2002년을 '전쟁의 해'로 선포하고 대외 강경정책에 시동을 걸었다. 그해 10월 켈리(James Kelly)의 방북과 함께 2차 북핵위기가 발생함으로 북미관계는 급속도로 위축되었다.

한편, 갈등이 고조되던 미중관계는 9·11 테러라는 비구조적 요인을 통해 변화를 맞게 된다. 미국은 9·11 이후 새로운 안보상황에서 점차 중국을 '강대국 정치' 차원의 경쟁자가 아닌 대테러전쟁의 파트너로 인식하기 시작했다. 중국도 세계적인 테러 분위기가 자국 내 신강위그르족의 분리독립운동 세력에 영향을 미치는 것을 경계했다. 이로 인해 긴장관계에 있던 미중관계는 부분적이나마 협력관계로 전환되었다.

2005년 졸릭(Robert B. Zoellick) 미 국무차관은 젤리코(Philip D. Zelikow) 보고서에 입각[25], 중국을 '책임 있는 이해상관자(responsible stakeholder)'로 표현했다. 미국과 중국이 '공동의 이해와 책임을 전제로 협력하는 동반자'임을 강조한 것이다.

2005년 미국이 중국과 '전략경제대화'를 시작할 당시 미국 조야는 대중국 정책을 놓고 격렬한 토론을 거듭했다. 그 결과, ①중국의 부상은 불가피한 현실이다. ②대중국 봉쇄정책은 실현 불가능하다. ③미래 중국의 대외정책은 불확실하다는 결론에 도달했다.

이에 따라 미국은 중국에 대한 관여정책을 강화하는 한편, 중국의 대외정책이 국제사회의 규범과 관행을 준수하고, 책임을 강화하는 방향으로 유도한다는 방침을 세웠다. 중국에 지역적인 이해상관자의 지위를 부여하면서 중국의 존재 가치를 인정하고, 중국과 전략적 대화를 수립하기 시작한 것이다.[26]

9·11 테러 사건 이후 양국은 테러리즘에 대한 공동대응뿐만 아니라 중국의 WTO 가입 등 안보와 경제영역에서 협력을 강화시켜 나갔다. 2004년 1월 중국이 '화평굴기(和平崛起)'를 공식 제기, 2005년 9월 미국이 '이익상관자'로 화답한 것은 이러한 협력관계를 개념적으로 뒷받침한 것이었다.

---

[25] 젤리코 보고서에는 '외교 전략'으로 북한문제를 동북아의 잠재적 경쟁관계에 있는 강대국들을 공동전선으로 묶는 기회요인으로 인식한 것과 함께, '방어적 접근법'으로 북한이 경제적 생존을 위해 의존했던 각종 불법 활동에 대한 대응방안을 담았다. Robert B. Zoellick, "The Plan That Moved Pyungyang,"「Washington Post」, Sep. 7 2005.

[26] 김흥규, "김정은 정권의 출범과 중국의 대북정책,"「통일방송연구」(KBS 남북협력기획단, 2012.5), p. 2.

9·11 테러는 미국에 가장 중요한 도전자를 중국으로부터 테러리즘으로 바꿔 놓았다. 미국은 아프카니스탄과 이라크 두 나라에서 전쟁을 치르면서 중국에 전략적인 발전의 기회를 부여했다.

한편, 제2차 북핵위기는 중국의 기존 북핵관련 입장을 변화시킨 계기가 되었다. 2차 북핵위기는 미국이 두 개의 전쟁을 치르는 와중에 발생했다. 부시행정부는 反테러전에 집중하기 위해 북핵문제 해결 과정에서 중국과 협력해야 했다. 3개의 전쟁을 할 수도 없고, 그렇다고 불량국가(rogue state)들에게 안전을 보장해 줄 수도 없는 가운데 사실상 북한을 중국에게 위탁관리한 셈이었다.

중국은 북핵문제의 평화적·외교적 해결 입장을 견지하면서 2003년부터 시작된 6자회담을 베이징에서 개최하는 등 미국과 적극 협력하면서 북핵문제를 관리해 나갔다.[27] 자국에 대한 미국의 아웃소싱에 호응하면서 북미 간의 정직한 중재자 역할을 담당하고자 했다. 중북관계를 등한시하고 대미 협력관계에 치중한 것이다.

이 시기 남북관계는 특히 1999년-2000년 사이 김대중 정부와 클린턴 정부 간의 대북정책의 조화로 2000년 남북정상회담에서 6·15공동선언이 채택되었다. 남북한은 오랜 적대 관계에서 벗어나 서로 화해와 협력의 동반자임을 확인하고, 남북교류협력의 시대를 열 수 있었다.

남북관계의 급진전에도 불구하고 정작 그 성과는 2차 북핵위기로 큰 진전을 이루지 못했다. 남북기본합의서와 6·15공동선언은 미국에 의해 문제가 제기된 1, 2차 북핵위기로 좌초되었다. 미국정부

---

[27] 신상진, 「대만문제와 북핵문제를 둘러싼 중미관계, -동북아 안보위기의 협력적 관리-」, 「국가전략」, 제13권 3호 (2007), p. 66.

는 새로운 남북관계를 시작하지 말 것을 요구하고, 북한에 대한 압박의 강도를 높여가기 시작했다. 2003년 1월 한국의 대북 특사는 성과 없이 돌아왔다. 참여정부의 대북송금 특검은 상황을 더욱 악화시켰다. 참여정부의 핵불용 원칙에 따라 이후 남북관계는 원활하지 못했다.

2. 단위수준 이슈의 정치화

이 시기 북한은 남북정상회담에서 6.15공동선언에 호응해 오는 등 남북관계 개선을 통해 경제난 해결의 돌파구를 찾고자 했다. 대내적으로는 2001년 '경제관리 개선조치'를 시행했고, 신의주경제특구 설치를 시도하기도 했다. 남북경제협력을 가속화하면서 일본과의 관계 개선도 적극 추진했다.

그러나 북한은 북미관계 개선이 없이 이러한 시도가 한계가 있다는 사실을 절감하게 된다. 그래서 북한은 대미 접근을 시도했고, 대미 접근이 벽에 부딪칠 때마다 '벼랑 끝 전략'을 구사했다. 북미관계는 온탕과 냉탕을 오가는 형국을 보였다.

클린턴 정부 말기 미국은 페리(William Perry)프로세스에 따라 북한과의 관계 개선에 적극 나섰다. 2000년 10월 북미 양국은 조명록 특사와 올브라이트 국무장관의 상호 교환방문을 통해 관계정상화에 합의했다. 그러나 그해 11월 대선에서 공화당 후보 부시가 대통령에 당선되면서 북미협상은 중단되었다. 부시정부의 대북정책은 클린턴정부의 대북정책을 전면 부정하는 것(ABC: anything but Clinton)이었다.

부시행정부는 2000년 6월 남북정상회담과 2001년 9월 북일정상회담 이후 급격히 가까워지고 있던 남북 및 북일관계를 통제하고자 했다. 미국은 우선 북한에 대한 공세를 강화했다. 미국은 탈냉전 시기 가장 큰 위협을 강대국 간의 갈등이 아니라 자국에 대한 '증오'로 무장한 과격 테러단체들이라고 규정했다. 미국은 이들 테러집단이 북한과 같은 '불량국가'를 통해 대량살상무기(WMD)를 구입하는 것을 우려했다.

부시행정부는 기존의 '핵억제 논리'에서 한걸음 더 나아가 미국을 위협하는 세력에 대한 일방적인 '선제공격(preemption)'의 필요성을 공언했다.[28] 북한은 '악의 축', '정권교체(regime change)의 대상', '폭정의 전초기지(outpost of tyranny)' 등으로 지목되었다.

북한은 부시 대통령의 '악의 축' 발언을 '선전포고'이자 '조선전쟁론'이라며 '미국이야말로 악의 제국·화신'이라고 반발했다. 대화를 반대하거나 극단적인 행동에 돌입하지는 않았다. 그 과정에서 2차 북핵위기가 발생했다. 2002년 말 제네바 합의 이행 차원에서 추진되던 대북 중유지원과 경수로사업이 전면 중단되었다.

북한의 핵개발과 위기조성은 반테러 전쟁을 중동으로 확산하던 미국의 세계전략, 특히 군사적 일방주의에 좋은 명분을 제공했다. 2003년 3월 미국이 이라크를 침공하면서 한반도에서는 '이라크 다음은 북한'이라는 위기감이 감돌았다.

북한은 '물리력(핵)에는 물리력(핵)으로' 맞선다는 초강경의 입장

---

[28] 특히 2001년 9·11 테러사건이 발생하자 부시정부는 강력한 반테러 및 비확산·반확산의 정책으로 돌아서면서 외교안보전략의 요소로서 '선제공격' 독트린을 채택했다. 2002년 9월에는 '국가안보전략보고서'를 공식 발표, 필요하면 자위를 위해 선제공격의 권한을 행사하겠다는 점을 재확인했다. "The National Security Strategy of the United States of America"(The White House, September 2002).

하에 2003년 1월 말부터 제네바 합의로 동결됐던 핵시설을 재가동하고 플루토늄 재처리에 나섰다.[29] 북한의 AF(제네바 합의), NPT, IAEA 핵안전조치협정 등으로부터의 탈퇴는 미국의 북핵 '통제' 메커니즘의 상실을 의미했다.

미국은 주한 미공군 전력을 증강하면서 북한에 대해 "미국은 2개의 전쟁에 대처할 능력이 있다. 군사적 옵션을 배제하지 않는다", "모든 옵션이 열려 있다"는 등 강경한 입장을 표명했다.[30]

미국과 북한이 상호 억지력으로 대치하고 있는 상황에서 마침내 중국이 개입하기 시작했다. 북핵문제를 협상을 통해 해결할 수 있는 길이 열린 것이다. 2003년 4월부터 3자회담(북·미·중)이 열리고, 2003년 8월부터 2004년 6월까지 1-3차 6자회담이 베이징에서 개최되었다. 회담은 선 핵포기, 후 보상을 요구한 미국과 핵 포기와 보상의 동시행동을 요구하는 북한의 주장이 충돌하면서 아무런 성과도 내지 못했다. 6자회담이 공전을 거듭하면서 북한은 2005년 2월 10일 핵보유 선언을 했다.[31]

북한의 핵보유 선언으로 상황은 더욱 악화되었다. 급기야 2005년 9월 제4차 6자회담에서는 한반도 비핵화를 위한 '9.19공동성명'이 채택되었다. 북한은 모든 핵무기와 현존하는 핵계획을 포기하는 결단을 내렸다. 주요 현안에 대한 해결책은 '포괄적 일괄타결(comprehensive package deal)'을 통한 원원 방식이었다. 그러나 상

---

[29] "조선민주주의인민공화국 정부 성명," 『조선중앙통신』, 2003년 1월 10일.

[30] 이는 각각 럼스펠드 국무장관(2003.2.5), 파월 국무장관(2003.2.6), 부시 대통령(2003.2.7)의 발언이다.

[31] 북한은 외무성 성명을 통해 6자회담에 무기한 불참하고, 자위를 위해 핵무기를 만들었으며, 앞으로 자유와 민주주의를 지키기 위해 핵무기를 늘리기 위한 대책을 취할 것이라고 선언했다. 『로동신문』, 2005년 2월 11일.

호 불신과 적대를 일시적으로 미봉한 9·19공동성명의 이행이 하루 아침에 잘될 수는 없었다.

9·19공동성명을 전후로 시작된 미국의 대북 금융제재는 북한에게 '경제의 생명선'을 끊음으로써 자국의 붕괴를 시도하는 조치로 인식되었다. 북한은 "대화와 제재는 양립될 수 없다"는 입장을 천명했다. 6자회담을 재개하기 위해서는 미국이 자국에 대해 '제도전복'이 아닌 '평화공존'으로 정책을 변경해야 한다고 요구했다. 북한은 그 '징표'로서 BDA(BDA: Banco Delta Asia) 문제의 해결을 요구했다.[32] 미국의 대북 금융제재에 대한 중국의 협조적인 태도는 북한에 분노와 함께 '방기(중국의 북한 포기)'의 우려를 낳았다.

3. 중국의 대북정책과 중북관계

21세기에 들어 중국은 자국의 정치적 안정으로 경제가 지속적으로 발전되는 데 대해 고무되었다. 문제는 1999년 코소보 사태 이후 나타난 미국의 '新제국주의'로 인해 자국의 안보와 경제발전이 훼손될 가능성이었다.[33] 중국은 냉전적 사고의 상존, 미국의 패권주의와 강권정치, 일부 국가들의 군비 증강과 동맹 강화 움직임을 경계했다.

중국은 자국에 대한 미국의 견제가 강화되는 과정에서 대외정책을 조정하는 가운데 북한의 전략적 중요성을 재평가하게 된다. 미국과의 외교적·군사적 경쟁에서 주변지역의 안정을 확보하는 것

---

[32] 『조선중앙통신』, 2006년 2월 9일.

[33] 최춘흠, 『중국의 동아시아 전략과 대북한 정책』(통일연구원 연구총서 2001-20, 2001), p. 1.

이 중요해지자 북한의 지정학적 가치가 높아진 것이다. 중북관계는 이전 시기의 단순한 '우호협력관계'가 '전통적 우호협력관계'로 격상되어 호칭되기 시작했다.[34] 2000년부터 중북 정상 간의 교류가 재개되고, 상호 소통과 협력이 증대되어 갔다. 일부 양국관계의 전통적인 관행이 복원되는 듯했다.

중국은 대북 영향력을 어느 정도 확보할 수 있었다. 북한과의 유대에도 자신감을 갖게 되었다.[35] 1999년 중국의 국내총생산(GDP) 규모는 세계 7위가 되었다. 한반도에서 남북대화와 교류협력도 진행되었다. 그러나 미국 부시정부가 출범하면서 한반도는 다시 위기를 맞게 된다.

한반도 상황이 불안해지면서 중국은 우선 북한 안정을 위한 노력을 전개했다. 중국은 1999년 6월 김영남 북한 최고인민회의 상임위원장의 공식 방중을 계기로 중북관계를 회복시켜 나갔다. 북한에 15만 톤의 식량과 40만 톤의 코크스탄을 무상 원조했다.[36] 동년 6월 20일 북한의 '로동신문'은 사설을 통해 "조중대표단의 중국 방문은 피로써 맺어진 전통적인 조중친선의 위력을 내외에 시위한 커다란 사변이며, 두 나라 인민들 사이의 전통적인 친선협조관계를 가일층 강화 발전시키는 데 이바지했다"고 강조했다.

---

[34] 1980년대 양국관계는 '혈맹' 또는 '형제국'이 강조되는 가운데 '전통적 우호협력관계' 또는 '우호협력관계'로 호칭되었다. 1991년부터 1998년까지는 '우호협력관계', 1999년부터 2001년까지는 '전통적 우호협력관계'로 호칭되다 2006년도에는 '선린 우호협력관계', 2007년에는 '선린우호관계'로, 2009년 이후 다시 '전통적 우호협력관계'로 호칭이 변화했다. 이상은 『中國外交』백서 또는 중국외교부 대변인의 중북관계 관련 표현이다.

[35] 동 시기 중북 양국 간의 정상급 교류는 김정일의 4회 방중(2000.5, 2001.1, 2004.4, 2006.1)과 장쩌민 1회(2001.9), 후진타오 1회 방북(2005.10)이 있었다.

[36] 『조선중앙통신』, 1999년 6월 7일.

2000년 5월 김정일은 당총서기 취임 이후 첫 해외방문으로 중국을 방문했다. 김정일의 8년 만의 방중은 중북관계의 회복을 의미하는 것이었다. 김정일은 남북관계 개선 의지를 밝히고, 중국의 개혁개방 성과를 평가하면서 지지를 표시했다.

중국은 북한에 개혁개방을 강요할 생각이 없음을 강조했다. 최고의 예우로 접대했을 뿐만 아니라 상당한 식량과 물자를 지원했다. 한반도 평화통일을 지지하고 남북정상회담을 환영하며, 남북관계 개선을 지지한다는 입장도 재확인했다.[37] 중북 양국은 장쩌민이 제시한 '16자 방침(繼承傳統, 面向未來, 睦隣友好, 加强合作)'에 합의하고, 지역안정을 위한 협력 및 국제사회에서의 공조에도 인식을 같이했다.

2001년 1월 다시 중국을 방문한 김정일은 중국의 개혁개방 성과를 '천지개벽'으로 평가했다. 그간 미국 중심으로 한반도 문제를 보아 온 북한의 태도가 변한 것처럼 보였다. 2001년 1월 주룽지 전 총리는 "중국은 한반도(북한)의 평화·안정 유지에 도움이 되는 일이면 무엇이든지 하고, 도움이 되지 않는 일이면 그 무엇도 하지 않는다"는 방침을 밝혔다.

2001년 9월 장쩌민 주석은 11년 만에 북한을 방문했다. 양국 정상회담에서 김정일은 2003년까지 핵·미사일 개발을 중지한다고 약속했다. 양국은 상호 간에 상대방의 정치사상체제와 대외정책을 긍정하고 존중한다는 입장을 표명함으로써 그동안의 앙금을 해소했다. 약 10년 동안의 균열과 소원을 봉합하고, 전통적인 우호협력관

---

[37] 『新華社北京』, 2000年 6月 1日. 刘金质 外 3人 编, 『中国与朝鲜半岛国家关系文件资料汇编, 上』(北京: 世界知识出版社, 2006), pp. 328-329.

계를 회복한 것이다.

중북 정상의 상호 방문 이후 양국은 국제무대에서의 협력을 강화했다. 2002년 장쩌민 주석과 부시대통령 간의 정상회담에서 중국은 북한의 안보를 위협할 수 있는 어떠한 형태의 대북제재도 반대한다는 입장을 분명히 했다. 미국의 동아시아에서의 세력 확장과 대북 강경정책에 따른 북한의 불안정을 우려한 것이었다.

양국관계의 회복은 냉전기의 동맹관계로의 회귀는 아니었다. 이전과 같이 상호 이념과 전략적 목표에 기초한 것이 아니라 현실적인 이익과 전술적인 목표에 따른 것이었다.[38] 2002년 10월 2차 북핵위기가 발생했을 때 중국 공안당국은 북한에 의해 신의주특별행정구 초대장관으로 임명된 양빈(楊斌)을 전격 체포했다.

중북관계가 회복되는 과정에서 발생한 2차 북핵위기와 양빈 체포 사건은 우호적인 흐름을 반전시키는 계기가 되었다. 2차 북핵위기 시 중국의 태도는 1차 위기 때와 달랐다. 중국은 한반도에서 분쟁이나 북미 대립으로 인한 '연루'의 두려움을 느꼈다. 이에 따라 중국은 북핵위기 해소를 위한 실효적인 조치와 함께 '책임대국'으로서 역할을 다하려 했다. 미국과의 협력을 바탕으로 북핵문제의 중재자·균형자·해결촉진자로서 적극 개입하기 시작한 것이다.[39]

후진타오 시대가 시작된 2003년부터 중국은 국제사회에 자국이 북한과 지나치게 밀접한 관계라는 인상을 주지 않으려고 노력했다. 북한이 혈맹을 강조한 데 반해, 중국은 중북관계가 정상국가들 간

---

[38] 李南周, "朝鲜的变化与中朝关系―从'传统友好合作关系'到'实利关系,'"『现代国际关系』, 2005年 第9期, p. 53.

[39] 김흥규, "미·중관계와 북핵문제,"『주요국제문제분석』(외교안보연구원, 2010.4.7), p. 11.

의 관계라는 점을 강조했다.[40] 중국의 대외정책은 북한문제 또는 북한과의 관계 개선보다 북핵문제 또는 미국과의 협력기조를 유지하는 데 중점이 두어졌다.

2003년 4월 중국은 이례적으로 대북 원유공급을 일시(3일) 차단하면서까지 북한이 3자회담에 참여하도록 압력을 행사했다. 북미 간의 직접 대화와 협력을 촉구하고, 자국의 중재노력(셔틀외교 등)을 통해 6자회담이 성사되도록 하는 등 '평화중재자(peace maker)'로서의 역할을 제고시켜 나갔다.[41]

중국은 이전과 달리 3자적 입장에서 북한에 대한 설득과 지원, 압박수단을 동원하면서 북핵문제 해결에 적극 나선 것이다. 이처럼 2003년도를 전후해 중국이 대북정책을 전환한 것은 여러 배경이 있었다.

첫째, 대국으로 성장한 중국은 책임 있는 강대국으로 처신하고, 대접받기를 원하게 되었다. 북핵문제는 중국이 강대국 외교를 과시하고 실험하는 첫 번째 사례로 간주되었다.[42] 북한문제보다 북핵문제 해결에 치중한 것이다.

둘째, 중국은 미국에 대한 적극적인 협력의 대가로 대만문제('하나의 중국')에 대한 미국의 긍정적인 태도를 유도할 필요가 있었다. 북한문제보다 대미관계에서 대만문제를 중요시한 것이다.

셋째, 북한의 핵무장은 중국의 한반도 비핵화 정책의 실패는 물

---

[40] 김흥규, "변화하는 북중관계와 한국의 국가전략," 『제114회 흥사단 금요통일포럼 자료집』(2011), p. 6.

[41] 魏志江·谢洋, 「论朝鲜弃核和美国奥巴马政权上台后中国对朝核问题的政策选择」, 『当代韩国』, 2008年 冬季号, p. 21.

[42] 서진영, 앞의 책, p. 333.

론, 한국과 일본의 핵무장을 촉발하고, 대만의 핵무장까지 초래할 수 있었다. 특히 북한의 핵보유는 미국에게 군사적 선제공격을 단행할 수 있는 구실을 제공할 수 있는 것이었다. 중동의 불똥이 동북아 지역으로 튈 가능성을 염려하지 않을 수 없었던 것이다.

이런 상황에서 중국은 북한의 도발을 적극 견제하고자 했다. 중국 외교부는 북한의 핵개발이 자국의 대외전략과 국익을 해칠 수 있다며, 북한과의 관계를 국익위주의 관계로 전환해야 한다고 상부에 건의했다. 후진타오 주석 등 중국 지도부는 이러한 건의들을 긍정적으로 수용했다.[43]

중국은 이념적인 고려보다 자국의 핵심이익인 경제발전을 촉진시키고, 국내 정치안정을 증진시키는 차원에서 한반도 문제도 다루어 나간다는 방침이었다. 남북한 간의 전략적 균형이라는 원칙을 유지하면서 경제적 실리를 추구하고, 한반도에서 자국의 영향력을 최대한 확보하기 위한 것이었다.

이 같은 중국의 대북정책 변화는 자국이 북한과 지나치게 밀접한 관계라는 인상을 피하려는 의도 외에, 외교적 실리를 추구하기 위한 것이었다. 북미 간의 대립은 중국에게 위기인 동시에 기회이기도 했다. 북핵문제 해결을 위한 중국의 중재자 역할은 미국의 패권주의를 견제하면서, 북한의 모험주의적 행동을 억제하는 '양날의 칼'이 될 수 있었다.

그 과정에서 중국은 북핵문제의 주도권을 확보하고, 사태해결을 통해 자국의 위상을 증대시키는 것은 물론, 6자회담을 북핵문제 해결의 기본 틀로 확립하고자 했다. 장기적으로는 한반도의 정전

---

[43] 김흥규, 앞의 논문, p. 7.

체제를 평화체제로 전환하고, 동북아 안보협력체제를 구축할 수 있을 것으로 판단했다.[44]

주목되는 것은 중북 양국 간 정치관계의 불안정한 굴곡 속에서도 경제협력이 지속적으로 강화된 것이다. 2005년 3월에는 '투자 장려·보호에 관한 협정'과 '환경협력에 관한 협정', 동년 10월에는 '경제기술협력협정', 12월에는 '해상에서의 원유 공동개발에 관한 협정' 등이 체결되었다. 2005년 10월 중국의 무상원조로 평양 대안친선유리공장이 완공되었다.

2004년 이후 개성공단 개발과 남북 철도·도로 연결, 금강산 관광 사업 추진 등 남북관계의 급속한 진전은 한반도의 평화·안정 유지에 도움을 주었다. 중국은 남북관계의 개선과 한국정부의 대북 '포용정책'에 대해 시종 환영과 지지를 표명했다. 한중관계의 급속한 발전도 북한에 대한 영향력을 거의 상실한 중국에게 대북 지렛대로 작용, 중북관계의 회복에 도움을 주었다. 북한은 한중관계가 급진전되는 것을 바라만 볼 수 없었던 것이다.

중북관계가 점차 회복됨에 따라 2005년 5월 후진타오 주석이 방북하는 등 다시 양국 최고지도부의 상호방문이 정상화되었다. 양국 간의 경제협력도 더욱 확대되었다. 이러한 변화는 양국이 서로 정치적·감정적 갈등을 완화하고, 상대방과 협력해야 할 현실적 필요성이 반영된 것이었다.

---

[44] 주장환, "중국의 동아시아정책과 한반도," 『KNSI 특별기획』, 제25-2호 (코리아연구원, 2009), p. 59.

제3절 냉각기(2006~2009)

1. 체제수준의 동아시아 질서 변화

이 시기 중북관계는 2006년 북한의 1차 핵실험으로, 미중관계는 2008년 미국발 세계금융위기로 큰 변화를 맞는다. 중국은 2008 베이징올림픽을 통해 자국의 위상을 세계에 힘껏 과시했다. 반면, 미국은 상대적인 쇠퇴의 길로 접어들었다. 이때부터 중국은 자신감을 갖고 국력에 걸맞는 영향력을 추구하기 시작한다.

동아시아에서는 2006년 북한의 1차 핵실험으로 북미관계와 중북관계가 최악의 상태로 악화되었다. 북한은 2006년 7월 5일 장거리 미사일(대포동 2호)을 발사하고, 10월 9일에는 1차 핵실험을 전격 실시했다. 그럼에도 2006년 11월 중간선거에 패배한 부시 정부가 대북정책을 전환하면서 북핵문제의 돌파구가 열렸다. 6자회담이 재개되어 2007년 2월 '2·13합의'가 도출되었다. 10월에는 북한의 모든 핵프로그램의 신고 및 불능화 조치, 중유 100만 톤 지원 등을 담은 '10·3합의'가 채택되었다.

남북대화도 재개되어 2007년 2차 남북정상회담에서는 6·15공동선언을 구체화한 '10·4선언'이 채택되었다. 그러나 북핵문제는 2008년 '신고'를 둘러싼 공방으로 합의 이행이 무산되었다. 남북관계는 한국과 미국에서 새로운 정부가 출범하면서 경색국면으로 전환되었다.

미국은 북한의 지속적인 벼랑 끝 전술로 인한 위기 고조의 부담을 상대방(중국 등)에게 떠넘기는 전략을 구상하기 시작한다. 북미관계는 미중관계의 하위 변수로 다루면서 북미접촉을 거부했다. 중국을 통해 북한을 관리하는 미중 협조체제 전략을 구사한 것이다.

미국의 다자적 접근법은 사실상 북한정권을 인정하지 않는다는 의사의 표현이었다. 중국의 북한 관할권, 자국과의 협력의사를 검증하고자 하는 전략적 사고의 일단이기도 했다. 또 다른 측면에서 미국은 중국을 현상유지국가로 보고, 북한문제 해결 과정에서 중국을 파트너로 삼아 양국 간 '이익균형'을 취한다는 구상이었다.[45] 북한의 1차 핵실험을 전후해 중국의 전례 없는 대북 강경태도는 이를 뒷받침하는 근거가 될 수 있었다.

한편, 2008년 5월 이명박 대통령의 방중을 계기로 한중관계는 '전면적 협력동반자관계'로부터 '전략적 협력동반자관계'로 격상되었

---

[45] 사실 부시 행정부 초기에 중국에 대한 미국의 경계심은 매우 높았다. 네오콘들의 논지 중의 하나는 중국 검증과 압박론이었다. 중국에 대한 위화(圍和; congagement)정책이 제기되었다. 중국에서 위화, 즉 포위적 화해 혹은 포위적 접촉으로 번역되는 이 개념은 Zalmay M. Khalizad가 미국의 랜드(RAND) 연구소의 보고서에서 처음으로 제기했다. 그러나 9.11 이후 미국의 정책 우선순위가 반테러전으로 결정되고 아프간 전쟁과 이라크 전쟁을 시작하면서 미국은 중국의 협조를 구하는 방향으로 정책을 선회했다. 중국이 미국의 반테러전에 적극 협력하면서 중국에 대한 부시 행정부의 초기 의구심은 해소되기 시작했다. 미중 협조체제, 즉 6자회담의 단초가 된 북중미 3자회담이 개최된 시점이 이라크 전쟁이 개시된 직후 2003년 4월이었다는 점도 눈여겨볼 일이다.

다. 그럼에도 중국은 한미동맹이 강화되면서 이로 인한 지역의 불안정, 북핵문제 해결 지연, 나아가 대만문제에 대한 주한미군 개입가능성 등을 우려했다. 중국은 한미동맹이 지역동맹('전략동맹')으로 확대된 것을 자국을 견제하기 위한 것으로 인식했다.[46]

2008년 8월 김정일이 뇌졸중으로 쓰러지자 한미의 대북정책은 북한붕괴론 쪽으로 기울기 시작했다. 한국과 미국은 양자동맹을 주축으로 한미일 정책 공조를 강화해 나갔다. 여기에 중국을 끌어들이기만 하면 북한의 붕괴와 한국에 의한 한반도의 통일이 가능하다고 보는 것 같았다. 미국 내 북핵문제의 피로감은 한반도 통일만이 문제해결을 위한 유일 최선책이라는 인식을 확산시켰다.

한미일의 이 같은 인식은 북한의 1차 핵실험 후 중국이 안보리에서 미국이 제안한 대북제재 결의안(1718호)에 찬성표를 던지면서 더욱 굳어졌다. 일각에서는 중국이 북한을 포기할 준비가 되어 있다는 관측을 제기했다. 한국과 미국은 북핵문제가 해결되지 않는 이유 중의 하나를 중국의 '북한 끌어안기'라고 보았다. 북한의 1차 핵실험 이후 중북 간의 갈등(틈)을 잘 활용하면 기회의 창문이 열릴 수 있을 것으로 본 것이다.

미국은 중북 간의 틈을 더욱 벌리기 위해 중국의 책임 있는 영향력 행사를 지속적으로, 더욱 강하게 요구해 나갔다. 한국 내 일각에서는 북한의 붕괴와 통일을 공공연하게 주장하면서 중국에도 '할 말은 해야 한다'는 주장이 힘을 얻어 갔다. 한미동맹을 더욱 강화해 중국을 압박해 나간다면 중국도 별 수 없을 것으로 판단했다.

---

[46] 王宜勝, "美韓同盟關係轉變的背後,"『人民日報』, 2007年 3月 2日; 詹德斌, "美韓'新防衛指針'指向誰,"『環球時報』, 2010年 7月 29日.

국내 일부 언론을 중심으로 중국과 북한을 반대하는 이른 바 21세기 판 '북벌론'과 '반북론'이 일기 시작했다. 먼저 중국이 붕괴되어야 북한이 붕괴할 것이라는 의견도 제기되었다. 마치 신기루가 나타나 이를 정신없이 쫓아가는 형국처럼 보였다.

2. 단위수준 이슈의 정치화

2006년 북한의 미사일 발사와 1차 핵실험은 북한이 9.19공동성명의 이행과 BDA 사건 처리 과정에서 미중 간의 협조체제를 확인한 다음에 실행한 위기조성이자 벼랑 끝 전략이었다. 2006년 4월 중국이 미국의 대북 금융제재에 동참하자 북한은 중국이 자국의 안전을 보장하지 않을 것으로 우려했다. 오직 힘(핵)만이 자국을 지킬 수 있다는 결심을 굳혔다.

북한은 2006년 10월 9일 중국의 강력한 경고와 반대에도 불구하고 사전협의 없이 핵실험을 단행했다. 핵실험 2시간 전 러시아 측에 먼저 통보하고, 중국 측에는 불과 20분 전에 통보한다. 미국은 물론 미국에 협조적인 중국에 대한 보복이었다. 핵실험 이후에도 북한은 중국에 대한 불신과 실망감을 숨기지 않았다.

2007년 '2.13합의'가 채택된 후 북한의 김계관 부상은 미국을 방문, 키신저(Henry Alfred Kissinger) 전 국무장관을 만난 자리에서 "미국과의 전략적 관계는 우리에게 도움이 되며 지역을 안정시킨다"는 의미심장한 말을 던졌다. 3월 3일 전미외교협회(NCAFP)와 코리아 소사어어티 주최 토론회에서는 "중국은 우리를 이용만 하려고 한다"며 중국이 자국에 큰 영향력이 없음을 강조했다. 미국이 중국에게 너무 기대지 말 것을 주문한 것이었다. 이는 듣기에 따라 북한이 미국의 대중전략에 협력할 수 있다는 것으로 해석될 수 있었다.[47] 7월 13일 북한 판문점대표부는 "북한·미국·유엔 간에 한반도 평화체제를 논의하자"고 주장했다.

북한의 대중국 불신은 2007년 10월 남북정상회담에서 채택된 '10.4선언'에서도 드러났다. 동 선언 제4항은 "남과 북은 현 정전체제를 종식시키고 항구적인 평화체제를 구축해 나가야 한다는 데 인식을 같이하고, 직접 관련된 3자 또는 4자 정상들이 한반도지역에서 만나 종전을 선언하는 문제를 추진하기 위해 협력해 나가기로 했다." 한반도 평화체제 논의에서 중국의 참여 배제가능성을 열어놓은 것이었다.

중북관계는 탈냉전 이후 가장 위험한 지경에 처하게 되었다. 2008년-2009년 사이 중국은 북한의 불안정 심화, 남북관계 경색, 중북관계 악화, 미중관계 악화, 국제사회의 자국 비난 등 최악의 상황에 직면해 있었다.

3. 중국의 대북정책과 중북관계

북한의 1차 핵실험은 중국에게 분노와 모욕감을 안겨 주었다. 이는 중국의 북한문제에 대한 금기(禁忌)를 깨는 계기가 되었다. "욕하지 않는다, 국가(북한)체제를 논하지 않는다. 자극하지 않는다"는 중국정부의 내부지침이 무색해졌다.

중국은 그동안 지켜온 대북정책 및 중북우호조약 제3조의 원칙

---

[47] 주장환, 앞의 논문, p. 106 재인용.

을 깼다. 북핵문제에 대한 중국의 공식입장은 대화를 통한 평화적 해결, 북핵문제의 유엔 안보리 상정 반대, 무력사용이나 국제적 압력·경제제재 반대 등이었다.

2006년 북한의 미사일 발사와 1차 핵실험 이후 중국의 대북정책 및 북핵 정책에 일부 조정이 나타났다. 북한의 미사일 발사에 대해 중국 외교부는 '중대한 관심(우려)'을 표명했다. 1차 핵실험에 대해서는 중북관계에서 전대미문인 '제멋대로(悍然)', '단호한(堅決)', '절대 변하지 않는(堅定不移的)'이라는 강력한 표현을 동원해 북한을 맹비난했다.[48] 중국은 7월 15일, 미사일 발사에 대한 유엔안보리 대북비난 결의(제1695호)에 찬성표를 던졌다. 1차 핵실험에 대한 대북제재 결의(제1718호)에도 적극 찬성했다.

중국은 유엔의 대북제재 결의에 의거, 홍콩에서 두 차례에 걸쳐 북한 화물선을 억류했다. 북한의 해외자금 은닉처로 사용된 마카오의 방코델타아시아 은행(BDA)에 대한 미국의 압박에 공조함으로써 북한에 타격을 주었다. 2006년 9월에는 북한의 생명선이라고 할 수 있는 대북원유 공급을 일시적으로 제한했다. 2007년 4월 29

---

[48] 2006년 10월 9일 북한의 1차 핵실험에 대해 중국 외교부는 다음과 같은 공식 입장을 발표했다.
"조선민주주의인민공화국은 국제사회의 보편적인 반대를 무시하고 제멋대로(悍然) 핵실험을 했다. 중국정부는 이에 대해 단호한(堅決) 반대 입장을 표한다. 조선반도의 비핵화와 핵확산 방지는 중국정부의 절대 변하지 않는(堅定不移的) 일관된 입장이다. 중국은 조선이 비핵화 약속을 준수하고, 형세를 더 악화시킬 수 있는 일체의 행동을 중지하며, 6자회담에 다시 복귀할 것을 강력히(强烈) 요구한다. 동북아 지역의 평화와 안정을 수호하는 것은 유관국가의 공동이익에 부합된다. 중국정부는 유관국가의 냉정한 대응을 호소하며 협상과 대화를 통해 평화적으로 문제를 해결한다는 입장을 견지하고 있다. 중국은 이를 위해 적극 노력할 것이다." 위 '제멋대로(悍然)'란 용어는 중국이 1969년 소련과의 무력충돌, 1979년 베트남과의 무력충돌 시에만 사용했던 것으로, 일반적인 경우 극도의 분개를 느낄 때 사용하는 단어이다.

일 발표한 중국의 『2006년도 국방백서』는 북한의 미사일 발사와 핵실험이 한반도에 긴장정세를 초래했다고 지적했다.

북한의 1차 핵실험 이후 중국의 대북정책은 기존의 '설득' 위주에서 설득과 '압박'을 병행하는 것으로 변화했다. 중국의 강력한 제재 조치들은 도발을 계속하는 북한에 대한 경고의 필요성, 미국과의 협력기조 유지, 6자회담 의장국으로서 책임대국의 면모를 과시하기 위한 복합적 의도로 해석되었다. 압박을 통해서 설득을 위주로 한 대북 영향력 행사의 한계를 극복하고, 북한을 6자회담에 복귀시킴으로써 6자회담 의장국으로서 실추된 발언권과 위상을 회복하기 위한 것이기도 했다.

한편, 중국은 대북제재 국면에서 북한의 돌발행동으로 인한 사태 악화를 방지하기 위해 설득작업을 지속적으로 전개했다. 중국은 2006년 10월부터 고위 인사들을 북한에 파견, 6자회담의 재개와 함께 양국 간의 우호관계를 유지하고자 했다.[49] 그 결과, 2007년 2월에 '2·13합의', 10월에 '10·3합의'가 채택될 수 있었다.

한편, 중국은 유엔의 대북제재 결의안에 찬성은 했지만 채찍을 사용하되 북한이 붕괴하지 않을 수준에서 결의안의 이행에 참여했다. 북한의 모험주의를 자극하지 않는 수준에서 설득과 압박 수위를 적절히 관리한 것이다. 중국의 정책은 6자회담의 틀을 유지함으로써 북핵문제의 악화를 방지하고, 한반도의 평화·안정을 확보하는 것이었다. 북한체제의 유지에 필요한 최소한의 지원과 경제협력

---

[49] 2006년 10월 탕쟈쉔(唐家璇) 국무위원, 2007년 7월 양제츠(楊潔篪) 외교부장, 동년 10월 류윈산(劉雲山) 당중앙 선전부장, 12월 우다웨이(武大偉) 외교부 부부장, 2008년 1월 왕쟈뤄이(王家瑞) 당중앙 대외연락부장, 4월 량광레(梁光烈) 국방부장, 6월 시진핑(習近平) 국가부주석, 2009년 1월 왕쟈뤄이 당중앙 대외연락부장 등이 파견되었다.

은 지속되었다.

북한의 1차 핵실험 이후 중국 내에서는 북한의 핵개발 의도를 재검토하기 시작했다. 2006년 10월 18일과 6자회담 재개 직후인 2007년 2월 1일, 당 중앙외교활동영도소조위원회는 '북핵문제 및 한반도 정세 조사연구회의'를 개최했다.[50] 이 회의에서는 북한이 핵무기를 개발하려는 최종 목적이 주변 강대국들을 제약할 수 있는 전략적 수단을 확보하고, 남북관계에서 전략적 균형을 회복하며 군사적 우세를 확립하려는 것으로 평가되었다.[51]

중국 학계에서는 △북핵문제는 북미 간의 일이다. △6자회담을 통한 북핵문제 해결만이 수용 가능한 유일한 선택이다. △일시에 모든 문제를 해결해야 한다. △안정이 비핵화에 우선한다는 주장이 지배적이었다. 미국이 북핵문제 해결의 책임을 중국에 떠넘기는 움직임에 대해서는 미국만이 북한의 핵개발을 저지할 수 있다. 미국에 중대한 책임이 있다는 여론이 강화되어 갔다.[52]

북한의 1차 핵실험 이후 중국 내의 격양된 감정과 불신감에도 불구하고 중국은 대북정책을 대폭적으로 조정하지 않았다. 미국에 대한 불신과 북한의 불안정에 대한 우려 때문이었다. 중국의 제재

---

⁵⁰ 어우양산(毆陽善) 저, 박종철·정은이 역, 『중국의 대북조선 기밀파일』(서울: 한울, 2008), p. 180.

⁵¹ 胡明远, "朝鲜处理国际问题行为方式及中国的对策," 『理论观察』, 2010年 04期(總第64期), p. 74. 후밍웬은 이 글에서 북한의 핵개발 의도를 체제안전보호, 외교고립 탈피, 대미관계 정상화, 경제지원 획득, 경제건설을 위한 외부환경 조성 등으로 분석하고 있다.

⁵² 張璉瑰, "朝鮮核問題與我國安全," 『領導者』(2012.2); ___, "朝鲜核问题现状与美国责任," 『东北亚学刊』, 2012年 02期, pp. 7-8. 장롄구이는 이 글에서 북한의 핵개발 의도를 강대국의 전략수단 제어, 남북한 전략 균형, 대내 선군정치·강성대국 위업 과시, 미국의 공격 제어 및 협상카드화, 핵수출(외화획득) 등으로 분석한다. 위의 논문, p. 5.

강화에 따른 북한의 불안정 심화는 중국 내 분리독립운동 세력으로의 핵확산 가능성, 동북진흥계획의 좌절, 미국의 대한반도 영향력 확대는 물론, 미중 간 군사충돌 가능성마저 배제할 수 없는 것이었다.[53] 2008년 말부터 시작된 세계금융위기는 중국 내에서도 위기의식을 확산시키면서 평화로운 주변환경의 필요성이 더욱 강조되었다.

한편, 중국은 이 시기 이명박 정부의 적극적인 대미 편향 외교를 우려했다. 2008년 5월 중국을 방문한 이명박 대통령이 후진타오 주석과 회담하기 직전, 중국 외교부 대변인은 이례적으로 "한미동맹은 구시대의 유물"이라고 지적했다. 중국과 경제협력을 통해 이익을 보면서 미국과 군사동맹을 강화하는 한국의 이중적 행태에 대한 불편한 심기를 그대로 드러낸 것이었다. 이후 한중관계는 5년 동안 북한 및 미국과의 관계에 대한 상호 인식의 차이와 전략의 불신 등으로 악화일로를 걷게 된다. 사실상 북한·북핵문제 해결의 키를 쥐고 있는 중국의 협력 없이 한국의 대북정책은 성공할 수 없었다.

---

53 김흥규, "중국의 핵전략과 핵확산방지 정책: 북한 핵개발에 대한 함의," 『2010 정책연구과제 1』(외교안보연구원, 2011.3), p. 62.

제4절 정상화기(2009~2012)

1. 체제수준의 동아시아 질서 변화

이 시기 체제수준의 중요한 변화는 세계금융위기 이후 2010년 중국이 일본을 제치고 G2로 부상한 것이다. 2011년 댜아위다오(釣魚島: 센카구) 열도에서 미국의 맹방인 일본은 중국과의 싸움에서 백기를 들었다. 중국이 청일전쟁에서 패배한 지 115년 만에 동아시아 정세가 뒤바뀐 것이었다.

이에 미국은 급히 아시아 중시 정책을 재강화하면서 '재균형(rebalancing)' 전략을 추진하기 시작한다. 중국도 자국의 '핵심이익(core interest)'을 강조하고, 팽창적인 해양전략을 추구하면서 미국의 견제에 적극 대응하기 시작했다. 미중관계의 역사적 변화가 시작된 것이다.

2009년 북한의 2차 핵실험과 2010년 천안함 사건은 동북아의 전략지형을 변화시킨 대사건이었다. 2009년부터 시작된 동북아 지역

정세의 변화가 2010년에 크게 가속화한 것이다.[54] 미국과 중국의 동북아에서의 힘겨루기는 제한적이나마 양국 간의 세력전이 양상을 보여 주었다.

미국과 중국은 오바마(Barak Hussein Obama) 정부 출범 이후 상당히 높은 기대감으로 출발했다. 미중관계는 구조적 갈등 요인에도 불구하고 글로벌 차원에서는 양국의 상호의존성 및 취약성으로 협력적 기조를 유지하는 것이 불가피했다. 어느 일방이 일방적인 독점적 우위나 이익을 추구하기 어려운 상황이 된 것이다.

미국과 중국은 2009년 11월 개최된 양국 정상회담에서 '전략적 보장(stra tegic ressurance)[55]'에 기초한 양국관계의 발전에 합의했다. 상호 존중과 호혜협력의 '협력동반자 관계'에서 미국은 중국의 부상을 인정하고, 중국은 미국의 아태지역에서의 역할을 긍정하며, 한반도의 평화·안정에도 합의했다.[56] 미국이 많은 비용과 리스크를 안고 대중국 세력균형을 추구하기보다 헤징(hedging: 위험분산)을 추구한 것은 미중관계의 변화를 극명하게 보여준 것이다. 그럼에도 미중 양국은 북한문제에 대한 접근방법에 큰 차이가 있음을 확인했다. 오바마 대통령은 실망감을 감추지 않았다.

2009년을 기해 미국과 중국 간에는 협력보다 견제와 갈등의 분위기가 조성되기 시작했다. 그해 7월 ARF(아세안지역안보포럼)에 참

---

[54] 朱锋, "东亚安全局势: 新形势´新特点与新趋势," 『现代国际关系』, 2010年 12期, p. 10.

[55] '전략적 보장(strategic ressurance)'이란 중국은 미국에 자국의 발전과 역할 증대가 미국과 여타 국가들의 안전과 복지를 대가로 요구하지 않을 것임을 보장하고, 미국은 중국의 발전을 인정하고 강대국으로의 부상을 환영하며, 국제체제의 진입 확대를 용인한다는 것을 내용으로 하고 있다.

[56] 이는 2011년 1월 19~20일, 워싱턴에서 개최된 미중 정상회담 합의문과 2011년과 2012년 제3, 4차 미중 간 전략경제대화에서도 확인되었다.

석한 미국 클린턴(Hillary Diane Rodham Clinton) 국무장관은 '아시아 회귀'를 선언했다. 그동안 중국이 심혈을 기울여 온 아세안과는 우호협력조약(TAC)을 체결한다. 오바마 행정부는 대만에 대한 무기수출, 달라이 라마의 오바마 대통령과의 개인면담, 무역불균형과 위안화 절상문제 등 중국이 민감하게 생각하거나 터부시한 문제들에 대해 공세적 입장을 취했다.

중국은 동·남중국해, 대만해협을 핵심이익 지역으로 간주하고 동 지역에서의 군사활동을 강화해 나갔다. 이는 미국이 전통적으로 추구해 온 '항행의 자유'와 지역으로의 접근, 해로(SLOC: sea line of communication)의 안전에 중대한 도전이 될 수 있었다.

미국은 2010년 천안함 사건을 계기로 동아시아 지역에서 군사적 존재감을 적극 과시하기 시작했다. 미국은 동 사건을 유엔으로 가져가 국제문제화하면서 이를 대중국 압박카드로 활용했다. 미국은 중국의 신중한 입장에 대해 "중국이 북한의 도발을 부추기고 동북아의 평화와 안보를 위태롭게 하는 것"이라고 비난했다.

오바마 대통령은 6월 27일 G20 폐막 기자회견을 통해 천안함 사건과 관련한 국제적인 대북제재에 중국의 동참과 공조를 강력히 촉구했다. 북한이 천안함을 공격한 '추악한 사실'을 외면하는 것은 "깨뜨려야 할 나쁜 습관"이라고 중국을 직접 겨냥했다.

천안함 사건은 결과적으로 미국에게 많은 이득을 가져다주었다. 사건 발생 후 미국은 아시아에서 미국의 힘을 상징하는 일본 내 후텐마 미군기지를 지켜냈다. 아시아와 중국 쪽으로 기울던 일본을 묶어두게 된 것이다. 미일 주도의 미사일 방어계획도 무난히 수립할 수 있게 되었다. 한국에서는 주한미군의 전시작전권 환수 연기 움직임이 강화되었다. 한미일 군사동맹을 강화, 동아시아에서 군사적 영

향력을 제고함으로써 대중국 견제와 북한에 대한 압박도 강화할
수 있게 되었다.

중국은 책임 있는 대국의 역할을 요구하는 국제사회의 눈총이
따갑기는 했지만 이 사건으로 얻는 이득도 없지 않았다. 무엇보다도
중국이 이 사건 해결의 열쇠(key)를 쥔 나라가 되었다. 미국과 한국
은 물론, 북한도 중국의 동조를 요구하면서 중국을 쳐다보는 형국
이었다. 유엔안보리의 결의도 중국의 입장에 따라 그 향방과 수준
이 결정되었다. 특히 미국과 한국의 대북제재 강화는 북한의 위기에
따른 중국 편향을 심화시키면서 중국은 대북 영향력을 손쉽게 강
화할 수 있었다. 이 사건은 G2로 부상한 중국의 위상을 확인하고
강화시켜 준 계기가 된 것이다.

그럼에도 천안함 사건은 남북관계는 물론 미중관계, 한중관계
등에 악영향을 미치면서 북핵문제 해결을 위한 6자회담을 사실상
침몰시켰다. 이 사건이 국제문제화되면서 사건의 직접 당사자인 남
북한의 해결 능력과 공간 또한 거의 없어져 버렸다. '새우 싸움에 고
래 등이 터진 격'이었다. 한반도의 구심력이 고갈되고, 강대국에 의
한 원심력이 남북관계를 지배하게 되었다.

천안함 사건 후 중국은 유엔안보리 의장성명이 동 사건의 종결
이라는 기대를 갖고 6자회담을 출구전략으로 삼았다. 그러나 한미
가 대규모 연합훈련을 전개하면서 중국은 미국의 의도가 결국 자
국을 겨냥한 것으로 이해하게 되었다. 보다 적극적이고 공세적인 대
응이 필요하다고 판단했다.[57]

---

[57] 중국은 정부 차원에서 한국과 미국의 서해 합동군사훈련을 "분명하게 반대"(7.1, 馬
曉天 군 부총참모장)하고, 동중국해 해상에서 실탄훈련을 실시(6.30-7.5)했다. 관영
언론을 통해서는 오바마 대통령의 "북한이 선 넘은 것을 중국이 인정하라"는 지적

2010년 미국이 대만에 60억 달러 상당의 무기판매를 결정한 것과 관련, 중국은 미국과의 군사교류 중단카드를 내들었다. 중국은 대만에 무기를 판매한 미국 회사에 제재를 가할 것이라고 경고했다. 나아가 중국은 미국이 만들어 놓은 국제기준을 중국식으로 재설정하는 모습까지 내비쳤다.

2010년 7월 12일 중국의 신용평가기관인 따공(大公: 국제신용평가유한공사)은 非서방국가 신용평가기관으로서는 처음으로 국가별 신용위험 정보를 담은 보고서를 발표했다.[58] 세계금융위기 이후 국제사회에서 중국의 경제발전 모델(中國模式)에 대한 관심도 높아졌다.

이 같은 중국의 태도는 미국에게 중국이 깃발을 드는 모습으로 비춰질 수 있었다. 중국에 대한 미국의 견제는 더욱 강화되었고, 점차 양국 간의 세력경쟁이 가시화되었다. 북한의 2회에 걸친 핵실험과 유엔의 대북제재를 경험하면서 중국과 미국은 북한·북핵문제에 대한 전략의 차이가 크다는 사실을 확인하게 되었다.

동북아 정세는 중국의 6자회담 주장과 한미일의 대북 강경정책 간의 줄다리기 양상을 보였다.[59] 남북관계의 단절은 물론 미중관계

______

(5.26)에 대해 "비이성적이고 무책임한 발언"(環球時報, 6.29), 한미 서해 합동군사훈련은 "중국의 핵심 전략에 도전하는 행위"(環球時報, 6.29), "바텀라인(bottom line; 한계선)을 넘어서는 일로 중국안보에 대한 명백한 도전"(環球時報, 7.6)이라고 강력 비난했다. 한국에 대해서는 "미국의 항공모함을 끌어들여 황해에서 무력시위를 하는 것을 중국 국민은 용납하지 않을 것"이라고 경고했다. 『環球時報』, 2010年 6月 8日 사설.

[58] 이 보고서는 중국은 세계 10위, 미국은 13위를 차지한 것으로 평가했다. 미국은 사실상 파산국가인데 미국의 신용평가기관들이 등급을 상향 평가함으로서 세계금융위기가 초래되었다고 밝혔다. 『The Washington Times』, 2 October, 2010.

[59] 朱 锋, "后天安舰时代"半岛无核化进程评析", 『现代国际关系』, 2011年 第10期, pp. 11-12.

가 악화되면서 동아시아에서 新냉전의 조짐까지 보였다. 세계적인 권력이동, 동아시아 국제질서가 재편되는 과정에서 발생한 천안함 사건은 사건의 무게를 넘는 복잡성과 중대성을 야기한 것이었다.

동 상황을 이용, 미국은 동아시아 회귀를 통해 기존 동맹의 강화와 역내 현안에 대한 적극 관여, 새로운 우호국의 창출을 통해 동아시아 지역에 대한 자국의 강력한 영향력을 유지하고자 했다. 이를 두고 중국 내 일각에서는 미국이 동북아 및 한반도를 긴장상태를 통해 통제하려 한다고 보았다.[60]

미국의 아시아 회귀는 자국의 전략 중점을 중국 쪽으로 방향을 틀어 중국을 견제하기 위한 것이었다. 2011년부터 미국은 아시아 회귀를 구체화해 나갔다. 2월 미국 합동참모본부는 7년 만에 처음으로 수정한 '국가군사전략(National Military Strategy of USA)'을 통해 안보전략의 초점을 북한의 핵·미사일과 중국의 군사력 팽창 등 새로운 위협에 대처하는 것으로 확대했다. TPP(Trans-Pacific Partnership: 환태평양경제동반자협정) 계획을 통해서는 중국을 견제하려는 의도를 보다 노골적으로 드러냈다. 남중국해 문제에서도 중국과 갈등을 빚었다.

2011년 말 미국의 오바마 대통령과 클린턴 국무장관은 각기 아태지역 4개국과 7개국을 순방하면서 중국을 겨냥한 외교·방위·개발을 동원했다. 캄보디아와 미얀마 등에 대해서는 균형과 중국 의존의 위험성을 강조했다. 호주와는 전례 없는 군사협력을 강화하면

---

[60] 이는 중국 전문가들의 일반적 시각으로 张慧智·王策柯, "中美对朝政策竞争与合作的态势分析," 『东北亚论坛』, 2012年 05期, p. 33; 2010년 9월 28일 한국 민주평통과 중국 정경문화연구원이 공동 개최한 '2010 한중평화포럼'에서 중국 연변대학교 金强一 교수의 발언 등을 참조. 『월간조선』, 2010년 11월호, p. 282.

서 호주를 인도양과 태평양 사이의 거점으로 삼으려 하고 있다. 한미일 동맹도 강화되었다. 일본 역시 보수우경화 경향이 강화되는 가운데 중국을 견제하는 목소리가 높아졌다.

2012년 1월 5일 미국은 세계성장의 축인 아시아에서 미국의 국익을 수호하고, 동남아 국가들의 안보적 요구를 수용한다면서 이른바 '新국방전략지침'[61]을 공식 발표했다. 중국의 부상과 미국의 아시아 회귀는 한반도에서 북한문제를 둘러싸고 격돌하게 되었다. 북핵문제에 피로감이 쌓인 미국의 입장이 점차 강경해지고, 북한의 태도(행동) 변화가 강조되면서 대북정책에 관한 미국과 중국 간의 이견이 가중되어 갔다.

미국은 '전략적 인내(strategic patience)'를 내세우면서 북한이 행동을 통해 핵포기 입장을 확인해 주지 않는 한 북한과의 대화가 무의미하다는 점을 강조했다. 미국은 더 이상 북한에게 속지 않을 것이며, 북한이 '진정성' 있는 태도 변화를 보이지 않는다면 제재와 압박을 통해 북한의 선택을 종용하겠다는 입장을 견지했다. 미국 내 일각에서는 북한붕괴 유도의 필요성을 공개적으로 거론하기 시작했다.[62] 한국은 일관되게 북한이 변화의 '진정성'을 보일 것과 핵문제 해결에 대한 '책임성' 있는 조치를 강조했다. 한미의 대북정책 공조는 더 이상 좋을 수 없는 것이었다.

---

[61] 이 '신국방전략지침(Sustaining U.S Global Leadership: priorities for 21st Century Defense)'은 이라크 전쟁의 종식, 오사마 빈 라덴 제거, 아프간에서의 전쟁종식 가능성과 미국의 예산문제 등을 고려, 미국의 국방정책 초점을 중동에서 아태지역으로 옮기겠다는 사실을 명백히 하고 있다.

[62] 특히 당시 미국 국방부 부차관보에 내정된 그레고리 슐티는 '포린어페어' 7, 8월호에 기고한 글에서 "북한의 핵문제를 해결하려면 북한의 정권교체를 유도해야 한다," "북한의 미래에 관해 중국과 대책을 마련하는 것이 북핵문제 해결보다 중요하다"고 주장했다. 『연합뉴스』, 2010년 6월 20일.

중국은 북한과의 지속적인 대화를 강조했다. 시간이 경과함에 따라 미국과 중국 간의 대북공조는 약화되기 시작했다. 천안함·연평도 사건 처리 과정에서는 미국·한국 대 중국 간의 입장 차이가 그대로 반영되었다.[63] 한국과 미국, 중국 모두 한반도의 평화·안정을 추구하지만 그 접근방법에 있어서는 큰 차이를 보였던 것이다.

이러한 구조적인 환경과 대북정책의 차이는 남북관계를 경색시키는 동인으로 작용했다. 이명박 정부 출범 이후 남북관계는 갈등 일변도로 치달았다. 한국이 '비핵·개방·3000'에 입각한 대북정책과 한미정책 공조를 유지하는 가운데, 북한은 대남위협과 도발의 강도를 높여갔다. 북한의 핵실험과 천안함·연평도 사건은 남북관계를 최악의 상황으로 치닫게 했다.

한국정부는 중국과 어떤 사전 통보나 협의 없이 북한이 핵실험한 다음 날(2009.5.26) '대량파괴무기 확산방지구상(PSI)'에 전면적으로 참여했다. 김정일이 중국을 3회째 방문하고 난 4일 후 2011년 5월 30일, 북한은 "더 이상 남측 정부와 상종하지 않을 것"이라고 선언했다. 상호 진정성을 의심하고 있는 남북한 사이에서 관계 개선의 여지는 없게 되었다.

2. 단위수준 이슈의 정치화

오바마 행정부는 부시 행정부와 달리 북한과 이란을 불량국가가

---

[63] 최강·박준성, "천안함 사건 이후의 한반도 주변 안보정세와 주요 도전," 『전략연구』, 통권 제50호 (2010.11), p. 75.

아닌 국외자(outlier)로 규정[64]하고, 이들에게 선택을 촉구하는 정책을 추진했다. 오바마 대통령은 취임사 등에서 국외자들이 "주먹을 편다면, 손을 내밀 것"이라는 메시지를 통해 '국제사회의 편입'과 '국제적 고립' 중 양자택일하도록 촉구해 나갔다.

오바마 행정부 출범을 전후해 북한은 한반도 비핵화, 북미관계 정상화, 핵 검증문제 등에 대한 나름의 입장을 밝히는 등 기대감을 나타냈다. 그러나 '핵 없는 세상 만들기(a world without nuclear weapons)'를 주창한 오바마 행정부의 '전략적 인내' 정책은 사실상 부시 정부의 대북정책과 유사한 현상유지 정책이었다.[65] 대화 무용론에 기초한 압박을 통한 변화(핵포기 선택) 정책은 북한의 기대와 전혀 다른 것이었다.

2009년 1월 17일 북한 외무성은 "미국과의 관계정상화는 핵문제와 철두철미 별개의 문제"라고 전제하고, 핵무장을 강화하겠다고 천명했다. 북한은 2009년 4월 5일 장거리 미사일(은하 2호)을 발사하고[66], 5월 25일 2차 핵실험을 실시해 한국과 미국에게 대화와 대가를 요구했다.

---

[64] 국외자(Outlier)는 미국이 주도하는 국제규범과 시스템 바깥에 존재하는 나라로 이란과 북한을 지칭하는 것이었다. 부시정부가 지칭한 불량국가(rogue state)의 의미는 변화할 가능성이 없는 regime change의 대상이었다.

[65] 결국 오바마정부의 '전략적 인내' 정책은 그 자체가 어떤 특징적인 정책목표와 정책내용을 가진 정책이라기보다는 '신뢰할 수 없고 도발을 일삼는 북한에 협조하지 않겠다'는 태도였다고 평가하는 것이 정확할 것이다. 백학순, "오바마정부 시기의 북미관계, 2009-2012,"(세종정책연구 2012-12), p. 27.

[66] 오바마대통령은 2009년 런던 G20정상회담 직후인 4월 5일 체코 프라하에서 자신의 '핵무기 없는 세상 만들기'의 비전을 공식적으로 발표하는 연설을 계획하고 있었다. 북한은 바로 그날 새벽 한밤중에 예고했던 인공위성 로켓을 발사했다. 북한의 로켓 발사는 오바마 정부와 관계개선이 어렵도록 쐐기를 박은 사건이 되고 말았다. 백학순, 위의 논문, p. 24.

북한은 미사일 발사에 대한 국제사회의 비난과 제재에 대해 '천만번 정당한 자주권 행사'[67]라며 "사태가 여기까지 오게 된 책임은 미국과 그에 아부 추종한 세력들에 있다"며 중국을 싸잡아 비난했다. 2차 핵실험에 대한 유엔안보리의 강력한 '대북제재 결의안(1874호)'에 대해 북한 외무성은 "결의안을 단호히 규탄 배격하며", "미국과 그 추종세력이 봉쇄를 시도할 경우 전쟁행위로 간주하고 단호히 군사적으로 대응하겠다"고 선언했다.[68] 이후 북한은 6자회담 불참의사를 재확인하면서 "새로 추출되는 플로토니움 전량을 무기화하고, 폐연로봉 총량의 1/3 이상이 재처리되었다"[69]고 밝혔다.

2010년도에 남북관계에서 발생한 천안함·연평도 사건은 미중관계를 악화시키면서 한반도 문제를 미국과 중국이 풀어가는 형국을 조성했다. 그 와중에 김정일의 건강은 더 악화되었다.

한국과 미국 내에서는 북한정권의 변화(regime change)를 모색하는 논의가 활발하게 전개되었다. 대북압박 수위가 강화되는 가운데 결국 2011년 12월 17일 김정일이 사망했다. 김정은 후계체제가 출범하면서 북한의 불안정성은 더욱 증대되어 갔다.

북핵문제 해결 가능성은 점점 멀어지고 있었다. 6자회담이 재개될 가능성도 마찬가지였다. 유관국들은 각자 새로운 상황에서 새로운 접근방법을 모색하기 시작했다. 북한 또한 한국과 미국에 대한 기대치를 낮추고, 중국 및 러시아와의 협력을 적극 추구해 나갔다. 북미 양국은 2011년 7월부터 2012년 2월까지 세 차례의 고위급

---

[67] 『로동신문』, 2009년 4월 29일.

[68] 『로동신문』, 2009년 6월 14일.

[69] 『조선외무성성명』, 2009년 6월 13일.

회담을 개최, 6자회담 재개를 위한 양국 간의 사전조치들'에 대해 합의('2.29 합의')했으나 이변은 없었다.

북미 양국 간 20여 년의 핵협상의 역사는 합의와 위반의 반복, 상호 불신이 뿌리 깊게 박혀있는 '불신의 역사'라고 할 수 있다. 그럼에도 그동안 북한은 미국에 대한 기대와 희망을 포기하지 않는 모습이었다. 그러나 2010년 이후에는 이전과 다소 다른 모습을 보인다. 미국의 북한 무시 전략(전략적 인내)이 북한의 핵개발 강화 및 미국 무시 태도를 가져온 것이다.

천안함 사건은 북한이 남한으로부터는 경제, 미국으로부터 안보를 보장 받으려는 기존 전략을 포기하는 계기가 되었다. 북한은 중국에게 자국의 경제와 안보를 맡기는 '투탁(投託)'의 모습을 보였다. 2010년 5월 이후 중북 양국은 3회의 정상회담을 통해 '전략적 소통', '우호관계 대대손손 계승' 등에 합의하는 등 새로운 관계를 정립해 나갔다.

김정일은 후진타오 주석에게 "북한에 투자해 달라"고 요청했고, 양국은 상호 경제협력을 심화시켜 나기기로 합의했다. 중국을 향한 북한의 태도는 압록강을 건너는 제2의 '(逆)위화도 회군(回軍)'처럼 보였다. 중국에게 북한의 '위기'는 곧 자국의 '기회'로 다가오고 있었다. 한미의 적극적인 대북 압박과 제재는 북한으로 하여금 선택의 여지를 없애는 결과(일종의 풍선효과)를 초래한 측면이 없지 않았다.

3. 중국의 대북정책과 중북관계

이 시기, 특히 2010년 이후 중국은 한반도 문제로 인해 전례 없는 압박을 받았다. 미국으로부터의 압박과 함께 국제사회의 비난 여론은 물론, 직접 중북관계에서 오는 것과 남북한관계에서 오는 압박에 시달려야 했다.[70] 특히 천안함·연평도 사건은 중국에게 매우 복잡하고 모순되는 접근을 강요했다.[71]

북한의 로켓 발사와 2차 핵실험으로 북한의 핵보유가 기정사실로 되면서 중국의 대북정책은 또 다른 국면을 맞았다. 핵을 보유한 불안정한 북한을 어떻게 다룰 것인가, 고민이 커진 것이다. 중국은 북한의 핵실험에 대해 즉각 '결사반대', '우려와 불안' 입장을 표명했다.

사실, 세계금융위기의 여파로 민감하고 어려운 시기에 단행된 북한의 2차 핵실험은 중국에게 '배은망덕'한 것으로 '본때를 보여 줘야 하는 것'이었다. 북한의 핵보유는 중국이 강조해 온 대화와 협상(6자회담)을 통해 핵이 폐기될 수 있다는 기대를 저버린 것이었다.[72]

중국 외교부 친강(泰剛) 대변인은 북한이 핵실험한 다음 날(5.26) 내외신 기자회견에서 "단호한 반대"와 함께 "중국이 북한의 동맹이라는 주장에 찬성하지 않는다. 중국은 어떤 나라와도 동맹을 체결하지 않는다. 중국과 북한은 일반 국제관계 규범하의 정상적 국가 간의 관계이다"라고 북한에 대한 매우 강한 불만을 표시했다.

그러나 6월 13일에 발표한 유엔안보리의 대북제재 결의안(제1874호) 통과에 대한 중국의 담화문은 북한의 핵실험 직후의 분위기와 다른 것이었다. 그 내용을 정리하면 다음과 같다.

---

[70] 黃河昊雪, 앞의 논문, p. 55.

[71] Zhu Feng and Nathan Beauchamp-Mustafaga, "Chinese Policy Toward North Korea in the Post-Kim Jong Il Era," *Korea Review*, Vol. Ⅱ, No. 2 (November 2012), p. 30.

[72] 「環球時報」, 2009年 6月 3日 사설

"조선은 국제사회의 보편적인 반대를 무시하고, 2009년 5월 25일 2차 핵실험을 했다. 2009년 6월 13일 유엔안보리는 조선의 핵실험 문제에 관한 제1874호 결의안을 만장일치로 통과시켰다. 중국도 찬성표를 던졌다. 중국정부는 조선의 제2차 핵실험에 대해 단호한(堅決) 반대 입장을 표한다. 조선의 이러한 행위는 안보리 유관 결의를 위배한 것이다. 이는 국제 핵비확산체제의 유효성에 손상을 입혔음은 물론 동북아 지역의 평화와 안정에 영향을 주었다. 조선은 주권국가임과 동시에 UN회원국이다. 주권과 영토완정, 그리고 합리적인 국가안보와 발전이익은 존중받아야 한다. NPT 탈퇴 이후 체약국으로서 핵에너지를 평화적으로 이용할 권리도 갖고 있다. 제재 자체가 안보리 행동의 목적은 아니다. 정치·외교적 통로를 통해 조선반도 문제를 해결하는 것이 정확하고 유일한 길이다. 안보리가 통과시킨 결의안도 조선에 보내는 적극적인 신호이다. 각국은 대화를 통해 평화적으로 조선문제를 해결할 수 있는 공간을 남겨두자."

위와 같은 중국의 반응과 태도는 〈표Ⅲ-1〉과 같이 북한의 1차 핵실험 때보다 그 표현이 훨씬 완곡하고 부드러운 것이었다. 1차 때의 '제멋대로(悍然)'란 표현은 없고, '단호한(堅決)'이란 표현만 동일하다. 핵에너지의 평화적 이용권을 언급하면서 제재보다 평화적인 해결방안으로 제시했다. 1차 때에는 주권국가, 유엔회원국, '정치·외교적 통로(政治外交途徑)'라는 표현이 없었다.

그럼에도 중국은 동 결의안을 "적절하고 균형이 잡힌 대응"으로 평가하면서 일단 결의안 이행에 동참하는 모습을 보였다. 동시에 한반도 비핵화 과정에서 평화와 안정이 파괴되어서는 안 된다는 입장을 유지했다. 대북제재 결의의 궁극적인 목표는 제재 자체가 아니라 북한의 6자회담 과정으로의 복귀이며, 대화를 통한 비핵화의 달성

[73]이라는 점, 북핵문제는 오랜 시간 누적된 결과로 이를 해결하기 위해서는 인내심과 상호 신뢰, 문제를 해결하려는 열정이 필요하다는 점을 강조했다.[74] 북한에 대해서는 "비핵화의 약속을 지키고, 상황을 더 악화시킬 수 있는 행동을 중지하며, 6자회담으로 돌아오라"고 요구했다.

〈표Ⅲ-1〉 1, 2차 북한의 핵실험에 대한 중국의 태도

1차 핵실험 후	2차 핵실험 후

• 강력 비난
   – '제멋대로', '단호한' 등의 표현 사용
   – 비핵화와 6자회담 복귀 촉구
   – 평화적 문제 해결 강조
• 안보리 결의안 적극 찬성, 이행(대미협력)
• 대북특사(다이빙궈) 파견
   – 국제사회와의 협조 촉구
	• '단호' 한 반대 입장만 표명
	   – 합리적 안보·이익 존중
	   – 핵의 평화적 이용권 강조
	   – 과도한 제재 반대, 대화 해결 강조
	• 안보리 대북제재 결의안에 찬성
	• 중북관계 재정립 대책 마련
	   – 북한의 핵개발 동인 재평가

공통점: 대화·협상 통한 평화적 해결, 과도한 제재 반대, 중북관계의 변화 불원

* 출처: 관련 자료를 종합정리함.

그런 가운데 국제사회에서는 중국에게 사실상 미국(국제공조)과 북한(붕괴) 중 양자택일하라는 목소리가 높아져 갔다. 중국의 중요한 대북정책 목표인 '북한체제의 안정'과 '북한(한반도)의 비핵화'가 충돌하기 시작한 것이었다.

중국으로서는 이 모순적인 상황을 더 이상 애매하게 끌고 가기 어렵게 되었다. 북한체제의 동요(붕괴)를 불사하고서라도 대미협력 노선, 즉 국제사회와의 공조를 확실히 할 것인지, 아니면 북한에 대

---

[73] 2009년 7월 13일 우다웨이(武大偉) 중국 외교부 부부장의 한중 6자회담 수석대표 회동 시 발언.

[74] 2009년 6월 25일, 중국 외교부 대변인 정례브리핑.

한 지원 의지를 분명히 하며 자국의 존재감을 드러낼지를 선택해야 하는 시점에 이른 것이다.[75]

2009년 여름까지만 해도 북한문제에 대한 중국 내 여론은 '백가쟁명(百家爭鳴)'의 양상이었다. 유엔의 대북제재 결의안이 통과된 후 7월 15일, 베이징에서는 당 중앙 외사영도소조(조장: 후진타오 총서기, 판공실주임: 다이빙궈 국무위원)가 개최되었다.

또 7월 17일부터 20일까지 열린 제11차 재외공관장회의는 이례적으로 전·현직 주북한 대사 등이 참여해 대북정책에 대한 조언을 했던 것으로 알려졌다. 이 회의에서 중국지도부는 한반도의 평화·안정과 비핵화 목표를 실현하는 과정에서 자국의 대북정책이 불균형적이었음을 지적했다고 전해진다.

후진타오 주석은 대국관계 및 주변외교에 대해 "외교중점은 대국관계를 원활하게 처리하고, 주변지역에 있어서 전략적 거점 구축 사업을 강화해 안정적인 주변환경을 확보해야 한다"고 강조했다.[76]

한반도문제와 관련해서는 평화·안정의 유지 및 전쟁의 방지가 한반도의 비핵화보다 우선시 되어야 한다는 결론을 내린 것으로 알려졌다.[77] 과거 자국의 경험에 비춰볼 때, 북한이 결코 핵을 포기하

---

[75] 이종석, 『2차 핵실험 이후 북한·중국관계의 변화와 함의』(세종정책연구, 2012–21), p. 10.

[76] 『人民日報』, 2009年 7月 21日.

[77] 이희옥, "김정일 방중, 중국 그리고 6자회담,"『한반도포커스』, 제7호 (경남대학교극동문제연구소, 2010), p. 18. 동 회의에서는 국제사회에서 책임 있는 역할 강화가 국익에 유리하기 때문에 대북지원을 전면 중단하고 국제공조하에 선택가능한 모든 수단을 포함 적극적으로 대북제재에 참여하자는 '전략파'의 주장과, 중북관계의 역사성과 북한의 안보·전략적 가치를 고려하는 것이 중국의 국익에 여전히 유리하기 때문에 대북 포용정책 기조를 유지하자는 '전통파'의 주장 간에 대립이 있었으나 전통파의 주장이 우세했던 것으로 알려지고 있다. International Crisis Group, "Shade of Red: China's Debate over North Korea," *Asia Report*, No.179 (2 November, 2009) 참조.

지 않을 것이라는 결론도 내려졌다.

중국의 이러한 대북한 인식과 정책의 변화는 북핵문제와 한국의 대북정책 및 미국의 동북아 전략에 대한 종합적 판단에 따른 것이었다. 무엇보다도 중국은 2009년 7월 미국이 아시아 회귀를 선언한 새로운 미중관계 속에서 한반도에 대한 영향력을 확대하기 위해서는 북한이라는 전략적 자산을 적극적으로 재해석할 필요가 있었다.

중국은 북한이 무너지면 동북아 정세가 불안해진다고 우려했지만, 그보다 '북한 다음은 중국 아닌가'라는 중국인들 특유의 '被포위·피해의식'이 작동한 것으로 보였다. 중국은 한국전쟁 참전 시와 같이 외부세력이 북한의 붕괴를 초래할 수 있는 개입을 좌시해서는 안 된다는 관점에서 새로운 대북정책을 모색해 나간다.

중국은 북한을 더 적극 설득하면서, 더 강한 포용정책을 채택했다. 중북관계는 점차 재정상화의 길로 접어들면서 새로운 국면을 맞이했다.[78] 2009년 10월 중북관계 수립 60주년을 맞아 원자바오 총리가 방북했다. 원 총리는 이례적으로 '혈맹의 상징'인 마오쩌둥(毛澤東)의 아들 마오안잉(毛岸英)의 묘를 참배했다. 그는 눈물을 흘리면서 방명록에 "이제 조국은 강대국이 되었다. 중국인민지원군의 불멸의 공훈과 위대한 정신은 해와 달과 함께 빛나리라"고 적었다. 북한에 대한 피의 연고, 자신감을 내보인 원 총리의 의미심장한 모습은 중북관계 정상화의 신호탄이었다.

원 총리의 방북 시 중북 양국은 '경제기술 협조에 관한 협정'과 '경제원조에 관한 교환문서'를 비롯해 교육, 소프트웨어 산업, 관광 등 제반분야에서 교류를 활성화하기 위한 협정들을 맺었다. 탈냉전

---

[78] 祁怀高, "溫家寶的訪朝意義," 『世界知识』(2009.12), pp. 36-37.

이후 양국이 맺은 가장 광범위한 경제협력 합의였다. 이와 동시에 중국은 동북진흥을 위한 창지투(長吉圖) 개발 계획을 적극 추진하기 시작했다.

원 총리의 북한 방문을 전후해 중국은 북한문제에 대해 미국과 서로 다른 길을 걷기 시작했다. 중국은 미국의 안보프레임 틀 속에서 문제를 접근하지 않는다는 전략적 판단하에 북한 핵문제 해결과 중북관계의 유지·발전 문제를 분리했다. 중국은 김정일의 건강 악화, 화폐개혁 이후 북한의 경제난 심화, 국제사회의 대북체재 강화 등으로 북한이 심각한 위기에 처한 것으로 판단했다.

중국은 미국과의 동아시아 안보패권 경쟁이 가시화되고 있는 상황에서 북핵문제 해결보다 북한체제의 안정을 우선적인 목표로 삼을 필요가 있었다. 2003년 이후 중북관계가 처음으로 중국의 대북정책에서 명백하게 우선순위에 놓이게 된 것이다. 전쟁과 혼란이 없는 비핵화(不戰不亂, 無核), 즉 북핵 포기보다 한반도의 평화와 안정 유지에 방점이 주어진 대북정책의 대전환이었다.

이후 김정일의 3차례의 방중과 양국의 전례 없는 우호협력적인 태도, 중국의 대북 경제원조와 직접 투자가 증가하면서 수년간 냉담했던 양국관계는 급속하게 회복되기 시작했다. 실로 탈냉전 이후 18년 만의 일이었다. 경제적 영향력을 지렛대로 하는 중국의 새로운 대북정책은 한미의 대북정책 및 대중국 압박·견인 정책에 대한 보다 근본적인 대응책이었다.

이때부터 중북관계는 정치·안보 차원의 유대가 강화되고, 경제 면에서 구조적인 연계가 구축되는 등 '동맹의 요소가 강화된' 전략적 협력관계로 변화했다.[79] 이 같은 중국의 대북정책 전환에는 다음과 같은 인식이 작용한 것으로 보인다.

우선, 중국은 북한으로 인한 자국의 부담 증가에도 불구하고 대북정책을 소극적으로 바꿀만한 '근본적인 국제정치환경(전략환경[80])'의 변화가 이루어지지 않았다고 판단했다.[81] 중국은 천안함 사건의 발생을 미국의 전략 중점이 동북아로 이동하는 위험한 신호로 여겼다.[82]

특히 한국과 미국의 대북·대중 정책이 중북 간의 갈등(틈)을 이용해 북한을 더욱 고립·약화시키고, 중북관계의 틈을 더 벌려 붕괴(중국의 북한 포기)를 꾀하려는 것으로 이해했다. 특히 한국이 서해상에 미국을 불러들여 미국과 합동군사훈련을 실시한 것은 자국의 안보이익을 침해한 것으로 여겼다.[83] 이러한 인식하에 중국은 국제사회의 비난, 미중관계와 한중관계 악화 등 모든 손해를 감수하고, 중북관계가 손상되고 더 악화되는 것을 차단하려 했다. 북한의 위기를 곧 자국의 위기로 여긴 것이었다.

천안함 사건으로 인해 악화된 중국인들의 대한·대미 인식과 감정은 역설적으로 악화된 중북관계를 극적으로 반전(정상화)시키는 결과를 가져왔다. 중국은 위기상황에서 중북관계 강화를 통해 북

---

[79] 이종석, 『2차 핵실험 이후 북한·중국관계의 변화와 함의』(세종정책연구, 2012-21), p. 15.

[80] 중국인들은 '전략환경'이란 말을 잘 사용하는데 이는 "국가가 어떤 시기에 직면하고 있는 국가의 안전과 외교의 전체 국면에 영향을 미치는 객관적인 상황과 조건"을 말한다. 中國 國防大學 저, 박종원·김종운 역, 『中國 戰略論』(서울: 팔복원, 2001), p. 102.

[81] 김흥규, 앞의 논문, p. 66.

[82] 黃河믓雪, 앞의 논문, p. 62.

[83] 청샤오허(成小河), "최근 북중 정치·외교관계의 특징과 시사점,"(KIEP 주최 국제회의 발제문, 2010.10.28), p. 7.

한의 안정을 도모해 나갔다. 특히 한국과 미국이 노리는 중북관계에서의 빈틈(갈등·마찰의 모습)을 없애야 한다고 보았다. 동시에 한미의 정책공조와 자국 견제의 빌미가 되는 북한의 군사적 모험주의도 제어하는 '예방적 개입'에 적극 나섰다.[84]

2010년 6월 27일 G20 정상회의에 참석한 후진타오 주석은 이명박 대통령에게 "중국은 한반도 정세를 계속 주시하고 있다. 한반도 문제 처리에 있어서 시종 한반도 평화와 안정을 최우선시하고 있다. 중국은 한반도 안정을 파괴하는 어떠한 행위도 반대하고 규탄한다"고 경고했다.

중국은 2010년 9월 북한의 당대표자회 개최 이후 노동당의 위상이 회복된 것에 맞추어 양당 간 '전략대화'[85]를 복원했다. 양국관계의 특수한 전통이 복원되면서 '피로 맺은 관계'라는 표현이 빈번하게 등장했다. 수차에 걸쳐 중북관계의 발전은 '중국 당·정의 확고부동한 방침'이라는 입장도 천명되었다.

중국 수뇌부에는 사활적인 이해관계가 걸린 북한의 위기를 더 이상 방치해서는 안 된다는 공감대가 형성되었다. 중국에게 '북한체제의 안정'은 김정일 사망 후 김정은 정권이 들어서면서 더 시급한 과제가 되었다. 중국은 중북관계를 보다 밀착시켜, 대북 영향력을 강화하는 방향에서 정책을 적극 추진해 나갔다.

중국은 변화된 상황에서 북한 및 북핵문제의 근본적인 해결을

---

[84] 任卫东, "朝鲜半岛形势发展基本逻辑," 『中国国防报』(2010-12-07, 009), pp. 1-2.

[85] 중국측은 북한의 '전략대화'라는 표현 대신 '전략적 소통기제'라는 표현을 사용하고 있는 바, 이 '전략'의 개념은 군사안보 측면을 강조하는 서방과 달리 중북관계와 양당 간의 교류, 그리고 治黨治國의 경험을 모두 아우르는 보다 광범위한 것으로 이해하고 있다.

위해 우선 중북 간의 경제협력 과정에서 북한을 개혁개방의 길로 유도하려고 한다. 이를 통해 중북관계를 보다 건강하게 발전시켜, 국가이익을 옹호하고, 중북 양국이 호혜적인 공동번영의 길로 나가기를 바라고 있다.[86]

다음 〈표Ⅲ-2〉, 근래의 중북 정상회담 합의 내용은 중국의 대북정책을 잘 나타내 주는 것이다.

〈표Ⅲ-2〉 중북 양국 정상회담 합의사항

일시/계기	구체 내용
2010.5 중북 정상회담 합의문	• 양국 지도자들의 상호방문과 특사 파견, 구두친서 전달 등 유연하고 다양한 방식으로 밀접한 관계를 유지한다. • 양국은 수시로 혹은 정기적으로 양국 내정 및 외교정책에서의 중대문제와 국제 및 지역정세, 국정운영 경험 등 공동관심사에 대해 심도 있게 의사소통해 나간다. • 양국 정부의 담당부처는 경협 심화를 위해 진지한 논의를 한다. • 문화·교육·스포츠 등 각 분야, 특히 청소년 교류를 강화해 양국의 전통적인 우의가 대대손손 이어지도록 한다. • 국제 및 지역문제에서의 협력을 강화하고, 지역의 평화와 안정을 수호한다.
2011.5 중북 정상회담 합의문	• 양국의 교류를 강화, 상호 우의관계를 심화시키고 북한 지도자의 방중을 환영한다. • 당과 국가를 다스리는 경험을 교류하고 경제사회 발전을 촉진시키는 데 협력한다. • 양국 인민의 복리를 증진시키기 위해 상호 협력하기로 협의했다. • 문화·교육·체육 등 각 영역에서의 청소년 교류를 확대해 양국 차세대의 왕래를 확대한다. • 국제 및 지역 간 중대한 문제와 관련해 소통을 원활히 하고, 평화·안정을 위해 서로 협력한다.

다만, 이러한 합의에도 불구하고 북한의 3차 핵실험 이후 중국의 인내심이 한계에 다다른 모습이다. 그런 가운데 중국은 유엔안

---

[86] 黄河呉雪, 앞의 논문, p. 54; 张文木, "天安舰事件后东亚战略形势与中国选择,"『太平洋学报』, 第18卷 第11期, pp. 18-23.

보리 대북제재 결의(2094호)의 이행에 적극 동참하면서도 "중북 친선협조 관계의 끊임없는 발전을 희망"하고 있다. 향후 시진핑 시대 중국의 대북정책이 어떤 조정을 거칠지 주목된다.

대북정책 결정 요인 분석

IV

앞 장에서 살펴본 바와 같이 탈냉전기 중국의 대북정책에는 많은 변인들이 영향을 미치면서 마치 파도의 너울처럼 중북관계가 곡절을 겪었다. 주로 중국의 부상과 미국의 견제, 중국의 대응 등 동북아 질서 변화 과정에서 북핵문제가 이슈화되면서 중국의 대북정책과 중북관계에 큰 영향을 미친 것을 볼 수 있었다.

본 장에서는 구조(체제) 수준(structure·system level)과 행위자(단위) 수준(unit·agent level), 나아가 두 행위자 간의 관계수준(relation level)에서 중국의 대북정책 결정에 영향을 미친 요인들을 '현황' 중심으로 살펴보기로 한다.[1]

---

[1] 왜냐면 탈냉전 시기 20년 동안의 4개 시기별 영향 요인들을 모두 정리하기 어렵다는 점, 탈냉전 시기를 통틀어 중국이 대북정책을 크게 전환(강화)한 시기가 2009년 한 번이었다는 점, 나아가 연구의 목적 중의 하나가 현 중국의 대북정책 분석을 토대로 한 미래의 예측이라는 점 등을 고려했기 때문이다.

제1절 구조 수준의 요인

1. 미중관계

가. 중국의 발전, 부상

오늘날 중국의 부상은 지구적·역사적 중요성을 갖는 국제정치담론의 핵심 화두이다. 세계의 경제적 부와 권력의 '역사적 이동'은 20년 전 '역사의 종언(The End of History)'을 선언했던 후쿠야마(Francis Fukuyama)를 무색케 하고 있다.[2]

중국의 부상은 특히 경제면에서 눈부신 것이다. 2010년 일본을 제치고 미국과 어깨를 나란히 하는 경제대국이 되었다. 중국경제는 기존의 선진국 경제가 모두 심각한 침체에 봉착한 상황에서 더 부

---

[2] 후쿠야마는 2011년 1월 17일자 *FINANCIAL TIMES* 기고문("Democracy in America has less then ever to teach China")에서 미국의 침체와 중국의 상승세를 거론, "중국인들은 이번 금융위기를 통해 중국식 체제가 우수함을 증명했다고 생각하며, 이는 미국식 자유주의가 더 이상 지배적 원리가 아니게 된 새로운 시대의 도래를 의미한다"고 썼다.

각되고 있다. 이른바 '베이징 컨센서스(Beijing Consensus)[3]'가 '워싱턴 컨센서스(Washington Consensus)'를 압도하는 분위기다. 중국은 이제 세계의 시장, 투자자, 규칙제정자(rule maker)로서 경제력에 걸맞는 정치적 영향력을 추구하고 있다.

경제력의 발전은 군사력의 발전을 가져오고 있다. 중국은 연 13퍼센트 이상의 군사비 증가를 통해 핵무기(240개)는 물론 스텔스기(젠(殲)-20)와 항공모함(varyag), 위성요격(風雲1), 항공모함 퇴치(東風-21D) 능력까지 갖춰 동아시아 지역에서는 미국과 경쟁이 가능한 수준이다.

소프트파워(softpower) 측면에서도 중국의 규범력과 문화력은 괄목할 만한 신장세이다. 중국의 경제발전 모델로서 베이징 컨센서스는 국제사회, 특히 저개발 권위주의 국가들의 관심 대상이다. 2012년 다보스 세계경제포럼(WEF)의 주제는 자본주의의 위기에 따라 '거대한 전환: 새로운 모델의 형성(The Great Transformation: Shaping New Models)'이었다. 이제 세계는 탈워싱턴 컨센서스(Post-Washington Consencus)를 주목하고 있다.

중국의 대국으로의 부상은 중국이 개발도상국이자 비서방국가이고, 사회주의 국가라는 점에서 근대 역사상 유례가 없는 일이다.[4] 최근 국제사회에서 회자되고 있는 'G2', '차이메리카(Chimerica)', '신양극체제' 등은 중국의 부상을 극적으로 표현하는 개념들이다.[5]

---

[3] 이는 미국식 자본주의와 대비되는 것으로 '시장'보다는 '국가'가 경제를 조정·통제하는 국가 자본주의 또는 관리 자본주의로 이해된다. 자세한 내용은 越啓正 外 2人, 『對話: 中國模式』(北京: 新世界出版社, 2010.4) 참조.

[4] 이세기 지음, 『李世基의 중국관계 20년』(서울: 중앙books, 2012), pp. 17-18.

[5] 미국과 중국 중심의 세계질서라는 G2라는 개념은 버그스턴(C. Frea, Bergsten)이 "미국이 중국의 경제적 도전에 대처하는 길은 미중 양국이 평등한 협상, 지구화된

2000년대 초 발생한 '9·11 테러'와 '북핵위기'는 역설적으로 중국의 위상과 역할을 확대하는 계기가 되었다. 특히 2008년 말 시작된 세계금융위기 이후 중국이 세계경제 회복의 견인차 역할을 하게 되면서 중국은 수교 32년 만에 미국과 어깨를 나란히 하는 대국으로 부상했다.

중국은 2012년도 말 현재 경제규모 세계 2위(GDP 8.3억 달러), 외환보유액 세계 1위(3.3조 달러), 무역규모 세계 1위(3.9조 달러), 무역흑자 세계 1위(2,300억 달러)이다. 대표적인 산업생산력 지표인 철강에서는 1996년, 자동차에서도 2009년 미국을 능가해 세계 1위를 차지하고 있다.[6]

이에 따라 세계금융위기 이후 세계경제와 자본주의를 구원할 수 있는 나라는 중국밖에 없다는 말이 회자되고 있는 실정이다. 중국인들의 민족적 자긍심과 자신감, 응집력은 전례 없이 상승하고 있다.[7]

아래 〈표IV-1〉에서 보는 바와 같이 대략 2020년경 중국은 미국과 대등한 경제력을 가진 강대국이 될 것으로 예측되고 있다.[8] 2003

경제를 지도할 G-2 모델을 건립해야 한다"는 데서 비롯되었다. 브레진스키는 "미중 관계가 세계 정치경제 안정의 기초이기 때문에 양국은 포괄적 글로벌 동반자가 되기 위해 G2대화를 수립해야 한다"고 제안했다. Chimerica라는 개념은 미국 하버드대 퍼거슨(Niall. Ferguson) 교수가 미중 양국이 세계 면적의 13%, 세계인구의 25%, 경제생산력의 75%, 최근 5년간 세계 경제성장의 60%를 담당하고 있기 때문에 양국이 상호 보완관계에 있는 하나의 국기라고 주장한 데서 비롯된 것이다.

[6] 2012년 조강생산능력은 중국 7.2억 톤, 미국 0.7억 톤이고, 자동차 생산대수는 중국 1,930만대, 미국 870만대이다.

[7] 문정인 지음, 『중국의 내일을 묻다』(서울: 삼성경제연구소, 2010), p. 486.

[8] IMF의 분석에 따르면 중국 경제는 향후 10-15년간 연평균 7.0-7.5% 성장, 2015년 GDP 12.5조 달러, 2025년 24조 달러에 달할 것으로 예측됨. 중국 국가안전부 산하 연구기관인 현대국제관계연구원의 린이민은 2026년을 전후, 늦어도 2037년 경 중국

년 골드만삭스는 2041년경 중국이 미국을 추월할 것으로 예상했다. 2009년에는 2027년경 추월할 것으로 그 시기를 앞당겨 조정했다. 예상보다 빠른 것이다.

〈표Ⅳ-1〉 중국의 미국 추월시기 예측

기관/인사	추월 시기	비고
NIC (美 국가정보위)	• 부와 권력이 서에서 동으로 이동 – 미국 주도의 국제체제는 2025년 힘 발휘 불가	2008 (글로벌 트랜드)
골드만삭스	• 중국의 경제 규모가 2027년 미국을 추월	2009
IMF	• 빠르면 2018년, 늦어도 2020년까지 미국 추월	2012
사이먼 존슨교수	• 미국의 우위시대는 끝남. 10년 내 중국이 추월	2011.1.7
크레디스위스은행	• 중국 소비력이 10년 내에 미국을 추월할 것임.	2011.1.12

* 출처: 관련 자료, 언론보도 등을 종합하여 작성함.

부상한 중국은 '책임대국'을 지향하면서 국제문제에 적극 개입, 자국의 국익에 도움이 되는 방향으로 영향력을 행사하고 있다. 중국은 이제 약자의 전략인 '도광양회(韜光養晦)'에 만족하지 않는다. 국익과 관련된 사안에 대해 할 말과 할 일을 하고(有所作爲),[9] 판을 깨지 않는 범위 내에서는 대립도 불사(鬪而不破)하는 전략을 구사하고 있다.[10]

이 미국을 추월해 제1의 세계경제대국이 될 것으로 예측하고 있다. 林利民, "世界地緣政治新变局与中国的战略选择,"『现代国际关系』, 2010年 第4期, p. 9.

[9] 이 전략은 "내외의 모든 격변 상황을 냉정히 관찰, 흔들리지 말고 태연하게 응수하며, 자세를 낮추고 절대 나서지 말며, 빛을 감추고 힘을 길러 할 일을 하자"는 덩샤오핑의 '28字방침(冷靜觀察, 穩住陳脚, 沈着應付, 善于守拙, 決不當頭, 韜光養晦, 有所作爲)'에 근거하고 있다. 도광양회는 舊唐書 宣宗記의 歷太和會昌朝, 愈事韜晦, 群居遊處, 未嘗有言에서 유래된 말이며, 유소작위는 孟子의 離婁下人有不爲也而後 可以有爲에서 유래되었다.

[10] 2013년 11월 21일, 중공 18차 당대회 설명차 한국을 방문한 천바오성(陣寶生) 중공

북한이 국제사회의 제재를 받고 있는 상황에서 중국이 자국의 전략적 이해를 앞세워 북한을 보호할 수 있는 것은 그만한 능력을 갖추었기 때문이다. 중국은 이미 동아시아 차원에서 미국과 어깨를 나란히 하는 강대국이다. 중국은 2012년 말 제18차 당대회에서 평화로운 발전전략을 추구하면서도 경제발전에 상응한 군사력을 보유하고, 전략적 이익을 지켜내며 핵심이익과 관련한 사안은 양보하지 않겠다는 의지를 드러냈다.

나. 미국의 '아시아로의 회귀'

미국의 쇠퇴가 현실적으로나 역사적으로 불가피하다는 인식은 이미 대세로 자리 잡고 있다.[11] 21세기 들어 미국정부의 부채의 누적·중독과 미국인들의 자기만족 및 탈규제의 탐욕은 쇠퇴를 재촉했다.

미국은 지금 저축률이 제로이고 경상·무역수지 모두 적자이다. 예산의 적자 폭은 높아지고 평균소득은 정체되어 있는가 하면, 복지부문의 지출은 더 이상 지탱하기 어려운 상태에서 재정절벽(fiscal cliff)을 걱정하고 있다. 무엇보다 부시의 제국주의적 욕망에 따른 비이성적이고 자기 파괴적인 대외정책(단극성+9·11+아프칸전쟁=일방주의+이라크전쟁)과 출혈은 곧 2008년 이후 미국의 재정·금융위기

중앙당교 부교장은 鬪而不破의 의미를 "경쟁하되 전쟁하지 않고(競爭而不戰爭), 협력하되 다투지 않는다(合作而不爭鬪)"로 해석하고 있다. 『중앙SUNDAY』 인터뷰, 2012년 11월 25일~26일, 12면.

[11] 이러한 상황을 반영, 2012년 10월 1일 미국 카네기연구소(Carnegie Endowment for International Peace)가 개최한 2012년 대선 외교정책 토론회("How Should the Next American President Engage the World")의 주된 쟁점은 American Decline, 미국의 Superpower로서의 역할, 중국과의 경쟁이었다.

와 연결되었다.[12]

국제사회 일각에서는 이제 "워싱턴 컨센서스는 끝났다", "미국의 자본주의가 벼랑 끝에 섰다", "미국은 빚으로 연명하는 나라다"라는 말들[13]이 서슴없이 나오고 있다. 오바마 대통령 또한 이를 인정한 듯 2011년 국정연설에서 현 상황을 "우리 세대의 스푸트니크 순간에 와 있다[14]"고 평가했다. 연구·교육 투자 강화를 통한 '국가재건(Rebuilding of America)'을 강조했다.[15] 2012년 국정연설도 국난 극복을 위한 미국인들의 분발을 호소하는 것이었다. 2013년 오바마 대통령 취임식의 주제는 '미국의 미래에 대한 믿음(Faith in America's Future)'이었다.

20여 년 전 미국의 후쿠야마는 냉전 종식을 민주주의와 시장경제의 궁극적인 승리로 파악했다. 새뮤얼 헌팅턴(Samuel Huntington)은 기독교 문명과 이슬람 문명이 부딪치며 파열음을 낸다는 '문명충돌론'이란 잣대로 미국 중심의 지구촌을 전망했다. 세계화의 전

---

[12] Zbigniew Brezinski, *Strategic Vision: America and the Crisis of Global Power* (New York: Basic Books, 2012)에서 브레진스키는 미국의 쇠퇴 원인을 "비이성적이고 자기 파괴적인 무소불위의 대외정책"으로 진단하고, 20세기 말 붕괴 직전의 구소련과 21세기 초 미국은 놀랄만한 유사성이 존재한다고 주장했다. 즉, 구소련은 경제파탄 속에서 10년간 미국과 군비경쟁을 지속하고, 10년 동안의 아프카니스탄 전쟁에서 전쟁비용을 과다 지출해 몰락했는데, 21세기 미국은 지속된 경제침체 및 재정위기 속에서도 탐욕(자기만족)과 탈규제 문화가 지배하는 가운데 10년 동안 중동전쟁에서 비용을 과다 지출해 재정·금융위기에 직면했다는 것이다.

[13] 이는 각각 2009년 4월 브라운 전 영국총리, 2011년 10월 미국 미어샤이머 교수, 2011년 3월 마히티르 전 말레지아 총리가 한 말이다. 2011년 10월 푸틴 러시아 총리는 "미국 달러화는 세계경제의 기생충"이라고 직격탄을 날린 바 있다.

[14] 이는 1957년 소련의 스푸트니크 우주선 발사에 따른 미국의 충격을 말한 것으로, 그 후 미국은 교육·우주 개발을 대폭적으로 강화, 1971년 아폴로 우주선 발사에 성공함으로써 소련을 추월, 결국에는 소련의 붕괴를 유도해 냈다.

[15] "오바마 대통령 국정연설문(번역본)," 『국가전략』, 제17권 1호 (2011), pp. 187–190.

도사 프리드먼(Milton Friedman)은 인터넷과 시장경제, 민주주의로 지구촌이 하나가 되는 이상적인 세계를 꿈꿨다. 폴 케네디(Paul M. Kennedy)는 미국 주도로 가난한 나라들의 붕괴를 막을 수 있다고 역설했다.

그러나 역사상 모든 강대국은 자만과 과도한 개입주의, 불균형 성장 등으로 몰락의 길로 들어갈 수밖에 없었다. 국제체제에서 강대국의 상대적 지위는 고정불변의 것이 아니라 필연적으로 변화하는 것이다. 융성시기 다음에는 쇠퇴시기가 오기 마련이라는 장주기이론과 세력전이이론, 국가생명체론[16]의 예측은 미국의 경우에도 예외가 아닐 것이다.

미국의 세계패권 위기는 부상 중인 중국에 대한 미국의 경계와 우려를 증폭시키면서 안보·경제 등 전반적인 세계의 안정성에 위험을 드리우고 있다. 미중관계가 협력보다 경쟁·대립의 방향으로 가고 있는 것이다.

미국은 단기적으로는 강대국 간의 관여와 협력 구도를 추구하면서 재균형 전략을 구사하고 있다. 장기적으로는 대중국 협력과 압박 및 전략적 포위를 병행해 중국을 자국의 틀 속에 묶어 두려 한다. 이를 위한 대표적인 전략이 굴기하는 중국에 대한 반격이라고 할 수 있는 '아시아로의 회귀(pivot to Asia)'이다.[17] 일종의 21세기 판

---

[16] 중국의 대표적인 전략가 胡鞍鋼은 국가생명주기를 4–5단계, 즉 준비→ 신속 성장 → 강성→ (발전)쇠락으로 보고, 각종 통계자료를 제시하면서 미국의 쇠락과 중국의 부상을 기정사실화하고 있다. 胡鞍钢, 『中国崛起之路』(北京大学出版社, 2007), pp. 1–24.

[17] Scott Snyder, "The U.S. 'Return' to Asia and Changing Regional Order in East Asia,"(서울대학교 통일평화연구원 창립 6주년 기념 HK평화인문학연구단 국제학술회의 발제문, 2012.4.25), pp. 50–52; 최우선, "미국의 새로운 방위전략과 아시아 안보,"『주요국제문제분석』(외교안보연구원, 2012.6.12), pp. 1–14.

'십자군의 동정(變成一場十字軍東征)'인 셈이다.[18] 이는 동북아 질서의 구조에 중대한 변화가 일고 있다는 사실을 반영하는 것이다.

미국의 아시아 회귀 정책은 지난 10년간 중동에 집중된 미국의 역량을 21세기의 성장 동력인 아시아로 이동한다는 설명에도 불구하고 분명 중국을 봉쇄하기 위한 것이다. 미국은 중국의 점증하는 군사위협과 보다 강경한 외교정책에 대해 중국과의 협력 기조를 유지하면서도 다양한 영역에서 중국에 대한 견제를 강화하고 있다.[19]

기존 동맹을 강화하고, 중국의 이웃인 인도 및 인도네시아, 베트남, 미얀마, 캄보디아 등 동남아 국가들과의 전략적 협력을 군사협력으로 발전시키고 있다. 중국의 '지역접근저지(A2/AD: Anti Acess/Area Deniel)' 능력을 상쇄하기 위해 새로운 '공중해양전투(AirSea Battle)' 작전 개념과 첨단전략 무기도 개발하고 있다. 환태평양파트너십(TPP) 구축과 동아시아정상회의(EAS: East Asia Summit) 참여 등도 변화된 국제질서 속에서 자국의 영향력을 유지·행사하기 위한 방식이다.

다. 미중관계의 변화

이 같은 미국 패권의 상대적 위축, 중국의 부상, 국제질서의 복합화 등은 국제체제의 근본적인 구조조정을 가져오고 있다. 오늘날 동아시아 질서에 가장 큰 영향을 미치는 요소는 중국의 부상과 미국패권의 상대적 쇠퇴이다. 중국의 경제적 위상이 날로 높아지면서 동아

---

[18] 『21世纪经济报道』, "美国须当调整'重返亚太'战略," 2012年 10月 24日.

[19] 최우선, "중국의 부상과 미국의 대응," 『주요국제문제분석』(외교안보연구원, 2011.1.18), p. 10.

시아 국가들 대부분은 중국과 보조를 맞추려는 현상이 나타나고 있다.[20] 북한도 예외가 아니다.

물론, 미국은 아래 〈표Ⅳ-2, 3〉에서 보는 바, 여전히 세계수준에서 월등한 경제력, 군사력, 과학기술, 인구의 질, 소프트파워 등 중국을 압도하는 기준권력(default power)을 갖고 있다.[21] 중국의 경제력은 아직 미국의 40% 수준이고, 군사력은 약 20년 이상 뒤져 있다는 것이 일반적 평가이다.

〈표Ⅳ-2〉 미국과 중국의 군사력 비교(2010~2011)

구분	국방비 (억 달러/% of GDP)	병력 (만명)	(ICBM)	탄도미사일 탑재/ 핵잠수함	최신형 전투탱크	조기 경보기	제4/ 제5세대 전투기**	항공 모함	순양함/ 구축함
미국	7,933/4.91	156.9	450	14/57	6,302	104	3,029/179	11	83
중국	898/1.27	228.5	86	3/5	2,800	14	747/0	1	13

* 출처: IISS. 김현욱, "미중관계와 한반도 정세 분석"『주요국제문제분석』(외교안보연구원, 2011.5.18), p. 6 재인용.

중국도 종합국력(social conjuncture)에서 보면 당분간 미국을 따라잡기 어렵다는 것을 잘 알고 있다. 중국지도부는 이구동성으

---

[20] 마틴자크 지음, 안세민 옮김, 『중국이 세계를 지배하면』(서울: 부키, 2010), pp. 375-382.

[21] Joseph S. Nye Jr., "The Future of American Power: Dominance and Decline in Perspective" *Foreign Affairs*, Vol. 89, No. 6 (November/December 2010). 나이는 중국의 부상과 미국의 문제점들은 사실이나, 미국의 쇠퇴는 1950년대 말, 1970년대, 1980년대에도 거론되었었고, 미국은 곧 이를 극복했던 경험이 있다고 하면서, 미국이 특히 경제군사, 보편적 사상과 가치관, 사회·문화·첨단기술의 영향력과 잠재력 등에서 중국을 앞서 있다고 강조, 미국의 쇠퇴는 일종의 '신화'라고 말하고 있다. Nye는 『TEDAir』 강연("전 세계적인 세력의 변동", 2010.7)을 통해서도 미국의 쇠락을 적극적으로 부정하고 있다.

로 자국이 '개발도상국의 대국일 뿐'이라고 강조하면서 G2나 중국
모델이라는 개념의 사용을 꺼리고 있다.[22]

〈표IV-3〉 미국과 중국의 GDP와 1인당 실질 GDP 비교

구분		2010년	2011년	2012년	2013년	2014년	2015년	2016년	2017년
미국	GDP	145,265.5	150,940.3	156,097	162,213.8	169,405.7	177,835.7	187,050.3	197,045.9
	1인당 실질 GDP	46,900.39	48,386.69	49,601.41	51,057.58	52,816.95	54,920.84	57,220.23	59,707.87
중국	GDP	59,303.9	72,981.5	79,917.4	87,772	96,418.5	105,810.5	115,989.7	127,138.6
	1인당 실질 GDP	4,421.00	5,413.57	5,898.57	6,446.07	7,045.85	7,693.71	8,391.90	9,152.77

* 출처: IMF Data. 김현욱, "미중관계와 한반도 정세 분석" 『주요국제문제분석』 (외교안보연구원,
2011.5.18), p. 7 재인용.

그동안 미국과 중국은 우여곡절 속에서도 양국관계를 꾸준하
게 발전시켜 왔다. 양국은 1990년대 초·중반의 갈등에도 불구하고,
도식적인 '세력균형'의 논리에서 벗어나 공동이익을 매개로 양국 간
의 '이익균형'을 맞추려는 행태를 보였다. 미국과 중국은 양국관계
를 가장 중요한 관계로 인식하고, 경쟁이나 차이가 갈등·대립으로
이어지는 것을 회피해야 한다는 공감대가 있다.

중국은 최고의 국가목표인 경제발전을 위해 미국이 주도하는
현 국제질서 속에서 '현상유지 국가'로 행동해야 할 전략적 필요성

---

[22] 2012년 11월 21일 중국 제18차 당대회 결과를 설명하기 위해 방한한 천바오성(陳寶生)
중앙당교 부교장은 오찬간담회시 중국모델에 대한 중국정부의 입장을 묻는 필자의
질문에 "중국은 G2라고 생각하지 않으며, 특히 중국모델에 대해 연구하거나 이를 건
립·주창할 의도가 전혀 없다"고 말했다. G2에 대한 중국의 입장은 김흥규, "중국 외고
와 G-2 및 G-20," 『주요국제문제분석』(외교안보연구원, 2019 겨울), p. 49-50 참조.

이 있다. 미국 역시 보다 효율적으로 자국의 헤게모니를 유지하기 위해서는 주요 국제문제에 있어 중국과의 협력이 필요하다.[23] 양국은 상호 존중하에 긍정적이고 건설적이며 포괄적인 관계를 구축하기로 합의하고, 다양한 대화채널을 가동하고 있다.

그렇다고 미중관계가 완전히 협력적인 것만은 아니다. 여러 문제와 현안을 둘러싸고 갈등이 계속되고 있다. 아직 이를 억제하고 관리하는 지속가능한 협력의 틀을 만들어 내지 못하고 있다.

미국은 중국이 국제사회의 규범에 보다 충실해야 한다면서 원칙 있는 행위를 강조하고 있다. 중국은 이를 긍정하면서도 미국 중심의 '불합리한 규범과 제도'를 점진적으로 개선해야 한다고 주장하고 있다. 양국은 기후변화, 무역 불균형, 위안화 평가절상, 미국의 대만 무기판매, 북한문제 등을 둘러싸고 대립하고 있다.[24]

결국, 미중관계는 결국 상호 대화·협력의 구도 속에서 대립하고 경쟁·견제하는 '협력과 갈등의 이중주'라는 표현으로 정리할 수 있다.[25] 탈냉전기 미중관계의 가장 큰 특징은 한편으로 협력기조를 유지하면서, 다른 한편으로 과거에 비해 갈등이 증가하는 이중적 패

---

[23] 金强一, "解决朝鮮半島问题的方法´视角及路径选择," 『東北亞論壇』, 2012年 第2期 总第 100期, pp. 45-46.

[24] 미국은 중국의 부상에 대해 다음과 같은 국익을 추구한다. 첫째는 현재와 같은 미국의 지배적 지위를 유지하고 중국과 같은 도전세력의 등장을 저지하는 것이다. 둘째는 아시아지역의 시장과 안보상의 지역 접근 및 항해의 자유를 확보하는 것이다. 셋째는 민주·인권·법치·시장과 같은 미국적 가치와 규범을 확산시키는 것이다. 이 같은 국익을 위해 미국은 관여와 봉쇄(containment)정책 또는 이것의 혼합(congagement)정책을 실시해 왔다. 최근 들어서는 관여와 위험분산(hedging)의 이중전략을 추구하고 있다. 조영남, "중국의 부상과 동아시아 지역질서의 변화," 『중소연구』, 제34권 제2호 (2010), pp. 55-56.

[25] 미중관계의 성격과 변화 유형 대해서는 이수형, "G-2 채제와 한국의 외교안보전략 모색,"(국회입법조사처 용역보고서, 2011), pp. 1-87 참조.

턴을 보인다는 점이다.

라. 동아시아의 질서 변화

미국의 '아시아 회귀'와 '중국의 굴기' 사이의 충돌 양상은 동아시아 지역에서 확연하다. 미국의 아시아 재균형 전략은 탈냉전 이후 변화해 가던 중북관계를 '과거로 회귀'하게 했다. 새로운 미중관계 속에서 북한에 대한 가치가 중요해졌기 때문이다.

미중관계의 세력 변화가 유독 동아시아에서 큰 변화를 가져오고 있는 이유는 역내 질서의 성격 때문이다. 21세기 동아시아는 2가지 변화가 동시에 나타나고 있다. 하나는 중국의 부상과 미국·일본의 쇠퇴에 따른 힘의 변화이다. 다른 하나는 역내 교역비율이 55%에 달하는 등 상호의존이 심화되고 있는 것이다.

이에 따라 동아시아(특히 동북아) 차원에서는 중국의 상승과 미국의 하락이 현실화되고 있다.[26] 중국이 자리한 동아시아 지역 수준과 경제적 수준에서는 이른바 'G2체제'가 객관화되었다. 중국은 더 이상 미국이 만든 구조의 중요한 행위자가 아니라, 이 지역의 장기질서를 함께 만들어 나가는 규칙제정자가 된 것이다.

미중관계의 변화 과정에서 세계 심장부가 된 동북아 질서의 변화는 역내 대국 간의 상호 의심과 불신을 야기하고 있다. 중국은 미국의 대동북아 전략을 의심하는 가운데 주시하고 있다. 미국은 중국의 발전과 강성에 대해 부정적으로 해석하고 있다. 중일 간에도 심각한 전략적 불신이 존재한다. 동북아에는 미중 간의 범세계적 유사(pseudo) 패권 경쟁과 중일 간의 역내 유사 패권경쟁이 중첩

---

[26] 김흥규, 앞의 논문, p. 11.

적으로 나타나고 있다.

동 상황에서 미국은 중국을 견제하기 위해 우선 한일과의 동맹을 강화하는 조치를 취했다. 한미 공조에 의한 대북 압박은 중북관계의 강화를 가져왔다. 한미관계와 중북관계의 강화는 원심력이 상시 작동하고 있는 한반도에서 구심력을 고갈시키면서 남북관계는 최악의 국면으로 접어들었다.

한미관계가 강화되고 남북관계가 악화된 상황에서 한중관계가 좋을 리는 없었다. 한중관계는 북한과 미국에 대한 한국과 중국의 입장 차이 등으로 인해 '전략적 협력동반자관계'가 무색하다. 지난 5년 동안 상호 불편한 동반자의 길을 걸어왔다.

미중관계에서 힘의 변화는 중일관계에도 악영향을 미치고 있다. 댜아위다오(釣魚島) 영유권을 둘러싼 중일 간의 분쟁은 서로 한 치의 양보도 없이 전쟁으로 치닫고 있다. 동남아 지역에서도 남중국해 황옌다오(黃岩島)의 영유권을 둘러싼 중국과 필리핀 간의 갈등이 상존하고 있다.

이러한 복잡한 사건들[27] 속에는 하나같이 뚜렷한 공통점이 있다. 그것은 동 사건들의 결론이 항상 미국과 중국 간의 갈등으로 번진다는 사실이다. 모두 중국의 부상에 따른 힘의 변화의 결과로 해석할 수 있다. 미국과 일본의 힘이 약화되자 그동안 미국의 힘과 일본의 경제력에 의해 눌려져 왔던 문제들이 분출하고 있는 것이다. 다른 측면에서는 중국이 부상해 대국(大國)의 이미지를 형상화해 가자 이를 견제하는 '중국위협론'적 시각이 충돌하는 것으로 볼 수

---

[27] 중국과 일본 간의 댜오위다오(釣魚島: 일본명 센카쿠열도) 영유권 분쟁, 중국과 아세안국가 사이의 남사군도와 서사군도를 둘러싼 영유권 분쟁, 천안함·연평도 사건으로 유발된 한미의 연합군사훈련과 중국의 반발 등.

있다.

중국의 부상과 이에 따른 동북아의 세력전이, 이 세력전이에 대처하는 각국의 대응방식은 세력균형 체제의 갈등과 대립 양상을 보이고 있다.[28] 동아시아 지역을 둘러싼 미중관계 갈등의 요체는 중국의 해양대국화 추진에 따른 미국의 적극적인 견제에 있다.[29] 중국이 군사력을 증강, 해양이익에 관심을 두면서 군사력의 투사 범위를 늘려 나가자, 미중 간에 힘겨루기 양상이 두드러지고 있는 것이다.[30] 역사적으로 보면 바다를 장악한 나라가 패권을 장악했다.

이런 상황에서 아래 〈표Ⅳ-4〉에서 보는 바와 같이 미중 간의 상호 전략적 불신으로 인한 정치·군사적 경쟁과 대립 가능성은 동아시아 및 한반도 지역에서 불안정을 극대화시킬 수 있는 핵심요인이 되고 있다.

〈표Ⅳ-4〉 미중 간 상호 불신의 원천과 오인

영역·쟁점	중국의 미국 대외정책 인식	미국의 중국 대외정책 인식
국제체제의 구조 변화	• 미국의 패권 및 지배력 유지 • 중국의 부상 억제	• 중국은 미국을 대체할 도전국 • 미중관계는 제로섬 게임 관계
정치·가치 체계	• 사회주의에 대한 평화연변전략 • 서구화, 국가분열 조장	• 권위주의 체제의 불안정성 • 국내 안정을 위한 국제적 위기 조성(민족주의 조장)

---

[28] 김태운, "미중 간 세력전이 가능성과 동북아 안보협력질서"「아시아연구」, 제12권 제1호 (2009), pp. 44-46; 李章源, "동아시아의 미중 갈등과 한중관계: 세력전이론적 시각에서,"「중소연구」, 제35권 제2호 (2011 여름), pp. 43-55.

[29] 서정경, "동아시아지역을 둘러싼 미중관계: 중국의 해양대국화를 중심으로,"「國際政治論叢」, 제50집 2호 (2010.6), p. 87.

[30] 马荣升·程炜, "复活冷战体制, 势将危及地区和平,"「中国国防报」, 2012-07-24; 朱锋, "东亚安全局势: 新形势´新特点与新趋势,"「现代国际关系」, 2010年 12期 참조.

영역·쟁점	중국의 미국 대외정책 인식	미국의 중국 대외정책 인식
외교	• 부정의와 협소한 국익 중심 • 북한과 이란의 체제변화 기도 • 대테러전은 지역적·국제적으로 미국의 이익권 확대가 목적	• 국제적 규범과 레짐 강화에 책임 있는 역할 부족 • 아시아에서 미국의 영향력과 이익을 희생, 지역지배 도모
국가안보	• 미국은 중국의 최대 안보위협국 • 미국의 중국 주변국과 안보협력 강화는 대중 포위 전략의 일환	• 대중국 불신은 미국 체제에서 일정 정도 제도화 • 주요 지역에 대한 군사계획 불투명 • 사이버 안보 및 첨단기술에 대한 스파이 행위 우려
불신의 원천	• 정치전통, 가치체계, 정치문화의 상이성(구조적 불신의 원천) • 상호 정책결정 과정에 대한 이해와 평가의 부족 • 힘의 격차 및 변화에 따른 상대방 의도의 불확실성	

* 출처: 이수형, "중국의 부상과 주요국의 대응전략" (평화재단 평화연구원 제54차 전문가포럼 발표문, 2012.5.22), p. 12 〈표〉의 관련 부분만 발췌함.[31]

위와 같은 미중관계의 변화는 중국의 대북정책 결정에 가장 크게 영향을 미치고 있다. 첫째, 중국의 부상에 대응하는 미국의 한미동맹의 강화는 중국으로 하여금 북한의 전략적 가치를 증대시키고 있다. 한미동맹과 이에 기초한 한미 양국의 대북정책 공조는 2009년부터 중국의 대북정책과 중북관계가 강화되고 밀착되는 결정적인 원인이었다.

둘째, 중국은 한반도 문제에 대한 미국의 주도권에 반대하고 있다. 미국의 한반도에서의 영향력 확대를 자국의 안보위협으로 인식하고 있는 것이다. 실제로 북한·북핵문제로 인해 동북아지역에 대한 미국의 영향력은 줄곧 확장되어 왔다. 중국은 특히 미일동맹이 강화되는 것을 우려하고 있다.

---

[31] 이수형은 Kenneth Lieberthal and Wang Jisi, *Addressing U.S.-China Strategic Distrust* (Washington, D.C.: The Brookings Institution, 2012), pp. 7-38 참조 작성.

셋째, 미중 간에는 아래 〈표IV-5〉와 같이 북한 및 북핵문제와 관련 상호 전략적 목표가 일치하지 않는다.

〈표IV-5〉 미중 간의 대북정책 목표·전략의 차이

구분		목표	수단
중국	대북정책	• 북한 안정, 한반도 평화·안정 • 한반도 비핵화, 비확산 • 대북 경제협력 강화	• 대북 정치·경제협력 촉진 • 6자회담, 북핵의 평화적 해결 • 유관국과의 이해·소통 강화 • 북한의 국제사회 일원화 유도
	동북아 전략상의 북한	• 미국의 군사위협 방어(완충) • 평화발전 위한 외부환경 조성	• 전략적 완충, 거점화
미국	대북정책	• 비핵화, 비확산 • 북한 안정 • 한반도의 적정 긴장 유지	• 대북 적대 정책 • 북한정권 개변 • 군사위협, 경제제재, 외교고립 • 6자회담
	동북아 전략상의 북한	• 북한의 군사위협 억제 • 한미군사동맹 강화 • 핵심지역 주도권 확보	• 북한 불안정을 동북아 전략 배치, 중·러 억지 강화에 활용

* 출처: 張慧智·王簫軻, "中美对朝政策竞争与合作的态势分析," 『东北亚论坛』, 2012年 05期, p. 33.

특히 북핵문제와 관련 미국의 목표는 완전한 북핵 폐기 또는 핵확산 방지인 반면, 중국은 북한체제의 안정을 우선시하고 있다. 양국은 아직 한반도의 미래에 대해 구체적인 의견합의보다는 현상유지라는 단기목표에 전술적 이익을 일치시키고 있다.

넷째, 중국은 미국과의 동북아 주도권을 위한 경쟁에서 협상력을 높이는 카드로 북한을 활용하려고 한다. 중국은 북한문제에서 미국보다 큰 영향력을 행사할 수 있다고 본다. 중국은 자국이 중요한 역할을 할 수 있는 북한문제에 적극 나섬으로써 미국과 신뢰를

구축, 대미관계를 개선해 미국으로부터 이 지역 질서에 대한 자국의 역할과 지위를 인정받고자 한다.[32]

2. 한반도의 지정학

미중관계 변화 과정에서 가장 큰 영향을 받고 있는 지역은 지정학[33] 적 요충인 한반도이다. 한반도는 지정학적 요소로 인해 역사적으로 대국들의 전략적 이익이 교차하는 공간이었다. 동아시아의 대륙국가나 해양국가가 영토를 확장하려 할 때에는 반드시 한반도를 쟁탈하려는 무력행사가 수반되었다.

청일전쟁과 러일전쟁이 그랬고, 한국전쟁이 그랬다. 냉전시기 한반도가 전략요충지로 부각된 것 역시 이런 맥락에 의한 것이다. 냉전이 종식된 후 북핵문제를 둘러싼 국제정치 또한 한반도가 대국들의 전략공간이 되면서 불거진 것이었다. 한마디로 주변국들의 한반도 문제에 대한 지정학적 접근이 근원이라는 해석이 가능하다.[34]

---

[32] 김진무·성채기·전경만, 『북한과 중국』(서울: 한국국방연구원, 2011.3), pp. 162-167 참조.

[33] 지정학이란 "국가를 지리적 유기체 또는 하나의 공간현상으로 인식하는 과학"이다. 즉, 공간에서 펼쳐지는 국제정치 주체들의 힘의 관계를 연구하는 학문이다. 전통적인 지정학적 접근이란 힘에 의한 종합실력의 대결, 전략공간과 전략자원의 쟁탈을 주로 내세웠다. 강대국의 세계전략 혹은 지전략(geo-strategy)을 중심으로 설명하는 헨리 키신저는 지정학을 강대국 간의 파워게임으로 이해, 힘의 균형이 필요함을 인식하고 이를 강조하는 접근방법으로 정의하고 있다. 지상현·콜린플린트, "지정학의 재발견과 비판적 재구성, 비판지정학," 『공간과 사회』, 제31집 (2009), p. 164에서 재인용.

[34] 金景一·金强一, "朝鮮半島的地緣政治意义及其对我国的影响研究," 『延边大学学报(社会科学版)』, 第41卷 第4期 (2008.8), pp. 8-10.

　　한반도 지정학에 대한 중국의 인식[35]은 오랜 역사적 경험을 통해 뿌리 깊게 자리하고 있다. 전통시대에 중국에서는 한반도[36]가 지속적으로 반드시 확보되어야 할 성격의 전략적 관심 대상은 아니었다. 생산성이 높은 기름진 땅도 아니었다. 다른 한편으로 중국이 한반도를 직접 관리하거나 집중할 경우 중원지역의 피폐해지고, 북서지역 오랑캐들의 공세 등으로 왕조(秦·漢·隨 등)가 멸망할 수 있었다. 때문에 중국은 한반도 국가와 화평을 강조하면서 평화공존의 길을 모색하는 것이 최선이었다. 한반도가 자국의 영향권에서 벗어나지 않도록 기미·조공관계로 적절히 관리한 것이다.[37] 한국이 5천년 역사를 면면히 이어 온 것은 일면 여기에서 비롯된 것이었다.[38]

---

[35] 중국은 14개 국가와 접경하고 있고 6개 국가와도 해양을 맞대고 있는 독특한 지리적 환경 때문에 지정학이 발달했다. 중국에서 말하는 지정학(地緣政治)은 "정치지리학의 일부분으로 각종 지리적 요소와 지역정치의 형세에 따라 세계적 범위의 전략국면과 유관국가의 정치행위를 분석하고 예측하는 것"으로 정의하고 있다. 『中國大百科全書(地理券)』(北京: 中國大百科全書出版社, 1990), p. 118.

[36] '한반도'란 영역은 10세기 고려시대부터 15세기 조선 초까지에 장기간에 걸쳐 형성되어 온 역사적 산물이다. 10세기 초 건국 당시 대동강에서 등주(登州:안변)에 이르는 선을 국경선으로 하고 있었던 고려는 10세기 말 압록강 선까지 북상, 영역을 확장했다. 동북 방향에서 고려의 영역은 14세기 말 길주(吉州) 일대에 이르렀고, 1450년대에 비로소 두만강까지 이르렀다. 현재의 한반도 영역인 압록강-백두산-두만강 선을 국경선으로 확보하게 되는 것은 조선 건국 후인 15세기에 이르러서였다. 김순자, "고려-조선 초 한중간 영토에 대한 현대 중국학계의 시각," 『역사와 현실』, 제76호 (2010.6), pp. 279-280.

[37] 전통시대 중국인들은 중국적 세계질서라는 이상과 현실을 안정되게 조절할 제도적 장치들을 끊임없이 창출하여 운용했다. 한 대(漢代)의 변군(邊郡) 체제, 위진남북조 시대의 막부(幕府)체제, 당대의 기미부주(羈縻府州) 체제, 명대의 기미위소(羈縻衛所) 체제, 명·청 시대의 토사(土司) 체제 등이 그것이다. 이들 제도적 장치들은 모두 외형상으로는 중국 밖의 인구와 공간을 중국 국가의 영토와 지배체제 안으로 편입시키는 형태를 취했지만, 실제로는 책봉(册封)과 조공(朝貢)의 교환을 통해 '고속(故俗: 고유한 통치 질서와 습속)'에 의한 '자치'를 보장했다. 김한규, 『천하국가(전통시대 동아시아)』(서울: 소나무, 2005.5), pp. 24-49.

[38] 王小甫 主编, 『盛唐时代东北亚政局』(上海辞事出版社, 2003), p. 14.

그러나 명·청(明·淸) 시대에 들어와서는 기존의 인식이 달라진다. 17세기 중반 조선의 복속(병자호란)을 토대로 중원(중국)을 제패한 만주족의 청은[39] 결국 일본에게 조선을 내줌으로써 멸망의 길로 접어들었다. 19세기 말 중국의 몰락과 동아시아 질서의 해체를 가져온 청일전쟁의 도화선은 한반도였다. 전쟁터 또한 한반도였다. 중국과 일본, 러시아 간의 동아시아 주도권을 둘러싼 경쟁은 불행하게도 한반도를 중심으로 조선에서 시작해 조선에서 끝났다.

이 두 사건은 중국인들에게 한반도의 중요성과 치명성을 분명하게 각인시켰다. 중국인들은 동북의 '현관'이자 요동의 '울타리'인 조선의 안전을 자신들의 안전과 동일시하기 시작했다. 이에 따라 ①조선은 중국의 울타리(國家安保門戶)이며, ②조선의 근심은 곧 중국의 근심이므로, ③중국은 조선문제에 개입해야 한다는 논리가 형성되었다.[40] 중국이 만난의 위험을 무릅쓰고 한국전쟁에 참여, 보가위국(保家衛國)을 위해 미국과 싸운 것은 이러한 역사적 인식에 따른 것이었다.

근래 중국내 일각에서도 자국의 국력 증강, 미중 협력관계, 교통통신 및 첨단무기의 발달 등으로 한반도(북한)의 지정학적 완충지대 역할이 감소했다는 의견이 제기되고 있다. 그러나 동북아 지역

---

[39] 청은 병자호란을 통해 조선을 군사적으로 굴복시켜 후고의 여지를 제거했을 뿐만 아니라, 50여만 명에 달하는 조선인들을 데려가 부족한 인력을 충원할 수 있었고, 조선의 수군과 화기수들을 동원해 명을 공격할 수 있게 되었다. 특히 조선으로부터 받은 각종 물자(歲幣)는 청의 경제적 생명선 역할을 했다. 한명기, "정묘·병자호란과 동아시아 질서," 역사학회, 『전쟁과 동북아의 국제질서』(서울: 일조각, 2006), p. 225; 魏志江, "论后金努尔哈赤政权与朝鲜王朝的交涉及其影响,"『民族研究』, 2008年 第2期, p. 162 참조.

[40] 남상수, 남상수, "근대적 시공간의 탄생: 한반도 인식의 지정학적 기원과 중국,"『세계정치』, 제25집 1호 (서울대학교 국제문제연구소, 2004), p. 189.

에서 미중 간의 갈등대립 요인이 여전히 존재하고 있다. 상호 경계심 및 전략적 불신도 감소하기 보다 증가하는 추세이다. 중국에게 한반도(북한)의 지정학적 가치는 아직 '핵심전략이익'일 수밖에 없는 구조인 것이다.[41]

실제로 한반도에 대한 중국의 인식은 탈냉전 이후에도 변함이 없었다. 전통시대에는 동북(만주)지역 국가 및 일본과의 세력경쟁을, 냉전시대에는 소련과의 경쟁을 고려했다. 탈냉전 이후에는 미국의 위협에 대한 완충지대로서 한반도 북한(지역)의 지정학적·전략적 가치를 활용코자 한다.

동아시아의 안전에 대한 최대의 위협을 미국으로 보는 중국으로서는 북한지역이 미국의 손에 들어가면 자국의 머리를 때리는 망치처럼 자국의 안전을 위협할 것이라는 지정학을 인정하고 있다. 미국을 견제할 수 있는 소련이 사라진 이상, 동아시아에서 중국과 미국 사이의 완충지대의 존재는 중국에게 유리하다. 북한은 미국의 영향력 확장을 완화하거나 견제하는 동반자인 것이다. 이런 인식은 '동북공정' 취지문에도 나타나 있다.[42]

따라서 중국은 자국의 국가안보 차원에서, '특정 국가에 의해 한반도 정세가 좌우되어서는 안 된다'는 인식하에 북한문제에 적극 개입하고 있다. 중국은 미국이 한반도의 평화·안정에 기여하는 노력

---

[41] You Ji, "Understanding China's North Korea Policy," *China Brief*, Vol. 15, No. 5 (March 2004), pp. 1–3.

[42] "근 10여 년 이래로 동북아의 정치경제적 지위가 날로 상승함에 따라 세계의 이목이 쏠리는 뜨거운 지역이 되었으니, 우리나라 동북의 변강지구는 동북아의 중심에 위치해 극히 중요한 전략적 지위를 가지고 있다.", "중국 중앙은 동북변강의 역사와 현상 연구를 강화하고 동북지구의 안정 유지와 개혁개방을 심화시키기 위한 긴박한 임무를 촉진해 왔다." 王洛林, "加强東北邊境研究, 促進學科建設," 馬大正 主編, 『中國東北邊疆研究』(北京: 中國社會科學出版社, 2003), pp. 4–5.

은 지지하지만, 현상유지를 위협할 수 있는 행동은 꺼려하고 있다. 현상유지를 깨뜨릴 수 있는 중요한 변수들 중 하나는 북한의 모험주의적 행동과 그에 따른 미국의 물리적(군사적) 제재조치이다.

한편, 북한이 중국에게 주는 의미는 단지 전략적 완충지대로서의 의미에 국한되지 않는다. 미국과의 게임에서 사용할 수 있는 유력한 카드의 하나이다. 북핵문제는 중국이 미국과의 전략적 공조와 6자회담(협력기제)을 통해 강대국이 되는 과정에서 좋은 계기를 마련해 준 것이기도 했다.

미국의 입장에서도 한반도의 지정학적 가치는 무시할 수 없다. 한반도를 둘러싼 동북아 지역은 자국의 패권 유지에 '핵심지역(critical area)'이기 때문이다. 미국은 동북아지역에서 중국과 같은 잠재적 적대국가의 세력팽창을 차단하기 위해 한국·일본 등 동맹국과의 협력을 강화하고 있다.

미국의 대한반도 정책은 동북아 지역의 안정과 평화 유지라는 대명제에 따라 이루어진다. 미국은 북한을 '불량국가'로 지목하고, 줄곧 핵·미사일, 인권문제 등을 문제 삼고 있다. 사실, 이 문제들은 미국이 북한문제에 대한 개입의 정당성을 확보해 주는 전략적 자원들이다. 특히 미국의 동아시아 전략에서 북한이 차지하는 의미는 북한이 중국과 러시아의 동부 국경지역에서 이들 국가들을 봉쇄시킬 수 있는 위치에 있다는 것이다.

미국의 대북정책은 한반도를 포함한 동북아지역에서 자국의 헤게모니를 유지하려는 보다 광범위한 대전략 속에서 이해될 수 있다. 즉, 미국은 자국의 헤게모니를 침해하는 북한을 방어적인 입장에서 억제하기보다, 거시적인 맥락에서 북한을 유인 혹은 정권교체를 통해 중국을 견제하는 지정학적 자산으로 활용하고자 한다.

이와 함께 미국은 중국을 견제하는 데 있어 전략적으로 한국만큼 중요한 나라가 없다고 생각한다. 한국의 지정학적 위치가 한국을 미국의 가장 중요한 전략적 파트너로 만들고 있다.

한편, 지경학적 측면에서도 한반도, 특히 북한지역은 지정학적 가치에 비견될 정도로 가치가 있다. 북한이 개방되면 한반도는 중국과 러시아, 일본, 북미, 동남아를 사통팔달 연결할 수 있는 전략적 요충이다. 최근에는 북한지역에 매장된 것으로 추정되는 많은 지하자원 또한 주변국의 관심사가 되고 있다.[43]

이렇듯 한반도, 특히 북한지역의 지정학적 가치는 미국뿐만 아니라 인접한 이웃인 중국에게 자국 동북지역의 발전뿐만 아니라 강대국과의 경쟁 관계에서 가장 중요하게 고려되는 정책결정 요인이다.

---

[43] 중국의 에너지 분야 포탈사이트인 국가에너지망에 따르면 북한의 전략적인 광산자원은 200여 종, 한화 총 228조 원에 달하는 가치를 가진 것으로 평가된다. 『國家能源網』, 2012年 9月 25日 보도.

제2절 행위자 수준의 요인

1. 중국의 내외 상황 인식

가. 국내 상황과 과제

중국은 1949년 신중국 건국 이후 30년이라는 '혼란기'와 1978년 개혁개방 후 30년이라는 '발전기'를 거쳐 왔다. 이제 급속한 발전에 따른 성장통과 후유증을 치유하며 조화로운 사회를 건설해 나가는 '안정기'를 모색하고 있다.

중국의 개혁개방은 국내외 여건 변화에 대응, 신중하고 지속적으로 변화와 조정을 모색하는 과정의 연속이었다. 덩샤오핑(鄧小平)이 제시한 '돌을 두들기면서 강을 건너기(摸着石头过河)'였다. 경제·사회의 변화 상황과 환경여건을 냉정하게 살펴, 시기가 무르익었을 때 조치와 강구를 신중하게 반복·축적하면서 점진적으로 추진한 것이었다.

지속적인 개혁개방을 통해 중국은 역사상 유례없는 사회주의의 체제전환 실험을 성공적으로 이끌어 왔다. 동유럽 사회주의국가들의 체제전환은 "공산주의 일당독재와 개혁개방은 물과 불의 관계"라는 것[44]을 증명이라도 하듯 모두 실패했다. 반면, '중국 특색의 사회주의'는 '중국 특색의 자본주의'로 순조롭게 전환해 역사상 가장 빠르고 성공적인 경제성장의 사례를 만들었다.

중국경제의 급속한 변화·발전은 소위 경천동지(驚天動地), 상전벽해(桑田碧海) 등의 표현으로도 부족하다. 2008년 베이징올림픽은 중국이 잠룡(潛龍)이 아니라 하늘로 승천을 준비하는 거대한 용임을 과시했다. 2008년 세계금융위기는 중국이 대국으로 부상하는 기회가 되었다. 2010년부터는 G2이다.

그러나 중국은 아직 세계 최대 선진국이 아닌 최대 개발도상국일 뿐이다. 속이 덜 찬 배추, 설익은 상태에서 많은 취약점도 안고 있다.[45] 그동안의 고속성장이 낳은 지역 간·계층 간의 소득격차, 내수의 부진, 심각한 환경오염, 만연한 부정부패 등이 그것이다.

성장의 혜택을 받은 부자들은 그들대로 불안해하고 있고, 성장의 그늘에 서 있는 가난한 사람들은 불만이 많다. 연 18만여 건에 달하는 각종 시위는 중국정부가 국방보다 사회치안 확보에 더 많은 신경을 쓰도록 하고 있다. 2011년도 중국의 공안예산(106조元)은 국방예산(102조元)보다 많았다.

여기에 2억 농민공의 문제는 정치적 폭발성을 갖고 있다. 후진적인 문화의식과 사회시스템은 중국이 선진국으로 나아가는 데 걸림돌이다. 빠른 고령화 추세 또한 중국의 큰 고민이다. "부자가 되기도 전에 먼저 늙는 나라가 될 수 있다"는 우려가 나오고 있다.

---

[44] 이는 1993년 8월 본 연구자의 독일 현지 통일대비정책연수 시 면담한 통일 직전 구동독 수상이었던 '드 메지에르'의 말이다.

[45] 정덕구, 『한국을 보는 중국의 본심』(서울: 중앙books, 2011), p. 7.

　　이런 상황에서 중국 내부에서조차 '우리가 옳았다'는 평가와 함께 "경제발전 이상으로 빈부격차가 심화되고, 부정부패가 일상화된다면 서방의 자본주의와 뭐가 다른가"라는 비판도 존재한다. 2012년 11월 개최된 제18차 당대회에서 후진타오 주석은 "부정부패가 망국으로 이어질 수 있다"고 경고했다.

　　18차 당대회의 주요 화두는 '개혁과 혁신, 부정부패 척결'이었다. 이른바 '개혁의 역설' 또는 '성장의 위기'라고 하는 내부 모순이 증폭되고 있는 것이다.[46] 앞으로 중국이 강대국으로 부상할 수 있느냐의 여부, 중국공산당의 건재 여부는 당면한 제반 문제들을 어떻게 극복하느냐에 달려있다.

　　그동안 중국은 개혁개방과 경제발전 과정에서 기존의 이론이나 관념에 구애받지 않고 새로운 실천을 적극적으로 모색해 왔다. 그 과정에서 중국인들은 점차 경제성장을 견지하는 동시에 인민의 생활수준을 부단히 향상시키는 것을 중요한 과제로 인식하고 있다. 인민들이 개혁과 발전의 실질적인 혜택을 누릴 수 있도록 하는 것이 순조로운 발전의 중요한 기초라는 합의가 형성된 것이다. '발전' 전략과 '균형' 전략을 반복하면서 진화해 온 현대사에서 중국은 다시 '균형'을 위한 거시조정의 '역사적 분기점(출발점)'에 서 있다.

　　이에 따라 중국정부는 2006년부터 사회주의 '조화(和諧)사회의 건설'을 적극 추진하고 있다.[47] 2007년 중국공산당 제17차 당대회

---

[46] 중국의 장래에 대한 부정적인 전망과 신랄한 비판에 대해서는 칼 라크루아·데이빗 매리어트 지음, 김승완·황영미 옮김, 『왜 중국은 세계의 패권을 쥘 수 없는가』(서울: 평사리, 2011.5); 김기수, 『중국 도대체 왜 이러나』(서울: 살림, 2010) 참조.

[47] 화(和)는 화목(마음을 합쳐서 서로 도움)을, 해(諧)는 협조(충돌이 없음)를 의미한다. 2005년 2월 후진타오 주석은 사회주의 조화사회는 "민주법치가 실현되며, 공평 정의롭고, 성심 우애가 넘쳐나며, 활력이 넘치고, 치안이 유지되어 안정적이며, 사람과

는 '과학적 발전관'을 새로운 '국가전략방침'으로 당장(黨章)에 삽입했다. 제18차 당대회(2012.11)에서는 공산당이 장기적으로 견지해야 할 '지도사상'으로 당장에 포함시켰다.[48] 이는 중국경제의 중요한 역사적 전환을 의미하는 바, 그것은 바로 지난 30년 동안 추진해 온 '개혁개방'에서 '과학적 발전'으로의 노선 조정이다.

과학적 발전관은 그동안의 성장 일변도의 경제발전 정책에서 탈피해 사람을 중심에 두고, 경제발전과 함께 빈부격차·부정부패·환경오염 등 중국사회가 안고 있는 제반 문제를 해결해 전면적이고 조화로우며, 지속가능한 발전을 이루겠다는 것이 골자이다.[49]

성장통을 치유하면서 지속적이고 안정적으로 성장하기 위한 중국정부의 노력은 계속되고 있다. 2008년 세계금융위기 이후 중국은 양적성장 방식에서 내수 주도의 경제 성장과 '포용적 성장' 방식[50]으로 정책을 대전환했다. 한마디로 '국강(國强)'에서 '민부(民富 또는 共同富裕)'로, 성장에서 분배로의 지향인 셈이다. 당면한 제반 모순을 극복하고, 글로벌 경기침체의 영향을 최소화하면서 국내의 지속

자연이 서로 조화롭게 살아가는 사회"라고 정의했다.

[48] 그동안 당장(党章)에는 '마오쩌둥 사상'과 '덩샤오핑 이론', 장쩌민의 '3개 대표론'이 공식화된 바, 18차 당대회에서 후진타오의 '과학적 발전관'이 추가되었다.

[49] 즉, "새로운 상황에서 그동안의 발전 경험을 총괄하고, 외국의 발전경험을 참고로, 새로운 발전 요구에 적응, 사람을 근본(以人爲本)으로 해서 인민의 생활을 전면적으로 개선하기 위한 것"이 과학적 발전관이다. 리커창(李克强), 「China Develo pment Forum 2008」 연설문, 中國 國務院發展研究中心, 2008年 3月 23日.

[50] 후진타오 주석이 제시한 '과학적 발전관'과 '조화로운 사회 건설' 방침에 입각한 이 정책은 성장을 지속하면서 경제의 질적 발전을 꾀하고자 하는 것이다. 이를 통해 중국은 내수 지향적인 경제체제와 민생안정을 위한 균형적 분배를 추구하고, 서비스 및 자원절약형 친환경 산업과 대외거래의 질적 향상을 통해 선진국 형 경제구조를 마련하고자 한다. 이러한 정책은 2011년부터 추진하기 시작한 '12·5규획(제12차 경제개발 5개년 계획)'으로 구체화되고 있다.

적인 경제발전을 꾀하려는 것이다.

이 같은 중국 내 상황과 함께 내부의 제반 요인들은 중국의 대북정책 결정에 영향을 미칠 수밖에 없다. 우선 불안정한 상황에서 내정의 안정과 발전을 추구하고 있는 중국은 북한을 비롯한 주변의 평화로운 환경을 필수적인 것으로 인식하고 있다. 국내 소수민족·테러분자 등이 북한의 핵보유와 연관을 갖게 되는 것도 경계할 일이다. 중국정치의 과제가 되고 있는 정치체제의 민주화라는 측면에서 북한의 일인 독재체제를 지원하는 것은 모순이다.

또 지도부 대부분이 기술관료 출신으로 정치적 성향이 이념보다 실용을 중시하고, 외교부가 대미정책을 우선시하면서 국익 확보에 주력하고 있는 점도 대북정책에 영향을 미칠 수 있는 것이다.[51] 부상에 따른 자국 내 민족주의의 발흥과 군부의 입김이 강화되고 있는 것도 미중관계에 영향을 미치면서 대북정책을 강화하는 요인으로 작용하고 있다.

나. 주변 안보환경 인식

동아시아를 비롯한 주변 안보환경에 대한 인식과 관련 중국 내에서는 대체로 2가지 기류가 감지되고 있다. 하나는 '전통파'들의 위기의식이다. 그들은 과거 100여 년 동안의 '민족적 굴욕'과 한국전쟁 이후 20여 년 동안 지속된 미국에 의한 '피포위 피해의식'이 강하다. 이에 따라 미국의 '아시아 회귀' 등 새로 전개되는 상황들을 부정적으로 민감하게 바라본다.[52] 다른 하나의 기류는 국제적인 '전략파'

---

[51] 김진무·성채기·전경만, 앞의 책, pp. 162–167.

[52] 박홍서, "인식과 능력의 차이를 통한 중국 외교정책의 유형 분석," 『중국연구』, 제28

들로 이들은 부상한 중국의 느긋함과 자신감 속에서 보다 신중한 견해를 보이고 있다.

이 두 기류는 2011년 발표된 중국의 국방백서에도 반영되고 있다. 중국은 2010년대를 자국의 '전략적 기회의 시기(實力增長的黃金期)'로 간주하면서 자국에 유리한 안보환경이 전개되고 있다고 본다. '전략적 경쟁'이 심화되고 있는 가운데서도 평화·발전·협력은 거스를 수 없는 시대적 조류라고 인식하고 있다.[53]

나아가 중국은 미국 국력의 상대적인 쇠퇴, 자국의 부상과 G20 등 중견국가들의 약진으로 국제질서가 다극화의 방향으로 가고 있다고 본다. 자국의 경제적·군사적 부상에 따른 '대외적 자신감'도 표출되고 있다.[54]

중국이 처한 안보상황을 비교적 긍정적으로 보는 소수의 견해들은 미중관계의 변화를 심각하게 보지 않는다. 시간은 중국 편이라는 인식이다. 그들은 미중 간의 전략적 불신도 우려할 만한 수준이 아니라고 본다.

미중 간의 전략적 불신이 잠재해 있는 3개 지역의 경우 우선 한반도 문제는 북한이 이미 핵보유 단계에 진입해 있어서 미국의 대북한 군사공격 가능성이 없어졌다고 본다. 대만문제는 미국이 중국과의 긴장을 감수하면서까지 대만의 독립선언을 부추길 것으로 보지

권 (2001), p. 335.

[53] 중국의 이 같은 정세 인식에 대해서는 金灿荣·刘世强, "未来十年的世界与中国: 国际政治视角,"『现代国际关系』, 2010年 S1期; 朱锋, "东亚安全局势:新形势´新特点与新趋势,"『现代国际关系』, 2010年 12期; 林利民. "国际政治大趋势与中国新机遇". 『中国国防报』, 2012-05-22 (021); ___, "未来十年中美关系的'范式'选择与中国对美战略,"『国际关系学院学报』, 2012(02) 등 참조.

[54] 中華人民共和國國務院新聞辦公室,『2010年中國的國防』(北京: 人民出版社, 2011).

않는다. 다만, 남중국해 문제만은 미국의 아시아 회귀가 동남아 국가들에게 잘못된 신호를 보냄으로써 미중관계의 가장 큰 갈등요인이 될 것으로 보고 있다.

그들은 또 동남아를 포함한 아태지역에서 미중 간의 경쟁·대립 가능성에 대해서도 비교적 낙관적으로 평가하고 있다. 중국은 최근 경제적으로 강점을 보이면서, 아시아 지역에서 문화와 역사 면에서 우위를 점하고 있다. 반면, 미국은 군사안보·이데올로기·사회제도에 대한 영향력 등에서 강점을 보유, 양국이 서로 다른 강점을 갖고 있기 때문에 크게 경쟁·대립하지 않을 것으로 판단한다.[55]

그럼에도 중국의 지도부는 21세기 국제정세가 '대변혁'과 '대조정기'에 들어서면서 대단히 불안정한 상황이라고 판단하고 있다. 자국의 안보상황 또한 심각한 도전에 직면하고 있는 것으로 인식하고 있다. 미국과의 전략적 경쟁, 대만과 소수민족의 분리주의, 국경문제와 영토분쟁, 미국의 해상보급로 위협, 초국가적 위협, 그리고 주변지역 불안정 등으로 자국이 잠재적 위협에 둘러싸여 있다는 것이다.[56]

중국은 특히 미국의 국방정책 변환과 일본의 '강한 국가' 및

---

[55] 한 중국의 전문가는 그 이유를 다음과 같이 설명한다. 즉 "미국이 아시아에서 동맹관계를 강화하고 군사력을 증대시킨다고 해도 중국의 주요 관심사항인 대만·남중국해 문제 등에 간섭하지 않는다면 미국의 행보가 중국에게 문제가 되지 않을 것이다. 미국이 그동안 대만문제에서 보여준 행동들도 대만 독립을 반대하고 양안의 평화적인 발전을 지지하는 등 중국에게 크게 해가 되지 않았다. 남중국해 문제에 대해서도 미국은 남중국해 문제에 개입하지 않을 것이며, 남중국해 문제가 미중 양국간 문제가 되지 않도록 할 것이라는 미국의 입장을 믿고 있다. 최근 황옌다오에서 중·필리핀이 대치했으나 미국은 사실상 동 문제에 개입하지도, 필리핀 편을 들지도 않았다. 이런 관점에서 아시아에서 논쟁이 되고 있는 대만·남중국해·북한문제 등에서 사실상 미중이 지금까지 크게 대립하지 않았고, 앞으로도 서로 충돌하거나 대립하지 않을 것이라고 생각한다"는 것이다.

[56] 劉靜波 主編, 『21世紀初中國國家安全戰略』(北京: 時事出版社, 2006), pp. 70-77.

'주장하는 일본' 추구, '강한 러시아'의 재부상 등 주변국의 군사동향을 직·간접적인 안보위협 요인으로 인식하고 있다. 또 최근 세계화·정보화 추세로 인해 안보의 대상과 영역이 다양해지고 있으며, 소위 '비전통 안보위협'이 증대되고 있는 것으로 판단한다.

이에 따라 중국은 아태지역 주변국들과 선린외교정책을 강화하면서 미국의 자국 봉쇄정책에 대응하고 있다. 미국과는 신뢰를 증진하고 공동인식을 공고히 하며, 협력의 확대를 기대하고 있다. 미중관계가 상호존중과 호혜공영의 협력동반자관계로 발전해 나가기를 기대하면서 아직은 약자로서의 자세를 견지하고 있다.

2. 국가 대전략과 외교노선

가. 국가목표와 외교전략

중국이 추구하는 국가목표는 이른바 평화발전(和平發展)을 통해 중화부흥(中華復興: 중화민족의 위대한 부흥)을 이루는 것이다.[57] 평화-발전은 중국의 길(中國路)이고 중국인들의 꿈(中國夢)이며, 마음(中國心)이다.[58]

중국의 국가목표를 왈츠의 신현실주의 이론의 분석수준에 입

---

[57] 2012년 11월 5일 중공 제18차 당대회(18기 1중전회)에서 당총서기로 선출된 시진핑(習近平)은 첫 연설에서 "중국인민은 삶을 사랑하고 더 나은 교육과 더 안정된 직장, 더 만족스러운 소득과 더 든든한 사회보장, 더 높은 수준의 의료보건 서비스, 더 편안한 주거조건, 더 아름다운 환경을 바라고, 아이들에게 더 나은 성장, 더 나은 일자리, 더 나은 삶이 주어지기를 바란다. 행복한 삶에 대한 모두의 바람이 바로 우리가 분투해야 할 목표이다"라는 비전을 제시했다.

[58] 中國未來走向 編寫組 編, 『中國未來走向 - 聚焦高層決策与國家戰略布局』(北京: 人民大出版社, 2009.5), pp. 380-386.

각해서 보면 ①정책결정자(개인) 수준에서는 중국공산당의 지속적인 정권유지, ②단위(국가) 수준에서는 56개 소수민족과 지역·계층 간의 격차 해소, 양안통일(국민·국가통합), ③국제(체제) 수준에서는 과거 세계 중심으로서 주도적 위치에 서 있었던 중화부흥(中華復興)과 강한성당(强漢盛唐: 강력했던 한나라, 융성했던 당나라)을 재현하는 것이다.

중국의 국가목표는 아래 〈표Ⅳ-6〉와 같이 '지속적이고 안정적인 경제발전'을 통해 떠받쳐지고 있다. 중국은 지속적인 경제성장에 장애가 되는 국내외적인 상황과 조건을 가장 경계하고 있다.[59]

〈표Ⅳ-6〉 대표적인 중국의 국가목표

분석수준/고려변수	정책결정자 수준	국내수준	국제수준
결정 요인 (국가목표)	공산당 정권 유지	국민·국가통합	중화부흥(강대국)
	내정의 지속적 성장·안전을 위한 외정(주변)의 평화·안정		
제약요인	정치개혁(민주화) 부정부패	소수민족 및 지역·계층 간 격차	미국, 주변국 등 국제사회의 반발

* 출처: 이동률, "변화하는 중국과 북중관계," 『한반도와 중국: 비전과 과제』 (코리아연구원 국제학술회의 발표문, 2011.8.24) 내용을 약간 수정 보완함.

중국은 2002년 제16차 당대회에서 21세기 초반이 전면적인 샤오캉(小康: 의식주가 해결된 중등 생활사회 건설)을 이룰 수 있는 중요한 기회로 보고, 이 시기 중국이 추구해야 할 3대 역사적 임무를 ①현대화 건설, ②중국의 통일완성, ③세계평화의 수호와 공동발전의 촉진으로 규정했다.

---

[59] 黃河吳雪, "新形勢下中國対朝外交政策的调整," 『東北亞論壇』, 2011年 第5期 总第97期, p. 45.

2007년 제17차 당대회에서는 외교목표를 "국가의 주권과 안전, 발전이익의 수호, 세계평화 수호와 공동발전의 촉진"으로 설정했다. 국내·주변·세계 차원에서 '조화사회(和諧社會)'와 '조화로운 아시아(和諧亞洲)', '조화세계(和諧世界)'의 건설도 중요한 국가목표이다. 최근 중국이 강조하는 '조화세계'는 문명국가들 사이의 개방성과 포용성에 기초, 보다 민주적이고 합리적이며 정의로운 세계를 구현하자는 것이다.

2012년 11월 제18차 당대회에서 후진타오 주석은 보고를 통해 무엇보다 "중국특색의 사회주의의 길을 확고부동하게 걷고, 새로운 승리를 이룩해야 한다"고 강조했다. 그는 "중국특색의 사회주의 길이란 바로 중국공산당의 영도하에 경제건설을 중심으로 4개 기본원칙과 개혁개방을 견지하고, 사회생산력을 해방하고 발전시키며, 사회주의시장경제·사회주의민주정치·사회주의선진문화·사회주의조화사회·사회주의생태문명(五位一體)을 건설해 인민의 전면적 발전을 추진하고, 전체 인민의 공동부유를 실현함으로써 부강하고 민주적이며, 문화적이고 조화로운 사회주의 현대화국가를 건설하는 것"이라고 재정리하면서, 당의 총적 임무를 중화민족의 위대한 부흥을 실현하는 것으로 규정했다.

나아가 후진타오는 "이상과 신념을 확고히 지니고 동요하지 않고 해이하지 않으며, 들볶지 않는 한편, 완강하고 간고하게 꾸준히 분투하기만 한다면 중국공산당 창건 100주년이 되는 때(2021년)에 반드시 소강사회를 전면적으로 실현할 수 있을 것이며, 신중국 건설 100주년이 되는 해(2049년)에 사회주의 현대화 국가를 실현할 수 있을 것이다"라고 보고했다. 2013년 3월 17일 시진핑은 국가주석 취임 후 첫 연설에서 "전면적인 소강사회 건설과 부강한 민주문명을

갖춘 조화로운 사회주의 현대화 국가의 건설을 통해 중화민족의
위대한 부흥이라는 중국의 꿈을 실현하겠다"고 강조했다.

중국은 위와 같은 국가 목표와 임무들을 달성하기 위해 그동안
특유의 대전략과 총방침들을 개발해 대내외 정책에 적용해 왔다.
대내적으로는 조화와 발전, 대외적 측면에서는 '발전·주권·책임' 또
는 '평화·발전·협력'으로 대표되는 대외 및 국가경쟁전략[60]을 구현하
고자 한다. 아울러 내외정세의 변화와 학습효과를 반영해 아래 〈표
Ⅳ-7〉와 같은 전략사상과 방침(大戰略[61])을 계속 조정해 가면서 제
반 정책을 추진하고 있다.

〈표Ⅳ-7〉 중국의 이념과 대외전략 노선 조정

덩샤오핑(1983.9~1990.3)	장쩌민(1990.4~2005.3)	후진타오(2005.3~현재)
사회주의 초급단계론 사회주의 시장경제론 평화공존 5원칙 평화발전의 길 도광양회(韜光養晦) 求同存異(擱置爭議)	3개 대표론 도광양회(韜光養晦) 유소작위(有所作爲)	과학적 발전관 조화사회론 和平崛起, 和平發展, 和諧世界 3隣(陸隣, 友隣, 富隣), 負責任大國, 세계화, 세계체제와 융화
힘을 감추고 때를 기다림	신중하게 해야 할 일을 함	평화적으로 대국화 함
안으로 경제개발 밖으로 현상유지	미국 중심 세계질서 수용 실력을 키우는 데 집중	막강한 경제력을 무기화 힘의 외교 본격화
발전·주권·책임 ⇒ 평화·발전·협력		

* 출처: 관련 자료들을 종합[62], 정리함.

---

[60] 王逸舟, "中国外交十特色,"『中国外交』(中国人民大学, 2008.8), p. 5.

[61] 대전략은 국가의 최고 정치전략이며, 생존과 지속적 발전을 보장하는 국가의 백년대
   계라고 할 수 있다. 胡鞍钢,『中国大战略』(浙江人民出版社, 2003), pp. 4-5; 伊藤憲
   一.『国家與戰略』(北京: 軍事科學出版社, 1998), p. 19.

[62] 黄仁伟, "中国改革开放30年外交成就回顾与展望,"『中国对外开放30年学术研讨會』,
   (上海社会科学院, 2008.11.13-14), p.10; 王逸舟, "中国外交十特色,"『中国外交』(北京:

그동안 중국의 대외전략과 외교노선은 자국을 둘러싼 국제환경의 변화 속에서 구체화되어 왔다. 1980년대 덩샤오핑은 '빛을 감추고 밖으로 드러내지 않으며, 힘을 기른다'는 '도광양회(韜光養晦)' 전략을 착실하게 구사해 왔다.

1990년대 후반 들어 중국위협론이 확산하자 '평화굴기(和平崛起)'라는 새로운 외교전략을 내세웠다. 2004년부터는 '굴기(우뚝 섬)'가 주는 부정적인 이미지를 고려, '평화발전(和平發展)'이라는 개념을 사용하기 시작했다. 2005년 후진타오 주석 등 중국 제4세대 지도부는 새로운 외교원칙으로 '조화세계(和諧世界)'와 '책임대국(負責任大國)', 3린(陸隣, 友隣, 富隣)을 제시했다.

외국인에게 다소 추상적이고 수사적으로 보일 수 있는 이와 같은 대외전략 개념의 변화·발전은 중국의 국가역량을 반영하고 있다. 그 목표는 대외환경이 자국의 지속적인 현대화와 경제발전에 비우호적으로 변화하지 않게 하면서 평화적인 재부상을 달성하는 것이다.[63] 결국, 책임 있는 신흥강대국으로의 평화적 부상은 중국의 부상 방식이자 부상의 목표이다.[64]

이러한 국가목표를 달성하기 위해 중국은 크게 3가지 차원의 전략을 채택하고 있는 것으로 보인다. 첫째, 중국은 대외정책과 발전의 원칙으로 ①연속성과 ②안정성, ③혁신성을 강조하고 있다. 지도자의 교체와 상관없이 국가정책의 지속성을 유지해 예측가능성을 유지하고 발전에 필수적인 주변의 안정을 추구하며, 세계와 융

中国人民大学, 2008.8), p.5; 楚树龙·金威, 『中国外交战略和政策』(北京: 时事出版社, 2008), pp.102–122 등 참조.

[63] 楚树龙·郭宇立, "中国 '和平发展' 战略及模式," 『现代国际关系』, 2008年 第2期, p. 3.

[64] 이동률, 앞의 논문, p. 3.

화하는 과정에서 배우면서 변화를 모색해 나간다는 것이다.[65]

둘째, '조화로운 세계'의 건설을 통해 국제사회가 중국의 고도성장을 기회로 수용하도록 하는 평화외교와 협력안보를 강화하는 것이다. 그런 한편, 자국의 해양이익을 수호하기 위해 중국 특색의 군사혁신과 해·공군력 강화 등 종합국력을 증강하는 것이다.

셋째는 '평화발전'과 '유소작위(또는 鬪而不破)'라는 다소 상반된 전략을 동시에 구사하는 것이다. '평화발전' 전략을 통해 안정적인 대미관계를 비롯한 평화로운 국제환경을 구축하고, '유소작위' 전략을 통해서는 미국의 대중국 견제를 극복하는 것이다.

중국의 대외전략을 구성하고 있는 위와 같은 요소들은 중국의 대북정책 결정에도 영향을 미치고 있다. 중국은 북한·북핵문제 등을 다루는 데 있어 자국의 부상에 따른 대외전략과 국제사회에서의 책임 있는 강대국으로서의 역할을 고려할 수밖에 없다. 특히 중국이 국가목표인 경제발전을 위해 안정적인 주변환경을 절실히 필요로 한다는 점은 북한의 안정과 북한과의 안정적인 관계를 지속적으로 유지시키는 핵심요인이다.

한편, 중국의 국력 증강은 중국이 북한을 관리하는 능력과 함께 그만큼의 영향력 증대를 가져올 수 있게 하는 요인이다. 이제 중국은 미국의 눈치와 견제를 덜 받으면서 자국의 국익에 기초한 대북정책을 추진할 수 있게 되었다. 국력의 증대는 필요시 대북 지원과 경제협력을 강화하는 동력으로도 작용할 것이다.

---

[65] 2012년 11월 21일, 중공 중앙당교 부교장(陣寶生)과의 오찬간담회에서 천바오성의 발언임.

나. 새로운 미중관계와 국가핵심이익 추구

(1) 신형 대국관계

최근 부상한 중국이 추구하고 있는 대외전략 가운데 눈에 띄는 것은 '새로운 형태의 미중관계(新型大国关系: positive, new great power relations)'와 '국가핵심이익(core interest)'을 추구하는 것이다.

새로운 미중관계[66]는 중국의 입장에서 대미관계를 관찰하는 근본적 사유방식에 해당한다. 중국이 말하는 새로운 강대국관계는 한마디로 과거 강대국관계의 사례나 세력전이이론 등이 말하는 패권전쟁을 막자는 것이다. 최근 미국 내의 공세적 현실주의자들은 미중 간의 세력전이 과정에서 충돌의 불가피성을 공공연하게 주장하고 있다. 이에 반해 중국 내에서는 평화롭고 호혜적이며, 윈윈하고 포용하는 미중관계를 건설해야 한다는 목소리가 지배적이다.[67]

중국은 1990년대 중반 이후 새로운 강대국관계의 원칙으로 동맹을 결성하지 않고(不結盟) 서로 대항하지 않으며(不對抗), 제3국을 침략하지 않는다(不針對第三方)는 방침을 견지해 왔다.[68] 물론 당시의 강대국관계는 미중, 중러, 중일, 중국과 유럽과의 관계를 상정한 것으로, 자국의 부상에 유리한 전략태세와 환경을 조성하기 위한 것이었다.

---

[66] 최근 중국내에서는 이와 관련 한 논의들이 제기되고 있는 바, 자세한 내용은 牛新春. "中美关系: 相互尊重才能建立战略互信,"「中国国防报」, 2012-05-15 (第21版), pp. 1-4; 袁鹏, "关于构建中美新型大国关系的战略思考,"「现代国际关系」, 2012年 05期, pp. 1-8; 黄昭宇, "中美建设性合作关系的动力与路径,"「国际关系学院学报」, 2012-01-20, pp. 34- 39 참조.

[67] 중공 18차 당대회 설명차 한국을 방문한 천바오성(陣寶生) 중공 중앙당교 부교장의 「중앙SUNDAY」 인터뷰, 2012년 11월 25일-26일, 12면.

[68] 杨 毅 主编,「中国國家安全戰略構想」(北京: 時事出版社, 2008), p. 189.

2010년 중국이 G2로 성장한 이후부터 강대국관계는 곧 미중관계를 지칭하는 것이다. 2011년 1월 후진타오 주석은 미국 방문 시에 새로운 미중관계의 개념을 '상호존중, 호혜공영의 협력동반자관계 건설'로 규정했다. 양국은 공동성명에서 "강력하고 번영한 중국이 국제사회에서 큰 역할을 하고 있고, 미국이 아태지역의 평화와 안정 및 번영에 기여하고 있음을 환영한다"고 명시함으로써 상호존중의 정신을 확인했다.

같은 해 11월 후진타오 주석은 오바마 대통령에게 '2012년 이후 장기간에 걸친 평화로운 미중관계의 발전 과제'를 제의했다. ①상호존중 및 신뢰(互尊互信), ②상호 이익·혜택의 공유(互利互惠), ③동주공제(同舟共濟)의 협력동반자관계에 의거한 국제문제 해결이 그것이다.

중국은 2012년 2월 시진핑(習近平) 부주석의 미국 방문 시 이를 다시 부각시켰다. 4월 베이징에서 개최된 제4차 미중 '전략경제대화' 개막식 축사에서 후진타오 주석은 새로운 형태의 미중관계를 화두로 제시했다. 6월 멕시코 G20 정상회담 폐막 후 미중 정상회담에서 후진타오 주석은 ①전략적 소통과 양국 간 신뢰 강화, ②협력의 심화 및 호혜공영 추구, ③이견의 합리적 처리, ④국제적 책임의 공동분담 및 도전에 대한 공동 대응을 제시했다.

이 같은 새로운 대국관계는 현재 중국이 미중관계를 바라보는 공식 견해로서, 한마디로 G2가 아닌 C2(소통: coordination, 협력: cooperation)를 통해 상호 존중하고 윈윈하는 미중관계를 만들어 나가자는 것이다.[69]

---

[69] 이동률, "중국의 '새로운 형태의 대국관계' 구상과 미중관계,"『동아시아 브리프』,

중국은 자국의 부상이 미국과의 대립과 충돌을 야기하는 상황을 적극 피하고자 한다. 중국 내 전문가들은 이러한 목표를 실현할 수 있을 것으로 보고 있다. 그 이유를 다음과 같이 설명한다.

첫째, 오늘날 세계화 시대에 모든 국가들은 서로 연결되어 있고 의존하고 있어, 대립·투쟁은 이익이 될 수 없다는 사실을 서로 잘 알고 있다. '차이메리카'가 상징하듯 현재의 미중관계는 과거 미소관계와는 차원이 다르다.

둘째, 기본적으로 내향적인 전통을 갖고 있는 중국은 세계를 주도·확장하거나 식민지를 추구한 적이 없다. 중국은 부상하고 있지만 세계의 지도적 지위(패권)에는 전혀 관심이 없고, 외교목표도 아니다.[70] 중국모델은 결코 팽창을 추구하지 않으며 중국이 선진국으로 가는 길은 아직 멀다.[71] 미국도 중국이 과거 소련·일본·독일과 달리 자국을 공격하거나 도전하려는 의도가 없다는 점을 잘 인식하고 있다.

셋째, 미국과 중국은 세계화의 추세 속에서 양국 간의 사회제도·이데올로기·가치관의 차이가 계속 줄어들고 있다. 사유화·시장경제·자본주의 등의 공통점도 확대되고 있다. 양국의 문화 또한 서

Vol. 7 No. 3 (2012), pp. 21–22.

[70] 중국은 미국과의 소통과 협력, 전쟁이 없는 평화로운 발전을 누누이 강조하고 있다. 2012년 12월 5일 시진핑(習近平)은 제18차 당대회에서 당총서기에 선출된 후 첫 외국인과의 간담회에서 "중국의 발전은 다른 나라와 세계에 도전이나 위협이 아니다. 중국은 절대로 패권이나 확장을 추구하지 않을 것이다"라고 밝혔다. 다이빙궈 국무위원은 2012년 4월 미중 전략경제대화에서 미중관계를 G2가 아닌 C2로 표현한 바 있다. "戴秉國: 中美不搞兩國集團G2 但可以搞兩國協調C2,"『南方日報』, 2012年 5月 4日.

[71] 宋越來 著,『中國策 - 新世紀, 大視野与我們的治國方略』(武漢出版社, 2010.1), pp. 17–23.

로 다르지만 교류를 통해 양국 국민들은 서로의 문화를 평가하고 존중하고 있다.

넷째, 가장 중요한 것은 미중 양국이 서로의 근본(핵심)이익을 침해하지 않고 협력하는 기초 위에 서 있는 것이다. 양국이 서로의 근본이익을 위협하거나 도전하지 않았다는 점은 경험을 통해 확인할 수 있다. 이에 따라 미국은 사실상 중국에 대해 어느 정도 전략적인 신뢰를 갖고 있다. 미중관계를 포함해 모든 국가 간의 관계에서는 의견이 100% 일치할 수 없는 바, 대만·남중국해·티베트·이란·수단·시리아·북한문제에서 미중 양국 간의 이견은 매우 정상적인 것이다. 미국도 중국이 자국에 100% 동조하는 것을 기대하지 않고, 중국과 최대한 협력하고 대립을 최소화하려는 의도를 가지고 있다. 중국은 이러한 사실을 미국에게 지속적으로 제기하면서 평등하고 합리적인 양국관계를 추구하고 있다.

중국의 이와 같은 인식과 제안에 대해 미국은 기본적으로 동의한다는 입장이다. 지난 4년간 미국과 중국은 평화적으로 경쟁하고, 갈등보다는 협력을 추구하는 '새로운 강대국관계'를 추구한다는 데 확고한 공감대를 형성했다.

이를 토대로 미국과 중국의 지도부는 다양한 레벨, 다양한 영역(전략경제, 아태사무, 중동문제 등)에서 깊이 있고 지속적인 대화 채널(90여개)을 구축해 왔다. 오바마 2기 행정부 또한 이러한 토대를 유지하면서 미중관계를 양적·질적으로 확대하는 데 주력할 방침이다.[72]

---

[72] Cambell 미 국무부 동아태 차관보는 2102년 12월 4일 CSIS가 주최한 "China's Leadership Transition: Looking Ahead at US-China Relations" 포럼에 참석, 오바마 2기 행정부의 대중정책, 미중관계 전망 등을 설명하면서 이같이 밝혔다.

사실, 과거 인류의 역사에서 패권국(established power)과 도전국(rising power)이 충돌한 경우가 15차례나 있었다. 이중 12차례는 전쟁이었다. 미중 양국은 이러한 역사의 반복을 거부하는 새로운 강대국관계를 창출해야 한다는 데 인식을 공유하고 있다.

(2) 국가핵심이익

한편, 근래 중국이 외교에서 강조하고 있는 것은 '국가핵심이익'이다. 전통시대, 중국적 세계관에 따른 지정학적 영역에는 한(漢)나라 이래 중원대륙을 중심으로 한 18개의 성(省)을 사수하는 것이 '핵심이익'이었다. 한반도는 티벳, 만주, 외몽고, 안남(베트남) 등과 같이 핵심이익에 버금가는 '중국지역'의 위치에 있었다.

신중국 수립 후 마오쩌둥은 전통적인 세계관에 따라 대만을 포함한 중국지역을 제1지대, 자국의 안전에 필수불가결한 북한과 외몽고, 미얀마, 인도지나반도를 제2지대로 보았다. 미중 간에 논란이 되고 있는 '핵심이익' 이슈는 전통시대부터 내려온 중국특색의 것으로, 중국이 대국으로 부상한 현실을 반영하고 있다는 점에서 국제사회의 관심사가 아닐 수 없다.

그동안 중국의 핵심이익은 당연히 티베트, 신장, 대만 등 주권문제와 경제발전으로 여겨졌다. 최근 논란이 되고 있는 이유는 중국의 국력 상승과 일본의 쇠퇴 등 국제환경의 변화에 따라 중국의 핵심이익의 범위가 확대되면서 관련국과 충돌을 빚고 있기 때문이다.

동아시아 국제질서를 미국과의 세력경쟁으로 파악하고 있는 중국의 전략적 입장은 핵심이익으로 그 본질을 설명할 수 있다. 서로 국가의 핵심이익을 포기할 수 없는 미중관계에서 의구심과 불신, 적대감은 충돌할 수밖에 없는 것이다.

중국에서는 국가안전이익을 3구분하고 있는데, ①핵심이익과 ②중요이익, ③일반이익이 그것이다.[73] 중국에서 핵심국가이익이란 국가의 최고이익, 즉 국가와 민족의 생존 및 존망과 관계된 절대 양보할수 없는 마지노선[74]을 말한다.

중국이 사용한 '핵심국가이익'이라는 개념이 주목을 받기 시작한 계기는 중국의 대외정책 실무분야 수장인 다이빙궈(戴秉國) 국무위원이 2009년 7월 제1차 미중 전략경제대화에서 이를 구체적으로 정의하면서부터이다. 그 후 2010년 서해에서의 한미연합훈련, 남중국해 문제 등과 관련해 중국의 '핵심이익'에 대한 관심과 논란이증폭되었다.

중국이 언제부터 핵심이익이라는 용어를 사용해왔는지, 구체적인 의미와 현실 적용의 문제가 무엇인지는 잘 알려져 있지 않다. 중국의 공식 입장도 약간씩 다르게 나타나고 있다. 분명한 것은 부상한 중국이 신장된 국력을 바탕으로 자국의 국익을 적극 챙기고 있다는 사실이다.

2009년 7월 당시 다이빙궈는 중국의 3대 핵심이익을 ①기본제도의 유지, 국가안보, ②영토·주권 보호, ③지속적인 경제·사회의 안정발전이라고 제시한 바 있다. 그해 11월에 북경에서 개최된 미중 정

---

[73] 핵심이익은 국가 주권독립·통일·영토완정, 중요이익에는 국가 정치제도·가치관, 경제의 지속 발전, 사회 안정, 주변지역 평화 안정, 주요 해상로 안전, 정보·환경·우주 안정을 포함하고, 일반이익은 주요 국제·지역기구에서의 영향력, 국제제도체계의 안정, 자국의 국제적 이미지를 포함하고 있다. 杨毅 主編, 『中国國家安全戰略構想』(北京: 時事出版社, 2008.9), pp. 59-62.

[74] 懷成波, "怎樣理解國家核心利益?," 『紅旗文稿』, 2011年 2期, p. 38; 扬毅 外, "中国周边外交战略: 历史, 现壮与未来," 『当代亚太』, 2009年 第11期, pp. 61-62.

상회담에서 양국은 핵심이익을 상호 존중해 주기로 합의했다.

2010년 2월 15일 미국을 방문한 시진핑(習近平) 부주석은 "중국은 아시아·태평양지역에서 미국의 긍정적인 역할을 환영하지만, 양국은 상대방의 핵심이익과 주요한 우려사안을 상호 존중해야 한다"면서, "상호 이해와 전략적 신뢰를 쌓아야 한다"고 지적했다.

그러나 미국은 2010년 이후부터 중국의 핵심이익에 남중국해가 들어가는 것을 명백히 반대하기 시작했다.[75] 국제사회에서도 중국의 핵심이익을 위협으로 인식하는 분위기가 조성되었다. 이에 중국은 핵심이익을 강조하는 대신 '평화적 발전노선을 계속 견지하자'는 입장으로 급선회했다. 핵심이익 수호를 위한 강경한 외교와 군사력 증강이 결과적으로 '중국위협론'의 확대 및 미국과의 군사력 경쟁을 촉발, 자국의 평화적인 부상에 중대한 차질을 초래할 수 있다고 판단했기 때문이다.[76]

따라서 중국은 핵심이익도 중요하나, 아직 세계와의 조화를 통해 평화발전을 추구해야 하는 개발도상국이라는 점을 더 강조하고 있다. 2011년 8월 시진핑은 미국 부통령 바이든(Jeo Biden)의 방중 시 회담에서 중국의 핵심이익을 발전이익, 대만·신장문제를 존중하는 것으로 제한하는 모습을 보였다.

그럼에도 중국은 국가체제·주권보호·영토보전·국가통일 등 핵심이익의 침해는 용납하지 않을 것임을 거듭 강조하고 있다. 2011년

---

[75] 2010년 6월 샹글리라(shangri-La) 회의에 참석한 게이츠(Robert Gates) 미 국방장관은 중국의 핵심이익 주장을 거부했다. 그 해 7월 ARF에서 클린턴 국무장관은 매우 구체적이고 공개적으로 "남중국해에는 자유항행과 아시아 공동이익을 확보하려는 미국의 국가이익도 있다"고 선언했다. 이선진, "동남아, 미국과 중국의 각축장," 『국가와 정치』, 제18집 (2012), p. 5 참조.

[76] 이동률, "2012년 중국 외교전략과 한반도," 『동아시아 브리프』(2012), p. 20.

9월 6일 중국 국무원 신문판공실은 중국은 평화발전을 추구하는 것과 별개로 '핵심이익'을 단호하게 수호할 것임을 강조했다.[77]

여기에는 ①국가주권, ②국가안보, ③영토보전 및 국가재통일, ④헌법에 의해 확립된 중국의 정치체제 및 전반적인 사회 안정, ⑤ 지속적인 경제·사회 발전을 보장하는 기초적인 안정장치 등을 담고 있다. 2011년 11월 후진타오 주석이 오바마 대통령에게 제시한 '상호 존중 및 신뢰(互尊互信)' 속에는 상호 핵심이익을 존중하자는 내용이 포함되어 있었다.

중국의 핵심이익과 관련, 북한은 그 자체로는 중국이 제시하는 핵심이익 영역에는 포함되지 않는다. 북한은 대만과 달리 중국의 주권·영토문제와 직접 관련이 없기 때문이다.[78] 문제는 중국이 지역 강국으로 부상하면서 핵심이익의 개념과 범위가 기존의 지리적·공간적 영역에서 전략적 경계 개념으로 확대되고 있다는 점이다. 중국은 2010년 이후 핵심이익의 범위를 남중국해는 물론 황해와 북한, 중앙아시아까지 확대하려는 움직임을 보이고 있다.

다른 측면에서, 북한문제가 상황에 따라 중국의 핵심이익 범주에 들어가거나 핵심이익과 연계될 가능성이 있다. 즉, 잠재적 적대국

---

[77] 中國 國務院新聞辦公室, 『中國的和平發展白書』(2011.9.6) 참조.

[78] 대만문제는 중국에서 주권, 통일·안보의 핵심적인 사안이다. 1885년 시모노세키(下關) 조약에 의거 일본에게 할양되었던 대만문제는 근대 '민족적 굴욕기'의 결과물이다. 따라서 중국본토로의 대만 귀속은 중국 국가통일의 핵심적인 상징물로 인식되고 있다. 또 대만문제는 국가이익이라는 현실적인 함의도 내포하고 있다. 즉, 첫째 대만문제의 처리방식은 신장 및 티벳의 분리주의 움직임에 영향을 줄 수 있으며, 둘째 군사안보적으로 대만은 중국에 대한 외국세력의 주요한 거점으로 이용될 수 있고, 셋째 중국내 권력투쟁에 있어 대만문제는 권력의 확보 및 유지를 위해 필요한 주요한 정치적 기제라는 측면이 그것이다. 박홍서, "인식과 능력의 차이를 통한 중국외교정책의 유형분석," 『중국연구』, 제28권 (2001), p. 4.

인 미국이 일방적으로 북한을 점령하는 상황을 허용하는 것은 중국 공산당의 집정능력에 부정적인 영향을 미칠 수 있는 것이다.

중국은 북한의 붕괴가 자국이 추구하는 평화발전과 평화환경에 악영향을 미칠 개연성에 대해서도 우려하고 있다.[79] 그런 점에서 북한은 아직 중국의 핵심이익이 걸린 지역이라기보다 전략적으로 중요한 지역('핵심전략이익'[80])이라고 할 수 있다.[81] 중국 입장에서 북한은 동북지역의 전략적 방패이며 전통적인 우호국이다.

한편, 불안정한 북한 상황은 중국의 핵심국가이익에 부정적으로 영향을 미치고 있다. 지경학(地經學)적 의미에서도 북한의 폐쇄성은 중국의 지속적인 경제발전, 특히 '동북진흥계획' 추진에 부정적인 영향을 미치고 있다. 북핵위기는 유사시 중국이 미국 및 한국과의 군사적 분쟁에 연루될 개연성을 갖고 있다. 특히 북한으로부터 초래되는 한반도의 불안정은 중국의 평화로운 주변환경 조성에 최대의 걸림돌이다.[82]

이렇듯 중국에게 북한은 핵심전략이익이 걸린 지역이자 국가핵심이익을 침해할 수 있는 여러 요소를 내포하고 있다는 점에서 상당한 비용을 수반하는 대상이다. 따라서 중국의 대북정책은 일면 핵심전략이익인 북한을 보호 또는 수호하는 데 지불되는 비용과 부

---

[79] 『新華通信』, "中國周邊外交新戰略," 2011年 7月 22日.

[80] 2009년 북한의 핵보유 의지에 대한 강조와 함께 5월 25일 2차 핵실험이 감행되면서 중국은 이를 "핵심전략이익에 대한 중대한 도전이며, 핵실험을 단호히 반대한다"는 입장을 밝혔다.

[81] 김흥규, "중국의 핵심이익과 한반도," 이와 관련 서진영은 "북한의 안정과 중국의 핵심이익"이라는 기조연설(코리아정책연구원 토론회, 2012.5.16)에서 중국에게는 중북동맹 강화가 국가이익이며, 북한의 안정은 핵심이익이라고 강조했다.

[82] 黄凤志·呂平, "中国东北亚地缘政治安全探析," 『现代国际关系』, 2011年 06期, pp. 40-41; 黄河呉雪, 앞의 논문, pp. 59-60.

담을 최소화하는 데 중점이 두어지고 있다.

위와 같이 부상한 중국이 모색하고, 추구하고 있는 새로운 강대국관계와 핵심이익은 철저하게 자국의 국익에 기반을 두고 있다. 기본적으로는 미국과의 안정적인 관계를 지향하면서 자국의 핵심이익과 관련된 사안의 경우 자기 목소리를 분명하게 내겠다는 것이다.

반면, 그렇지 않은 사안에 대해서는 미국과의 갈등을 최소화하기 위해 타협을 할 수 있다는 것을 암시하고 있다.[83] 때문에 북한·북핵문제가 중국의 핵심이익과 관련된 사안이 아닐 경우 미국과 중국은 서로 타협을 통해 이익의 균형을 추구할 수도 있다.

다. 외교정책 결정 구조

중국의 외교전략 노선과 함께 주목되는 것은 탈냉전 이후 중국의 외교(대북)정책 결정 구조가 변하고 있는 것이다.[84] 후진타오 시대 이후 중국의 대북정책 결정 과정의 특징은 기존의 중앙집권적이고 폐쇄적인 정책결정 구조가 점차 다원화·제도화·전문화되고 있다는 점이다.[85]

당·정·군부를 중심으로 한 제5세대 리더뿐만 아니라 각종 싱크

---

[83] 이동률, "중국의 '새로운 형태의 대국관계' 구상과 미중관계,"「동아시아 브리프」, Vol. 7 No. 3 (2012), p. 25.

[84] 신상진, "10기 전인대 이후 중국의 외교안보정책 분석과 전망,"「통일정책연구」, 제12권 제1호 (2003.6), p. 3.

[85] 중국의 대외정책 결정 구조와 관련 보다 자세한 내용은 신상진, 위의 논문; 김흥규,「중국 국제정치 분야 싱크탱크 연구 - 후진타오 시기를 중심으로 -」(외교안보연구원 정책연구과제, 2009); 신종호·최용환, "중국의 외교정책결정 구조 변화 및 한반도에 대한 시사점,"「CEO REPORT」, No. 33 (2009.12), pp. 1-22; 신종호, "중국의 외교정책결정 구조 변화 및 한반도에 대한 시사점,"「CEO REPORT」, No. 33 (2009.12), pp. 1-19 참조.

탱크와 언론 등이 정책결정에 적극 참여하고 있다.[86] 인터넷의 일반화로 네티즌들의 여론 또한 무시할 수 없게 되었다.[87]

개혁개방 이전 중국의 외교정책은 소수의 당 지도부에 의해 결정되고 집행되었다. 최고 정책결정권자 역시 마오쩌둥(毛澤東)과 저우언라이(周恩來)로 대표되는 최고지도부였다. 북한문제와 관련된 실질적인 정책 입안과 교류는 당 대 당 관계(黨際關係)를 주관하는 당 중앙 대외연락부(중련부)가 담당했다. 중북 혈맹관계를 반영하듯 군부의 역할도 중요시 되었다.

개혁개방 이후에도 북한문제와 관련 최고지도부의 역할이 여전히 중요하게 작용했다. 그러나 탈냉전, 정보화·세계화·민주화 등에 따라 외교정책 결정 과정에 점차 변화가 일어나고 있다.

중국의 외교정책 결정 구조는 아래 〈그림IV-12〉과 같이 중대한 외교 사안은 '중앙외사영도소조(中央外事領導小組)' 및 '당 중앙정치국 상무위원회'에서 최종 협의·결정한다. 중앙외사영도소조는 외교·안보분야 최고위 '정책협의'기구로 당·정·군 등 해당 기관장들과 전문가들이 참여한다.

---

[86] Gilbert Rozman, "China's Foreign Policy: Who makes It and How is It made," *The Asian Institute for Policy Studies* (19–21 May, 2011), p. 1.

[87] 2012년 6월 현재 중국의 인터넷 이용 인구는 5억 3,800만여 명(전체 인구 대비 39.9%)으로 증가, 중국 당국은 인터넷 검열을 강화하고 있으나 철저한 통제는 불가능한 실정이다.

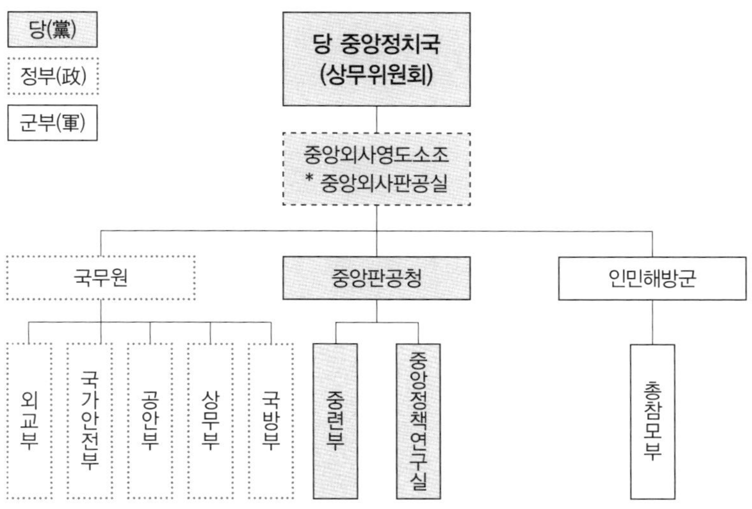

당 중앙정치국 상무위원회는 최고위 정책결정기구로서, 중앙외사영도소조의 토론 결과 등을 토대로 국가통치 차원에서 결정한다. 그 과정에서 당 중앙판공청과 중앙정책연구실, 중앙외사판공실(아래 〈표IV-8, 9〉참조)이 중요한 역할을 하고 있다. 정치적 결정이 요구되는 사항 이외의 사안은 대부분 외교담당 국무위원 선에서 결정하는 것으로 알려지고 있다. 결정된 사안은 외교부와 중련부에서 집행되고 있다.

〈표Ⅳ-8〉 중국외교 4대 핵심 포스트

(2013년 3월 현재)

구분	외교담당 국무위원(부총리)	외교부장	중앙외사판공실 주임	중련부장
'98년-'03년	첸치천(부총리) ※ 당 정치국위원	탕자쉬안	류화추 (외교부 부부장)	다이빙궈 (' 97-)
'03년-'08년	탕자쉬안(국무위원) ※ 당 중앙위원	리자오싱(-' 07)/ 양제츠(' 07-)	류화추(-' 05)/ 다이빙궈(' 05-) (외교부 부부장)	왕자루이
'08년-현재	다이빙궈(국무위원) ※ 당 중앙위원	양제츠	다이빙궈 (겸직)	왕자루이
'13년 3월	양제츠(국무위원)	왕이	양제츠(〃)	왕자루이

〈표Ⅴ-9〉 당의 중요 외교정책 결정 관여 사무기구

(2012년 10월 말 현재)

기구	주요 업무 내용

중앙판공청
(주임: 링지화)
	• 최고정책결정자(층)에게 보고되는 외교·국내문제를 포함한 모든
	정보의 흐름을 통제
	  － 정치국(상무위) 업무를 담당하는 중앙서기처의 사무기구 (한국
	  청와대비서실 역할), 이전 주임: 원자바오, 쩡칭훙

중앙정책연구실 (주임:왕후닝)	• 내정·외교 등 국정 전반에 대해 연구 수행, 정책 보고 및 건의, 정치문건 기초 작업 등 수행 － 중국공산당 최고의 싱크탱크

중앙외사판공실
(주임:다이빙궈)
	• 당·정의 외교관련 보고서와 정책건의를 취합·보고
	  － 중앙외사영도소조의 사무기구(한국의 청와대
	  외교안보수석비서관실 역할 수행)

그러나 중북관계 사무의 경우는 다소 다르다. 중북관계에서 중련부·외교부 및 군부의 역할(아래 〈그림Ⅳ-2〉 참조)은 주목되는 부분이다. 중국에서 대북정책은 다른 외교 사안과 달리 기본적으로 당 중련부가 담당한다.[88] 탈냉전 이후 중련부의 위상·역할이 약화

---

[88] 당 중련부 아시아국 2처 직원들은 외교관과 똑같은 대우를 받고, 순차적으로 남북한 주재 중국대사관에서 근무한다.

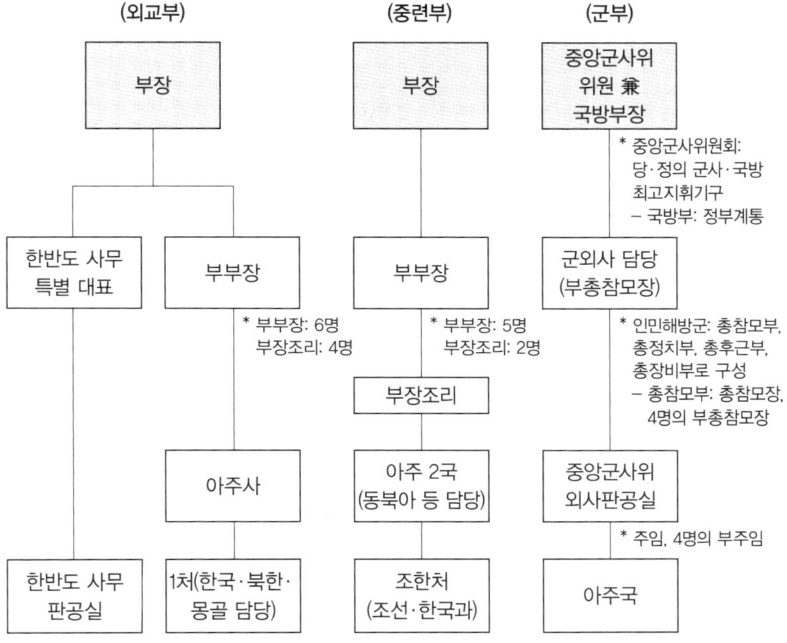

되는 추세에 있었으나 2009년 하반기 이후, 중북관계가 당 대 당 교류를 중심으로 회복되면서 역할이 강화되고 있다. 최근 중련부는 자체의 연구실을 만들어 정책능력을 향상시키는 등 대북정책을 주도하고 있다.[89]

2011년에는 중국의 공산당과 북한의 노동당 간에 '전략대화' 기제가 구축되었다. 그해 6월에 제1차 전략대화를 개최(李源潮 당 조직부장 방북)했다. 2012년 4월에는 제2차 전략대화가 개최(김영일

---

[89] Zhu Feng and Nathan Beauchamp-Mustafaga, op. cit., p. 41.

당 국제부장 방중)되었다.[90]

　다만, 북한과의 관계에서 부담 요소가 개입되는 외교사무의 경우 중련부보다 외교부를 활용하고 있다. 북핵문제와 같이 정치적으로 부담이 되고, 여러 나라가 참여하는 사무는 외교부가 주도한다. 남북한문제는 외교부 내 한반도사무 대사 및 한반도 사무판공실(2003년 신설)이 담당하고 있다.[91]

　군부는 아직도 대북정책 결정 과정에서 상당한 역할을 하고 있는 것으로 보인다. 중국군은 한국전쟁 참전 등 북한과 혈맹의 경험을 공유하고 있고, 보수적인 경향 등으로 인해 대북정책의 변화를 어렵게 하는 요인이다.

　군부의 의견은 중앙군사위원회(국가 주석과 부주석 참여)를 통해 전달되고 있다. 당 정치국 위원(25명)에 외교부 인사는 없으나 군부 인사는 2명이 참여하고 있다.[92] 적어도 대북정책, 특히 북핵문제 해결 과정에서 군부는 자체의 논리를 가지고 외교부보다 더 많은 역할과 영향력을 행사하고 있다. 중국이 북한의 핵과 미사일문제를 외교문제이자 군사문제로 인식하고 있는 것도 군부의 역할을 증대시키는 요인이다.

---

[90] 중북관계는 전통적으로 당과 군 차원의 교류협력이 중심이 되고 있어 주북한 중국 대사관 업무의 60% 이상이 당 대 당 교류업무(경제통상 업무의 비중은 낮은 편)로 알려지고 있다. 특히 북한은 대중 관계를 당 대 당 차원에서 다루려고 하고 있어 중요한 논의는 중공 중련부와 북한 노동당 국제부 간에 진행되고 있다. 김정일의 방중, 양당 간 '전략대화' 등은 모두 당 중련부가 주관했다.

[91] 중국 내에서는 외교부의 위상이 부장(장관)급으로, 미국과 비교할 때 너무 낮다는 평가에 따라 외교부장의 위상을 부총리급 또는 국무위원으로 격상하는 방안을 검토 중인 것으로 알려지고 있다.

[92] 외교부는 첸치천(錢其琛) 전 외교담당 부총리('93-'03) 이후 정치국에 진입을 못하고 있으나, 군부는 중앙군사위 부주석 2명(現 17기: 궈보슝(郭伯雄), 쉬차이허우(徐才厚) / 제18기: 판창룽(范長龍), 쉬치량(許其亮))이 참여하고 있다.

이처럼 중국의 외교정책 결정 구조가 점차 다원화·제도화·전문화되고 있는 것은 향후 중국의 대북정책 결정에서 다음과 같은 특징이 나타날 것으로 예상할 수 있다.

첫째, 중국내 '수직적 민주화'의 성숙,[93] 집단지도체제의 강화, 정책결정 체제의 다원화·민주화·과학화 등에 따른 정책의 가변성과 역동성이다.[94] 이제 중국은 관련 이해당사자들의 요구와 공중여론(公衆興論)을 마냥 무시만 할 수 없는 사회가 되었다. 최근 중국내에서는 외교·국제문제와 관련 정부와 사회엘리트들 간의 견해가 다양해지면서 분열되고 있다. 때로 소장 학자들의 서슴없는 의견 개진은 치열한 논쟁을 불러오기도 한다. 이런 실정에서 공산당 최고지도부의 개인적인 '정향성'에 의해 대북정책이 결정되기는 어렵게 되었다. 다만, 아직은 중요한 정책결정 참여 주체들(당 중련부, 인민해방군, 외교부) 간의 관계에서 조정과 타협에 의한 '협의'에 의해 정책이 결정되는 것으로 보인다.[95]

둘째, 한반도 문제를 처리함에 있어 당(중련부)의 위상이 상대적으로 하락하고 정부(외교부)의 역할을 새롭게 강조하고 있는 점이다. 이는 관련부처의 전문성 존중이라는 측면도 있지만, 중국정부가 북한과의 관계를 기존의 '특수관계'에서 점차 '정상국가관계'를 지향하고 있다는 반증이다. 다만 2009년 이후 당 중련부의 역할 증대는 중북관계가 다시 특수관계로 복원되고 있다는 증거일 것이다.

---

[93] 중국은 수평적 정당정치가 아니라 하향식과 상향식 과정이 조화를 이루면서 지도부가 설정한 공동목표를 구현해 나가는 수직적인 민주모델을 형성해 가고 있다. 존 나이스미트·도리스 나이스비트 지음, 안기순 옮김, 『메가트랜드 차이나』(서울: 비즈니스북스, 2010.4), pp. 86-97 참조.

[94] 楚树龙·金威, 『中国外交战略和政策』(北京: 时事出版社, 2008), pp. 75-87.

[95] Zhu Feng and Nathan Beauchamp-Mustafaga, op. cit., p. 40.

현재 중국의 대북정책은 사실상 당 중련부를 핵심으로 군이 가세하는 형태로 결정되고 있다. 아직 외교부의 전략파보다 당·군부 내의 전통파를 중심으로 안정을 중시하는 보수적 경향이 지속될 수밖에 없는 구조이다.[96]

셋째, 주목되는 것은 정책결정 과정에서 당·정·군에 소속된 다양한 형태의 '싱크탱크'의 역할이 확대되고 중요성이 커가고 있는 것이다. 이러한 추세는 학계·민간 영역까지 확산되고 있다.[97] 국책연구기관 연구원들은 정식 공무원과 같은 대우를 받고, 정책 결정에도 상당한 영향력을 행사하고 있다. 이들은 대부분 북한이나 한국의 대학에 유학했거나 연구기관에 연수한 경험이 있고, 북한 및 한국에 인맥과 정보망도 갖추고 있다.[98]

이렇듯 중국의 외교정책 과정은 한국과 미국 못지않게 전문가 집단의 전문성이 반영되는 합리적인 결정구조와 시스템을 갖고 있다. 특히 2004년부터 시행되고 있는 '중국공산당의 집정능력 강화'를 위한 집단학습과 실천운동은 정책결정 능력을 향상시키는 주요인이다.

특히 오랜 기간 단련되고 검증된, 유능하고 지도력 있는 인물만이 국가지도자가 될 수 있는 정치적 충원제도는 중국의 지속적인 발전의 원동력이자 가장 강한 경쟁력일 것이다. 여기에 지속적인 학습·토론이 있는 정책결정 시스템과 전문성의 제고는 중국의 외교정책에서 시행착오와 실패의 가능성을 낮추는 결과를 낳고 있다. 중

---

[96] Ibid., p. 43

[97] 김흥규, 『중국 국제정치 분야 싱크탱크 연구 ―후진타오 시기를 중심으로 ―』(외교안보연구원 정책연구과제, 2009), p. 1.

[98] 어우양산(歐陽善) 저, 박종철·정은이 역, 앞의 책, p. 191.

국은 미국 및 한국과 달리 정치적인 표를 의식한 정책결정이 아니라 다분히 교과서적으로 정책을 결정하고 있기 때문이다.

3. 동북아 전략

1990년대 중반 이후 중국은 동북아(넓게는 동아시아)를 자신들의 핵심지역으로 간주하고 우선 이 지역의 중심국으로 부상하고자 한다. 동북아는 자국의 '국가안보' 및 '경제발전'과 직결되어 있어, 세계의 강국으로 우뚝 서기 위한 '도약대'이자 '발판'으로 간주되고 있다.[99]

탈냉전 후 동북아는 여전히 전통적인 안보환경이 강하게 작용하고 있다. 그런 가운데 중국에게는 가장 복잡하고 민감한 세계전략적 의미가 있는 안보전략지역이다. 따라서 중국은 동북아의 화해 없이 자국과 세계와의 화해가 불가능한 것으로 이해하고 있다.[100] 중국이 세계대국으로 성장하기 위해 먼저 지역대국이 되어야 함은 불문가지(不問可知)이다.[101] 강대국으로 부상할 수 있는 능력과 기반을 우선 지역에서 확보해야 한다는 것이다.[102]

중국은 동북아 안보환경이 복잡한 지정학적 특징을 띠고 있고, 탈냉전 이후 전략적 경쟁이 최고로 심화(新高峰)되고 있으며, 자국

---

[99] 이러한 시각에 대해서는 叶自成, 『中國大戰略』(北京: 中國社會科學出版社, 2003), p. 307; 門洪華, "中國東亞戰略的展開," 『當代亞太』, 2009年 第1期, pp. 54-55; 楚树龙, "东北亚战略形势与中国," 『现代国际关系』, 2012年 01期 참조.

[100] 朱 锋, 『国际关系理论与东亚安全』(北京: 中国人民大学出版社, 2007), p. 1; 黄凤志· 呂平, "中国东北亚地缘政治安全探析," 『现代国际关系』, 2011年 06期, pp. 36-38.

[101] 门洪华, "中国东亚战略的展开," 『当代亚太』, 2009年 第1期, p. 54.

[102] 门洪华, 앞의 논문, pp. 54-55; 叶自成, 앞의 책, p. 307.

의 부상에 따른 압력이 가중되고 있다고 본다.[103] 아직 냉전의 기운이 가시지 않은 '열전불열, 냉전부냉(熱戰不熱, 冷戰不冷)' 상태로 인식한다.[104]

이 지역에서 중국이 추구하고 있는 전략적 목표는 자국의 경제발전에 유리한, 안정적이고 평화로운 지역질서의 유지·창출과 자국의 국력 및 위상에 걸맞은 발언권과 영향력을 확대하는 것이다.[105]

중국의 국가전략에서 최우선적인 것은 내정의 안정과 지속적인 경제발전을 이루기 위한 평화롭고 안정적인 주변안보환경이다. 만약 주변에서 분쟁이 발생한다면 중국은 자원을 분산시킬 수밖에 없다. 경제발전은 차질을 빚을 것이다. 그래서 중국은 '이웃을 잘 대하고, 이웃을 동반자로 삼는다(與隣爲善 以隣爲伴)'는 것을 주변외교의 중요한 방침으로 삼고 있다. 이웃과 화목해야 한다는 목린(睦隣), 이웃을 평안하게 한다는 안린(安隣), 이웃을 부유하게 한다는 부린(富隣)은 주변 외교정책의 핵심이다. 특히 중국은 분쟁지역인 한반도와 동북아 지역의 평화·안정을 유지하는 데 주력하고 있다. 동북아의 장기적인 안정과 번영은 한반도 상황의 긍정적인 변화와 직결되며, 이는 자국의 안정적인 발전과도 관계되기 때문이다.[106]

둘째, 동북아 지역에서 영향력을 증대시켜 국제사회에서 자국

---

[103] 杨 毅 主編, 『中国國家安全戰略構想』(北京: 時事出版社, 2008.9), pp. 193-208.

[104] 沈丁立, "東亞: 熱戰不熱, 冷戰不冷" 『社會觀察』(2012.6), pp. 48-49.

[105] 李元烨, "东北亚地缘政治与中美对朝鲜半岛的政策," 『韩国学论文集』 第十二辑, pp. 222 - 224; 김강일, "중국의 동북아전략과 대한반도정책," 『JPI정책포럼』, Vol. 19 No. (2009). pp. 3-6; 전병곤, "오바마 행정부 출범 이후 동북아 전략 환경의 변화와 한국의 동북아 4국 통일외교전략"(통일연구원 연구총서 2010-05), p. 136 참조.

[106] Tang Yongsheng, "Reflections on How to Handle Possible Changes in the Korean Peninsula, Contemporary International Relations," 『现代国际关系(英文版)』, 2012-02-15, p. 84.

의 위상과 역할을 제고시키는 것이다. 중국은 동북아의 새로운 질서 형성 과정에서 자국의 향상된 국제적 지위와 역량을 투사하려는 전략적 동기를 가지고 있다.[107] 중국은 지역 강대국으로서의 국력을 갖추고 있다고 판단하고 있다. 이를 기반으로 중국은 동북아 질서가 미국에 의해 일방적으로 주도되는 것을 방지하는 데 주력하고 있다. 동시에 중국은 역내의 '책임 있는 강대국'으로서의 이미지를 구축하기 위해 이 지역의 안정유지, 충돌방지, 상호 신뢰와 협력 증진, 공동발전에 이바지하고자 한다.

셋째, 최근 중국은 국내문제의 해결에 초점을 맞춘 동북아의 평화·발전을 추구하고 있다. 그동안 중국은 낙후된 동북3성 지역의 경제발전에 필요한 출해구(出海口) 확보를 급선무로 보아 왔다. 이에 따라 중국은 북한과의 경제협력 과정에서 동북지역과 북한을 잇는 인프라 개발, 즉 훈춘-나선지역 도로 연결과 신압록강대교 건설, 북한의 나진-선봉 및 청진항의 이용을 적극 추진해 왔다. 중국은 북한과의 경제협력이 자국 동북지역의 발전은 물론 북한의 개혁개방을 통한 경제재건 및 체제안정, 나아가 자국이 주도하는 동북아 평화 및 경제협력체제의 건설로 발전하기를 기대하고 있다. 이를 위해 중국은 동북아 지역에서 융합·신뢰·협조에 기반을 둔 정치환경의 조성, 평화·안정·화해에 기반한 안보환경의 구축, 호리호혜(互利互惠)의 경제환경 수립을 강조하고 있는 바, 이는 중국이 추구하는 동북아 전략의 핵심이다.

이 같은 중국의 동북아 전략은 세계금융위기 이후 이전과 다른

변화를 보이고 있다. 그것은 기존의 안정적인 주변환경의 조성과 영
향력 유지·확대의 연장선상에서 새로운 동북아 질서의 창출과 함
께 자국의 영향력 확대의 측면이 부각되고 있는 것이다.

중국은 동북아 지역에서 대립과 충돌이 아닌 '평화와 협력, 발
전'을 지향하고 있다. 가능하다면 미국의 견제를 우회하고 미국과
의 충돌을 최소화하면서, 동북아에서의 위상과 영향력을 강화시키
고자 한다.[108] 중국은 역내 각국이 수용할 수 있는 새로운 국제질서
의 규범을 제기하고, 이에 기초해 각국의 동의에 기초한 지역 강대
국으로의 부상을 추구하고자 한다.

4. 대한반도 인식과 정책

긴 국경을 맞대고 있는 한반도는 중국 주변환경의 중요한 구성부
분이다. 국가안보 및 경제발전과 밀접하게 연관되어 있다. 중국은 전
통적으로 자국 중심의 국제질서에 포함된 동북의 주변지역 안정을
중요시해 왔다. 한반도를 자국의 안전을 지켜주는 울타리, 성곽으
로 여겼다.[109]

역사적으로 중국인들은 조선이 안전하면 중국이 안전하고, 조
선이 멸망하면 중국은 더할 수 없는 후환이 된다고 인식했다. 오늘
날에도 중국은 지정학적 측면에서 한반도의 존재 자체가 자국과
경쟁적인 강대국과의 관계에서 완충 역할을 하는 것으로 이해하고

---

[108] 이동률, "2012년 중국 외교전략과 한반도," 『동아시아 브리프』(2012), p. 20.

[109] 이와 관련 북한은 거꾸로 자신들이 미중 사이에서 중국의 안전판 역할을 해오고 있
기 때문에 중국이 자신들에게 경제원조 등의 대가를 지불하는 것이 당연하다고 주
장한다.

있다. 한반도의 안정을 자국은 물론 동북아의 평화를 보장하는 핵심요소(核心因素)로 보는 것이다.

중국은 한반도가 구조적으로 불안정하다고 인식하고 있다. 중국은 "한반도는 아직 냉전의 그림자 속에서 정전협정을 바탕으로 '나약한 평화'를 유지하고 있다. 휴전선은 여전히 세계적으로 군대가 가장 밀집된 지역으로, 의외의 사건이나 잘못된 판단으로 큰 재앙이 일 수 있다"고 인식하고 있다.[110]

또 중국은 "한반도 정세의 핵심에는 북한의 안전을 포함한 모든 나라의 안보문제가 있다. 관련국의 공동안보가 실현돼야만 한반도 문제가 근본적으로 해결돼 동북아의 장기적인 안정이 실현될 수 있다", 특히 "냉전적 요소가 잔재해 있는 한반도에서 북미 간의 불신과 대립은 한반도 불안정의 근원이다"고 인식한다.[111]

중국은 "한반도 정세가 여전히 복잡하고 민감해 많은 불안정성이 존재하기 때문에 관련국들이 냉정과 절제를 유지하면서, 접촉과 대화를 계속하고, 모순을 격화하는 행동을 취하지 말아야 한다"는 입장이다.[112]

탈냉전 이후 중국은 한반도의 평화·안정 유지와 한반도에 대한 영향력 확대라는 정책기조를 일관되게 유지해 왔다. 동북아 전략기조에서 볼 때도 한반도에 대한 중국의 정책기조는 '자국의 현대화를 위한 한반도의 평화와 안정 유지'라는 선린외교 기조와 '대한

---

[110] 駐상하이 한국총영사관과 중국 푸단(復旦)대학이 한국과 중국의 수교 20주년을 맞아 2012년 8월 24일 중국 상하이(上海)에서 개최된 제2차 한중 학술회의에 참석한 쉬부(徐步) 중국 외교부 한반도사무 부대표의 발언 내용이다.

[111] 崔立如, "朝鮮半島安全问题: 中国的作用,"『现代国际关系』, 2006年 第9期, pp. 43-44.

[112] 2012년 8월 23일 중국 외교부 푸잉(傅瑩) 부부장이 연합뉴스와 가진 서면 인터뷰.

반도 영향력 강화를 통한 대국으로서의 입지 강화'라는 대국외교의 기조가 작용하고 있다.[113]

따라서 중국의 대한반도 정책에는 평화적이고 안정적인 국제환경 조성과 미국을 중심으로 한 서방세력의 봉쇄정책 저지 및 자국의 영향력 확대가 핵심기조로 자리 잡고 있다. 즉, 중국의 대한반도 외교목표는 변화하는 환경 속에서 안정적이고 평화로운 한반도 유지, 북한정권의 유지, 한국과의 관계 강화를 통해 경쟁국인 미국보다 우세한 영향력을 확보하는 것이다.[114] 중국은 이 목표를 실현하기 위해 그동안 남북한 모두에게 영향력을 유지할 수 있는 균형·등거리 정책을 추진해 왔다.

최우선적인 목표는 한반도의 평화·안정이다. 북핵문제 발생 이후 중국의 대한반도 정책 목표는 ①평화(不戰), ②안정(不亂), ③비핵화(無核)로 요약된다. 중국은 계기시마다 한반도 정세를 매우 중시하고, 한반도 문제에 있어 일관된 입장을 지켜왔다고 말하고 있다. 한반도 유관국들의 냉정과 절제, 한반도의 평화와 안정, 한반도 비핵화, 대화와 협상(6자회담과 남북대화 재개)을 통한 문제해결 등이 그것이다.[115]

상술한 바, 중국에게 한반도, 특히 북한의 안정은 자국의 핵심

---

[113] 이동률, "중국의 북한에 대한 인식과 전략, 주요 현안을 중심으로," 『동아시아 브리프』(2008), p. 100.

[114] Robert Sutter, "China and North Korea after the Cold War: Wariness, Caution, and Balance," *International Journal of Korean Studies*, Vol.XIV, No. 1 (Spring 2010), p. 19.

[115] 外交部发言人(刘为民), "对话协商是解决朝鲜半岛问题的唯一正确选择" 新华社(北京). 2012年 4月18日电, 이는 2011년 7월 14일 김관진 국방장관의 시진핑 부주석과의 면담 시 시진핑이 언급한 관련 내용과 같은 것이다.

이익과 직결되는 중요한 이익에 해당된다. 중국은 한반도의 평화·안정 없이 경제발전이나 정치안정, 자국이 의도하는 동북아 新국제질서의 수립이 어렵다고 본다. 동북아에서의 자국의 영향력 확대와 평화로운 발전이 불가능한 것이다.

따라서 중국은 한반도의 평화·안정을 저해하는 어떠한 일에도 반대한다는 입장이다. 중국은 한반도의 평화·안정이 유지되는 조건 하에서만 한반도의 비핵화와 평화통일을 추구하고 지원할 것이며, 한반도의 평화·안정을 파괴하는 그 어떤 일도 반대한다는 것을 대원칙으로 삼고 있다.

구체적으로 중국은 우선 북한의 도발 등 군사적 모험주의를 단호히 반대한다는 입장이다. 한반도에서 전쟁이 재발해 한반도의 안정이 파괴되는 것이나, 자국의 동북지역과 동북아의 안정이 파괴되는 것을 바라지 않는다. 중국이 한반도 비핵화를 주장하는 것은 핵확산에 반대하는 보편적 가치를 고려하는 의미 외에 한반도와 동북아의 평화·안정을 추구하는 의미가 있다.

중국은 북핵문제 또한 한반도 평화·안정 유지라는 큰 틀에서 접근하고 있다. 한반도의 비핵화도 중요하지만 한반도의 평화·안정에 더 큰 비중을 두고 있다. 한미 군사동맹에 대해서도 이를 냉전시대의 유산으로 간주하고 외국군대의 국외주둔을 비난하고 있으나, 주한미군에 대해서는 다소 유보적인 태도를 보이고 있다. 주한미군이 한반도의 안정과 동북아 평화 유지에 어느 정도 기여하고 있다고 보기 때문이다.[116] 북한과의 동맹조약을 계속 유지하는 이유도

---

[116] 이태환, "중국 군사력 증강의 분석과 전망," 『세종정책연구』, 2007년 제3권 1호, p. 20.

당분간 한반도 평화·안정에 필요하다고 보기 때문이다.[117]

중국은 현재 전쟁도 평화도 아니고, 통일이 안 된 '부전불화불통(不戰不和不統)' 상태에 있는 한반도의 평화·안정이 공고화되기 위해서는 한반도의 냉전구조(즉, 대결구도)를 협력구도로 전환하고, 궁극적으로는 한반도 평화체제와 동북아 안보협력체제를 구축하는 것이 바람직하다는 입장이다.[118]

위와 같은 행위자(중국) 수준에서의 대북정책 영향 요인들은 중국이 추구하는 국가목표 및 이익과 상호 밀접하게 연계되어 '위계구조'를 이루거나 '목표-수단의 연쇄(means-ends chains)' 관계를 이루고 있다. 중국의 가장 중요한 국가목표인 내정의 안정적인 발전을 위한 평화로운 주변환경이라는 관점에서 북한은 '핵심전략이익'의 자리에 있다. 한반도와 동북아의 불안정이 북한의 불안으로부터 초래되고 있다는 점에서 북한을 잘 관리해야 할 필요가 있다. 지경학적 관점에서도 북한은 동북진흥을 위한 자원·시장기지 및 출해구(出海口)의 역할을 할 수 있다.

또 중국의 대북정책은 자국의 동아시아 전략 구도 속에서 대한반도 정책의 일환으로 추진되고 있다. 따라서 중국의 대북정책을 이해하기 위해서는 상술한 중국의 국가목표와 이를 구현하기 위한 대내외 정책과 전략 등에 대한 이해가 필수적이다.

---

[117] 이태환, 앞의 논문, p. 16.

[118] 黃河旲雪, 앞의 논문, p. 57.

제3절 관계 수준의 요인

1. 중국의 북한(지역)에 대한 인식

가. 역사적 인식과 경험

한 국가의 주관적 인식을 파악하기 위해서는 먼저 그 국가가 경험한 역사에 대한 분석이 필수적이다. 전쟁·혁명과 같은 사건·사실들은 정책결정자들로 하여금 주요 문제들을 어떻게 접근할 것인지를 알려주는 역할을 한다. 정책 결정의 중요한 준거(reference)가 되는 것이다.

역사적으로 중국과 한반도(특히 북부지역)는 특정한 혈연과 지연, 언어와 문자, 역사적 경험과 유산 등을 상당부분 공유하고 있는 공동체적 속성을 가지고 있다. 중국의 입장에서 한반도 국가(특히 朝鮮)는 중화세계에서 소중화(小中華)를 자처할 정도로 문화적 친밀도가 가장 높은 나라였다.

현재 중국의 대북 인식과 중북관계는 분명 이 같은 역사적·사회문화적 요인이 작용하고 있다. 실제로 중국의 '동북공정'에서 보는 바와 같이 중국인들은 고조선과 고구려, 발해의 역사를 자신들의 역사에 편입시키고 있다. 동 지역에서 건립된 국가를 자국 지방의 소수민족정권으로 여긴다.[119]

그 연장선상에서 중국은 고조선과 고구려, 발해의 영토였던 한반도의 청천강 또는 대동강과 원산을 잇는 선의 이북지역을 어떤 경우, 어떤 형식으로든 관여해야 할 선조의 땅, 적대세력을 저지해야 할 완충지대로 보고 있다.[120] 대동강-원산 선 이북을 사실상 자국의 역사적 영토로 인식하고 있는 것이다. 아래 〈표IV-10〉의 내용은 대동강-원산 선 이북에 대한 중국인들의 인식을 그대로 보여주는 사례(史例)들이다.

그동안 중국의 대북정책 결정에 지속적으로 영향을 미쳐온 중요한 요인은 북한지역에 대한 중국의 역사적 인식과 지정학적 이해이다. 이는 중북관계의 '본질'이자 '뿌리'를 형성하고 있는 근본요인이

---

[119] 1777년 청나라 건륭(乾隆)황제의 지시에 의해 편찬한 만주지역의 역사서에는 고조선, 고구려, 발해, 요·금·청의 민족을 말갈족으로부터 여진족, 만주족으로 보고, 금이나 청은 고구려와 발해의 후예들이라고 적고 있다. 이병주 감수/남주성 역주, 『欽定 滿洲源流考 상·하권』(서울: 글모아, 2010), p. 14.

[120] 북위 39도선, 대동강을 기준으로 한 선은 북위 37도선과 상반되는 세력관계에서 형성되었다. 신라와 당의 전쟁 결과, 신라는 대동강 이남을 차지했다. 해양세력은 대륙세력과의 패권 경쟁에서 우세할 때 대동강 이남을 요구했다. 임진왜란 때 도요토미가 평양을 점령하고 중국에게 대동강 이남의 지배를 주장했고, 1백 년 전 야마가타 아리토모(山縣有朋)는 의화단전쟁에서 승리한 후 러시아에게 대동강 이남의 지배권을 요구했다. 청천강 이북에서 두만강 유역에 이르는 선의 경우 임진왜란 시 도요토미의 일본군이 파죽지세로 이 선까지 진격했다. 한국전쟁 때 미국을 중심으로 한 유엔군도 인천상륙작전을 통해 이 선까지 진출했다. 그러나 이 선에 이르면 곧 대륙세력에게 반격을 당한다. 도요토미 일본의 침략 시에는 명이 항왜원조(抗倭援朝)를 내걸고 10여 만의 군대를 파병했다. 두만강 가의 여진도 공식적으로 대일 참전의사를 밝혔다. 한국전쟁 때는 중공군이 항미원조(抗美援朝)를 내걸고 1백 30만여 대군을 파견했다. 배기찬, 『코리아 다시 생존의 기로에 서다』(서울: 위즈덤하우스, 2005), pp. 35-39 참조.

라고 할 수 있다.[121]

〈표IV-10〉 대동강-원산 선 이북에 대한 중국인들의 인식

시기	구체 내용	비고
수양제의 고구려 침략시	"고구려의 경역은 본래 중국의 군현인 바,……" "고구려 땅은 본래 孤竹國, 주대 기자에게 봉했다."	신하裵矩册 침공 명분
당 태종의 고구려 침략시	"요동은 본래 중국의 땅인데, 수씨가 4번 군사를 냈지만 얻지 못했다. 이제 짐이 동방을 정벌해 중국을……"	자치통감, 197
거란의 고려 침략시	"너희 나라는 신라에서 일어났고, 고구려 땅은 우리가 소유할 터인데……"(고구려 땅을 내놓으라고 요구)	소손녕- 서희 담판
중국의 한국전 참전시	중국은 압록강을 '국방선', 평양-원산 선을 '전략선'으로 정해 한국전쟁을 수행	마오쩌둥 군사문집6
중국의 동북공정	고구려는 지방 소수민족정권, 중국의 강역은 각 왕조의 강역의 총합, "오늘날의 중조 국경은 조선측이 끊임없이 북쪽으로 확장·형성한 것"(쑨진지)	2004년 전후

* 출처: 문대근 지음, 『한반도 통일과 중국』(서울: 늘품플러스, 2009), pp. 84-116; 쉬융(徐勇),
"20世纪中国地缘战略与抗美援朝战争关系"『동북아 국가와 민족관계』(제13회
화랑대국제심포지엄 논문집, 2006), p. 115 등 참조.

한반도 북부지역에 대한 중국의 역사적 인식과 지정학적 이해는
매우 깊고 끈질긴 것이다. 중국에게 동 지역은 시종일관 순망치한
(脣亡齒寒)의 전략적 자산이었다. 전통시대, 중국은 요동지역을 방
어하고 자국의 심장부(중원)를 보호하기 위해 한반도(특히 북한지
역)를 자국의 영향권 아래에 두고자 했다.

근·현대에 와서도 중국은 주변 강대국 관계의 변화에 따라 대
북정책을 운용했다. 청일전쟁·한국전쟁과 같이 일본·미국이 북한

---

[121] 이에 대한 반론도 만만치 않게 제기되고 있다. 북한지역을 중국의 지정학적 상수로
간주하는 것은 다분히 주관적이며 북한을 둘러싼 전략적 의미를 간과할 수 있다는
것이다. 오승렬, 앞의 논문, p. 61.

(지역)을 지배하려 할 경우 중국은 만난(萬難)의 위험을 무릅쓰고 이를 저지하려 했다.[122]

新중국의 마오쩌둥 또한 한반도 북부지역을 적어도 강대국의 군사적 주둔을 방지해야 할 안보핵심지대로 인식했다. 1950년 10월 4일, 중국지도부가 한국전쟁 참전문제를 논의할 때 마오쩌둥의 슌망치한(脣亡齒寒)·보가위국(保家衛國) 논리는 모든 반대의견을 잠재웠다. 전쟁 과정에서 중국은 북한지역을 사수하기 위해 총 135만의 병력을 투입하는 등 사력을 다해 싸웠다.[123]

한편, 중국에게 자국의 동북과 한반도(특히 북부지역)는 매우 중요하지만 임진왜란과 청일전쟁, 한국전쟁 등에서 보는 바와 같이 위험한 존재이기도 했다. 임진왜란 때 10여만 명을 파병한 명나라는 이후 쇠락의 길로 들어서 멸망하게 된다. 청일전쟁에서 청나라가 일본에 패배하면서 2000년 중화질서가 붕괴했다.

이때부터 중국인들은 한반도(조선)의 존망이 자국의 안위와 직결되어 있음을 자각하게 된다. 따라서 아래 〈표IV-11〉[124]에서 보는 바와 같이 저항의 대상이 16세기와 19세기 말의 왜(倭)와 일본에서, 20세기 중반과 그 이후 미국으로 바꿨을 뿐 한반도 북부(북한)지역에 대한 중국의 관심은 변함이 없다.

---

[122] 대표적 사례로는 임진왜란 시 명의 원병(抗倭援朝), 청일전쟁, 신중국의 한국전쟁 참전(抗美援朝) 등 총 7회나 된다. 徐勇, "20世纪中国地缘战略与抗美援朝战争关系," 『동북아 국가와 민족관계』(육군사관학교 제13회 화랑대 국제심포지엄 논문집, 2006), p. 85 참조.

[123] 한국전쟁을 수행하는 과정에서 중국 지도부는 평양-원산 선의 사수를 여러 차례 강조하고 있는 것을 볼 수 있다. 예: 1950년 10월 13일 모택동이 스탈린에게 보낸 전문과 그해 11월초 모택동의 지시에는 1차적인 전쟁의 승리를 평양-원산 선까지의 남하로 규정했다. 쉬용, 위의 논문, pp. 114-116.

[124] 문대근 지음, 『한반도 통일과 중국』(서울: 늘품플러스, 2009), pp. 84-149 참조.

전통시대부터 중국은 외부세력이 자국의 완충(북한)지역을 침해하는 조건이나 상황에 닥칠 때 위험을 무릅쓰고 대항해 왔다. 북한지역의 전략적 중요성은 역대 중국 지도부들의 상이성이나 국내정치적 상황에 관계없는 지정학적이고 역사적인 문제로 자리해 왔다.[125] 중국 안보에 있어서 북한이 차지하는 중요성은 강대국과의 갈등이 심화될수록 증대되는 것이다.[126]

이런 관점에서 보면 중국에게 북한의 안정과 한반도의 현상유지는 북한정권의 안정 유지가 아니라 북한지역 '땅'의 물리적 범위의 보존, 즉 지정학적 요충의 확보를 의미한다.[127] 중국은 북한(체제·정권)에 대한 현실적인 이해관계보다 북한지역(땅)의 지정학적·전략적 이해관계를 중시한다는 것이다.

〈표IV-11〉 역사상 중국의 대한반도 무력개입 사례

사건	동북아 정세 변화	이슈의 정치화	중국의 인식·정책
임진왜란 (16c)	• 일본 통일, 명의 쇠퇴, 만주지역 여진족 발흥 • 일본, 동북아체계 수정 의도 – 조선점령→ 중국정복	• 일본의 조선 침공 – 征明假道 • 일본군의 압록강 도달	• 참전/抗倭援朝[405] – 脣亡齒寒 – 再造之恩

---

[125] 조준래, 『중국의 대북한관계 특수성 연구』(한국외국어대학교 박사학위논문, 2001.12), p. 3.

[126] 중국국제전략학회 회장 슝광카이(熊光楷)는 "전략적 관점에서 보면 중국에 북조선만큼 중요한 나라는 없다"고 말한 바 있다. 어우양산(毆陽善) 저, 박종철·정은이 역, 앞의 책, p. 183 재인용.

[127] 주재우, "한반도 통일에 대한 중국의 담론," 『글로벌정치연구』, 제3권 제2호(2010), p. 74. 이에 대한 반대 의견도 있는 바, 북경대학교 김경일 교수는 실지로 근대의 역사 과정에서 조선반도의 지정학적인 의미가 부각되면 될수록 중국은 아무런 실리도 챙긴 적이 없었으며, 오히려 최대의 피해국이 되었다고 주장하면서 중국은 더 이상 북한을 전략적인 완충지대로 간주할 이유가 없다고 주장한다. 김경일, "북중관계 현황과 변화 전망," 『제114회 흥사단 금요통일포럼 자료 집』(2011.3), pp. 40-41.

사건	동북아 정세 변화	이슈의 정치화	중국의 인식·정책
병자/ 정묘 호란 (17c)	• 만주족(후금) 발흥, 명의 쇠퇴 　– 상호 대결(후금 승리=요동 차지) • 조선은 親明排金 고수	• 후금의 조선 징벌 　– 征明戰 대비 　– 경제생명선 확보	• 후금의 요동 　석권으로 참전 불능 • 능력 부족 등으로 　관망
청일 전쟁 (19c)	• 청의 국력 쇠락, 혼란 　– 서구열강 서세동점, 반식민지화 　– 러시아는 남진정책 추진 • 일본은 근대화 성공, 강대국화	• 조선 내 동학혁명 　발생 　– 청·일, 군대 파병	• 청의 조선 속국화 　기도(실패)[406] • 대일전쟁 결의, 　전쟁
한국 전쟁 (20c)	• 전후 동서 냉전체제 구축 • 중국 공산화, 중소조약 체결 • 미국의 정책 변화(애치슨 선언)	• 한국전쟁 발발 • 미군, 38선 월선 　– 동북·압록강 위협	• 전쟁불가피론 • 抗美援朝 保家 　衛國,[407] 참전

---

[128] 1592년 9월초 명나라의 설번(薛藩)은 요동의 울타리인 조선이 망하면 요동이 위험해지고 중국 전체가 위험해진다는 점, 정벌할 바에는 평양 부근에서 제압해 일본군의 활동반경을 줄여야 한다는 점, 조선이 망하면 일본이 조선의 힘을 흡수해 중국을 공격할 수 있다는 점 등 조선의 전략적 가치와 전쟁의 본질을 꿰뚫고 명군의 대규도 파병을 강력 건의했다. 『선조수정실록』, 권26, 선조 25년 9월.

[129] 1881년 이홍장은 청의 광서(光緖) 황제에게 청국의 번속(藩屬) 가운데 가장 친한 나라가 조선인데, 조선의 존재가 자국의 안녕과 직결되므로 조선이 지탱할 수 있도록 보호하고 협조해야 한다고 건의했다. 이홍장의 외교적 목표는 급박하게 돌아가는 국제정세의 흐름 속에서 조선을 청국의 울타리로 만들어 자국의 안정을 유지하는 데 있었다. 오늘날 중국이 북한을 지지하는 이유도 이와 유사한 것으로 판단된다. 김문식, "이홍장의 외교적 목표"(다산연구소, 실학산책, 2010.12.24), pp. 1-3 참조.

[130] 1950년 9월 말부터 미군이 38선을 넘을 기세를 보이자 중공은 여러 차례의 회의를 개최했다. 회의에서 마오쩌둥과 주은래, 주덕, 팽덕희, 등소평 등은 출병 불가피론을, 林彪와 高崗 등은 출병 반대론을, 진운과 유소기 등은 소극적인 입장을 개진했다. 이 결정 과정에서 중공의 고위지도자들은 긴박한 상황에서도 각자의 의견을 자유롭게 개진했고, 다양한 대안들의 이해득실을 충분히 분석·비교, 10월 4일 중공 중앙정치국 회의는 '항미원조, 보가위국'(抗美援朝, 保家衛國 : 미국에 반대하고 조선을 지원하며, 가정을 보호하고 나라를 지킨다.) 전략을 결정했다. 1950년 10월 9일 한국군 및 유엔군이 38선을 넘고, 출병이 대세를 이루자 마오쩌둥은 "이런 중대한 시기에 결심을 내리지 않으면 북한이 미국에 의해 점령될 뿐만 아니라 중국의 건설 자체도 불가능해 질 것"이라고 주장했다. 10월 13일 전보에서는 "먼저 僞軍(한국군)을 격파한다… 우리가 출병하지 않는다면 적군으로 하여금 압록강 변까지 접근하게 해 국내외에 반동의 분위기가 더욱 높아져 각 방면에 모두 불리할 것이다. 우선 동북지역이 더욱 불리해져 전체 동북 변방군은 장차 적군에게 흡수될 것이고, 남만주의 전력도 적국에게 통제당할 것이다. 결론적으로 우리들은 당연히, 그리고 반드

나. 대북 인식의 분화

북한(지역)에 대한 중국의 전략적·지정학적 이해는 강대국과의 관계에서 비롯된다. 한반도는 19세기 말 이후 주변 강대국에 의해 둘러싸여 있다. 지난 역사 과정에서 확인된 북한(지역)의 전략적 중요성은 냉전기뿐만 아니라 탈냉전기에서도 큰 변화가 없다. 미중관계가 세력전이 과정으로 치닫는 신냉전 상황에서는 더욱 흔들릴 수 없는 것이다. 그럼에도 대국으로 부상한 중국은 대북정책을 어떻게 정립해야 할지 고민하지 않을 수 없다.

중국 내에서는 변화하는 국제정치적 위상에 대한 인식을 바탕으로 〈표 IV-12〉에서 보는 바, 다양한 전략적 사고들 간에 논쟁이 전개되고 있다. '전통주의자'들과 '발전도상국론자'들, 그리고 '신흥 강대국론자'들이 그것이다.

'전통주의자'들은 중국의 전통적인 강대국 지위(中華復興, 强漢盛唐)에 대한 향수가 강하다. 지정학적 사고를 바탕으로 주변의 완충지대를 확대해야 한다고 주장한다. 미국에 맞서 자국의 정치적 영향력을 강화하는 정책들을 선호하고, 북한을 자국 동북지역의 전략적 완충으로 본다.

시 참전해야 하며, 참전하면 이익이 많고 참전하지 않으면 손해가 극심할 것이라고 생각한다"고 말했다. 주은래 역시 10월 24일, '중국인민정치협상회의 제1기 전국위원회 제18차 상무위원회'의 보고에서, "만일 조선이 무너지면 동방전선에 큰 구멍이 뚫리는 것이고, 적들은 우리의 대문을 열고 들어올 것이다. 중국과 조선은 입술과 치아의 우방이다. 입술이 없어지면 곧 치아가 시리다. 조선이 만일 미 제국주의에 무릎을 꿇는다면, 우리나라 동북은 곧 안전이 깨진다…… 입술과 치아가 서로 의지하는 관계라는 말이 있듯이, 우리는 조선을 원조해 주어야만 한다"고 역설했다. "我軍應當和必須入朝參戰"(1950.10.13)『毛澤東軍事文集』6卷 (北京: 軍事科學出版社·中央文獻出版社, 1993), p. 117; 胡海波,『朝鮮战争備忘録』(黃河事出版社, 2009), pp. 113-130 참조.

<표IV-12> 중국내 전략사고의 분화와 정책정향

구분	전통주의	발전도상국론	신흥 강대국론
미국과의 관계	경쟁	협력	경제적 관여(헤징)
대한반도 정책	영향력 회복	현상 유지	변화지향적 현상유지
북한에 대한 인식	전통우방	문제아	문제아
대북정책 수단	정치적 지원과 경제원조	경제지원과 외교설득	압력 등 다양한 수단
북한급변시 대응	개 입	신중함 속 미국과 협의	기회주의적

* 출처: 김흥규, "변화하는 북중관계와 한국의 국가전략,"『제114회 흥사단 금요통일포럼 자료집』(2011), p. 4. 본 주제 관련 내용만 추림.

중국외교의 주류를 이루고 있는 '발전도상국론자'들은 북한문제를 미국과의 관계 및 자국의 경제발전 전략의 종속적 지위로 인식한다. 한반도 안정을 유지하고자 하는 정책을 선호하는 이들은 미국의 단극체제는 지나갔으나 자국을 세계적인 강국이라기보다는 지역강국으로 제한하는 경향이 있다. 미국이 아직 쇠퇴하지 않았다고 보는 것이다.

'신흥 강대국론자'들은 강대국을 지향한다는 점에서 전통주의자들과 유사하다. 다만 대미관계를 중시하나 자국의 점증하는 역량을 내세워 핵심이익과 관련해서 필요할 경우 미국과의 갈등도 불사해야 한다고 주장한다. 한반도에서 자국의 전략적 이해를 제고하는 정책을 선호하고 있다.

현재 중국의 주류를 이루는 사고는 발전도상국론이다. 점차 신흥강대국론이 부상하는 추세에 있다. 이 같은 전략적 사고의 분화는 자연스럽게 대북 인식문제와 한반도 통일에 대한 논쟁을 야기하고 있다. 중국은 북한을 과거의 잣대로만 인식하고 있지 않은 것이다.[131]

---

[131] 김흥규, "변화하는 북중관계와 한국의 국가전략,"『제114회 흥사단 금요통일포럼

2006년 제1차 핵실험으로부터 2009년 2차 핵실험에 이르기까지, 중북관계는 북핵문제로 몸살을 앓았다. 중국 내에서는 대북정책과 중북관계의 향방을 둘러싸고 다양한 논의가 전개되었다. 주로 '북한은 과연 중국에게 전략적으로 얼마나 중요한가?', '정치적 부담을 무릅쓰면서까지 북한을 계속 지지·지원해야 하는가?' 등 양국관계의 근본문제가 논의의 주제였다.

중국내에서 북한을 바라보는 시각은 크게 전략적 '자산론'과 '부담론'으로 구분할 수 있다. 당(중련부)과 군부, 북한문제 전문가 등 북한과의 전통적 우의를 중시하는 북한 자산론자들은 북한을 여전히 자국 안보의 전략적 완충으로 간주하고 있다.

대다수 중국인들 또한 북한이 자국의 안정된 안보방파제로 남아있기를 기대하고 있다.[132] 주요 지도자들과 전략가들도 북한은 주변국 관계에서 활용할 수 있는 전략카드(지렛대)로 본다. 이 관점에서 보면 중국은 북한과 긴밀한 관계를 유지하고, 영향력을 행사할 수 있어야 한다. 중국의 북한 포기 또는 북한 붕괴는 자국의 정치체제, 국가이익, 평화발전에 치명적일 수 있다.[133]

한편, 군사적 모험주의를 일삼는 북한은 이제 지원협력의 상대가 아니라 골칫거리로 인식하는 중국인들이 늘어나고 있다. 그들은 북한이 자국의 강력한 설득과 권유를 무시하고 핵개발을 지속, 자국의 체면과 위상을 지속적으로 훼손하고 있다고 비난한다.

자료집」(2011), pp. 5-6.

[132] Zhu Feng and Nathan Beauchamp-Mustafaga, "Chinese Policy Toward North Korea in the Post-Kim Jong Il Era," *Korea Review*, Vol. Ⅱ, No. 2 (November 2012), p. 41.

[133] 남종호, "중국의 북한 재인식과 전망,"「국제지역연구」, 제11호 (2007), p. 214.

　　북한을 부담으로 여기고 있는 일부 중국인들(주로 외교부, 해외 유학/전략파 등)은 탈냉전 및 세계화의 확산으로 완충지대를 유지할 필요성이 감소되었다고 주장한다. 또 북한이 경제난을 극복하지 못하고 종국적으로는 붕괴할 가능성이 있다고 본다. 특히 불량국가인 북한은 대미 협력관계에서 부담이라고 지적하고, 대북정책을 조정해야 한다고 주장하고 있다.

　　사실, 북한은 중국에게 정치적으로는 자국을 희롱하고, 경제적으로는 장기간의 지원에도 발전이 없는 밑 빠진 독이다. 역사적으로는 북한지역은 수나라의 고구려 정벌과 명나라의 조선 원병, 한국전쟁 참전에 이르기까지 중국이 신중해야 할 전략적 함정이었다.[134] 이런 관점에서 북한 부담론자들은 위험한 북한을 계속 안고 가는 것보다, 통일된 한반도가 자국의 안정과 발전에 이롭다고 인식한다.

　　이렇듯 중국의 대북 인식은 자국의 부상과 주변정세의 변화, 특히 북한·북핵문제로 인해 부정적인 방향으로 변하고 있다. 북한의 핵문제는 중국인들의 대북 인식을 악화(혼란·분노·불만 등)시키는 주요한 요인이다.

　　그러나 중국 내에서 북한 부담론에 적극 동조하는 인사들은 그리 많지 않다. 정부의 대북정책에도 별다른 영향을 미치지 못하고 있다.[135] 특히 2010년 천안함 사건 이후에는 북한 자산론자들의 주장이 힘을 얻고 있다.[136] 북한은 가까이 하고 싶지 않은 미운 존재이

---

[134] 曹楚, "朝鮮不是中國的王牌而是戰略不資産," 『西陸網』, 2012年 6月 6日.

[135] 2008년 신상진의 중국 현지조사 결과, 중국내 22명의 북한전문가 중 1명만이 북한을 중국에 부담이 될 뿐이라고 응답했다. 신상진, "중국의 대북한 인식변화 연구 – 북한전문가 심층 면담조사," 『통일정책연구』, 제17권 제1호 (2008), p. 284.

[136] 김흥규, "천안함 사태와 한중관계," 『주요국제문제분석』(외교안보연구원, 2010), p. 6.

나, 아직 북한이 갖고 있는 전략적 가치를 경시할 수 없기 때문이다.

참고로 아래 〈표Ⅳ-13〉은 중국인들의 대북 인식을 그대로 보여주는 지표라고 할 수 있다. 2007년 1월 중국사회과학원이 중국의 대학생·학자·공무원 등 3,000명을 대상으로 한 여론조사 결과, 많은 중국인들은 아직 북한을 중요한 동반자로 생각하고 있다.

특이한 점은 북한의 핵개발이 중국의 안보에 크게 해롭지 않고, 북한의 세습정권은 오래 못갈 것이나 북한정권은 오랫동안 유지될 것이며, 6자회담은 성공하기 어려울 것으로 본다는 것이다. 6.25전쟁이 재발하면 중국은 참전할 것이라는 응답이 73%에 이른다는 점과 한반도 통일이 중국에 이롭다는 의견이 더 많은 점도 눈여겨볼 대목이다. 이러한 중국인들의 대북 인식은 최근 중국의 대북정책에 거의 그대로 반영되어 있는 것으로 보인다.

〈표Ⅳ-13〉 중국인들의 북한문제 인식

질문 사항	답변 결과
북한은 중국에 중요한 나라라고 생각하는가?	예 73%, 아니오 27%
중북관계는 아직도 혈맹관계인가?	예 38%, 아니오 62%
한반도 통일은 중국에 도움이 되는가?	예 44%, 아니오 56%
미국과 대만문제로 충돌할 경우 북한은 중국 편인가?	예 65%, 아니오 35%
북한의 핵실험은 중국에 유리한가?	예 50.4%, 아니오 48.7%
6자회담은 성공할 것인가?	예 41%, 아니오 59%
북한정권은 장기화할 것인가?	예 66%, 아니오 34%
북한의 세습정권은 계속 유지될 것인가?	예 41.8%, 아니오 58.2%
6.25전쟁이 재발하면 중국은 참전할 것인가?	예 26.4%, 아니오 73.6%
북미수교는 중국에 위협인가?	예 64%, 아니오 36%

* 출처: 어우양산(毆陽善) 저, 박종철·정은이 역, 『중국의 대북조선 기밀파일』(서울: 한울, 2008), pp. 250-251 내용을 표로 정리함.

2. 북한의 대중 인식과 정책

중북관계의 형성·전개 과정에서는 체제수준의 구조적인 요인 이외에 중국의 북한(지역)에 대한 인식과 북한의 중국에 대한 인식과 정책이 큰 영향을 미쳐 왔다. 북한의 중국에 대한 인식의 맹아(萌芽)는 1919년 김일성(가족)의 중국 이주로부터 시작된다.

김일성은 1919년부터 1940년까지 중국학교(화성의숙, 유원중, 육문중)에서 공부하고, 중국공산당의 일원으로 활동하면서 성장했다. 1930년대 반민생단(反民生團) 사건[137]을 겪으며 조선인 공산주의자들의 지도자가 되었다. 자신도 구사일생을 경험한 민생단 사건은 김일성으로 하여금 민족주의의 한이 마음 밑바닥을 채우고, 민족적 공산주의 사상을 가진 자가 되는 데 결정적인 계기가 되었다.

일제시대, 이국에서 피압박·소수민족의 설움을 체험한 김일성 등 빨치산들의 만주 기억은 건국 후 북한의 주체, 민족자주, 강대국(중국)에 대한 불신의 단초가 되었다. 나아가 북한정권의 특수성(극단적인 민족주의화·가족주의화 등)과 특수한 중북관계의 씨앗이 되었다.

김일성 등 북한지도부에게 중국은 혁명의 동지이자, 피를 나눈 형제당·형제국이었지만 늘 불신과 경계의 대상이기도 했다. 냉전시기에서도 마찬가지였다. 대국인 중국은 소국인 북한에 대해 끊임없이 간섭하고 복종을 요구하며, 영향력을 확대하려는 나라였다. 중

---

[137] 이 사건은 1930년대 전반 중국 간도(東滿洲)의 중국공산당이 건립한 유격대 근거지 내에서 소수인 중국인들이 절대 다수를 차지하고 있던 조선인 중심의 중공 동만특위를 중국당화하는 과정에서 발생한 것으로, 중국인들이 조선인들을 일제의 간첩으로 몰아 대대적으로 처형한 한중일 민족 간의 갈등 사건이었다. 한홍구, "민생단 사건의 비교사적 연구,"「한국문화」, 25 (2000), pp. 193-198.

북관계는 협력 속에서도 복종·자주 간 갈등의 연속이었다. 김일성은 "중국 사람들을 너무 믿다가는 자칫 등 뒤에서 칼을 맞을 수 있다"고 생각했다.[138] 이런 인식이 김정일·김정은으로 전수된 것은 물론이다.

탈냉전기 중국에 대한 북한의 불신과 경계심은 더욱 증대되었다. 한중수교와 북핵문제 해결 과정 등에서 북한은 중국이 자국을 배신하고, 방기할 수 있다고 우려했다. 북한은 중국이 자국보다 한미 등과 협력하면서 자국에 대해 개혁개방을 주문하고, 핵 포기를 종용하는 태도를 배신으로 여겼다.

따라서 북한은 생존을 위해 중국과의 협력을 강화하면서도 대중국 의존 심화로 인한 자율성의 약화를 방지하기 위해 여러 가지 전략을 구사했다. 우선, 북한은 기본적으로는 중국의 발전상을 높이 평가하면서 양국 간의 협력의 확대를 모색해 왔다. 사실상 중국에게서 많은 것을 따라 배우며, 중국의 지원과 협력 속에서 생존해 왔다. 북한은 중국과의 경제협력을 긍정적으로 평가하고, 이를 적극적으로 활용해야 한다고 인식하고 있다.

그런 한편, 북한은 자국의 지정학적 이점에 대한 중국의 딜레마를 적절히 이용해 왔다. 북한은 소외감을 느낄 경우 군사적 모험주의와 대량살상무기(WMD) 개발 등 중국의 외적 위협과 안보 우려를 자극해 자국의 전략적 가치를 높이는 방법으로 중북관계를 복원해 왔다.[139]

최근에는 지정학적 '요충지론'을 내세워 미중 사이에서 자국의

---

[138] 현성일, 『북한의 국가전략과 파워엘리트』(서울: 선인, 2007), p. 165.

[139] 최명해, "1960년대 북한의 대중국 동맹딜레마와 '계산된 모험주의', 『國際政治論叢』, 제48집 3호 (2008), pp. 119-148.

지정학적 가치를 부각시키고자 한다. 대중국 종속·의존이 야기할 위험성을 인식, 연성균형(soft balancing) 또는 헤징(hedging)전략도 추구하고 있다. 대외적으로는 미국, 러시아와의 관계 개선 또는 협력의 확대를 추구하고 있다. 대내적으로는 '자주의 길, 선군의 길, 사회주의의 길'을 강조하고 있다. 특히 북한은 "선군은 우리의 자주이고 존엄이며 생명"이라고 인식, '지배주의자(미국)' 또는 '큰 나라(중국)'에 맞선 자주성의 견지를 강조하면서 핵·미사일 개발에 주력하고 있다.[140]

이처럼 북한은 중국에 편승, 중국과 적극 협력하면서도 의존의 분산과 완화를 추구해 왔다. 북한의 이러한 행동들은 중국이 대북정책을 결정하는 데 중요한 고려요인이 되었다. 중북관계의 역사는 실로 애증이 점철된 것이었다. 우호친선의 이면에는 갈등·대립의 기간이 많을 수밖에 없었던 것이다.[141]

---

[140] "대국들의 틈에 끼여 파란 많던 이 땅을 영영 누구도 넘겨다보지 못하게, 약소민족의 한 많던 민족이 가슴을 당당히 펴고 세계를 굽어보며 사는 존엄 높은 인민으로 영원히 되게 하여준 것은 우리의 핵과 위성이다." 리동찬, "김정일 동지의 혁명 유산," 『로동신문』, 2011년 12월 28일.

[141] 예를 들면 '민생단' 사건과 김일성의 구사일생, 연안시절 중공의 조선인 자원들(연안파)의 대량 숙청, 한국전쟁 시 마오안잉(毛岸英) 사망 전후 양당 지도부 간의 갈등, 북한에서 한자 사용 폐지, 중조 연합사령부의 구성·운영과 철도통제권 문제를 둘러싼 갈등, 종파사건에 대한 중국의 개입, 사회주의 종주국 소련에 대한 입장 차이, 중국의 반우파 투쟁과 문화대혁명 시기 양당 간의 갈등대립, 미국의 위협에 대한 평가의 차이와 미중관계 정상화, 한중수교 및 한중관계 발전을 둘러싼 갈등, 북핵 실험 후의 갈등 등 수많은 사례가 있다. 박종철, "북·중 관계 연구현황에 관한 분석," 『사회과학연구』, 제34집 1호 (전북대학교 사회과학연구소, 2010), p. 80.

대북정책 결정의 특징

V

냉전시기를 포함, 중북동맹관계 50년의 역사에서 중국의 대북정책
과 중북관계는 크게 3번 변화했다. 아래 〈표V-1〉에서 보는 바와 같
이 한국전쟁 이후 1960년대 초, 냉전이 구조화되면서 중국은 미국
과의 적대관계와 중소분쟁이 심화되는 상황에서 특히 소련을 견제
할 필요가 있었다. 중국은 1961년 북한과 '혈맹관계'를 강화하는 동
맹조약을 체결한다.

〈표V-1〉 중국의 대북정책 결정 요인과 중북관계

시기	양국관계 성격	국제체제의 성격	외부 위협요인	중국의 대북정책
1960년대 ~	전통적 혈맹관계 (특수관계)	냉전의 구조화	중소분쟁, 소련의 견제 미국의 대중 적대	강화
1990년대 ~	우호협력관계 → 전통적 우호협력관계 (일반 국가관계 지향)	탈냉전	미중 간 협력〉경쟁	약화
2010년대 ~	전통적 우호협력관계 (+특수관계 복원)	신냉전(?)	미중 간 협력〈경쟁 상호 견제 심화	재강화

1990년 초 냉전종식 후, 중국은 초강대국이 된 미국과 협력해야 하는 상황에서 북한과 일정한 거리를 둔 채 '우호협력관계'를 유지했다. 그러나 2010년을 전후, 자국에 대한 미국의 견제·봉쇄가 본격화되고, 북한이 위기에 처하자 북한과의 관계를 '전통적 우호협력관계'로 복원한다. 동북아의 신냉전 분위기 속에서 북한의 전략적 가치를 재평가해 중북관계를 동맹의 요소를 강화하는 방향으로 재조정한 것이다.

이 같은 중북관계 역사의 큰 흐름은 탈냉전기 중북관계 전개과정에서도 유사한 흐름을 보여주고 있다. 본 장에서는 서론에서 제기한 핵심질문과 2개의 가설을 검증한 결과를 중심으로 중국의 대북정책 결정상의 특징과 중북관계의 성격 등을 살펴보기로 한다.

제1절 구조가 행위자의 정책 제한(가설①)

이 책은 서론에서 중국의 대북정책 결정 요인에서 구조와 행위자의 문제를 제기하고, 다음과 같은 질문에 기초해 기본가설을 제시했다.

기본가설

질문 ① 중국의 대북정책 결정과 중북관계에 가장 큰 영향을 미치는 요인은?

가설 ① 일차적으로 미중관계(구조)가 중국의 대북한 정책과 관계를 결정한다.
　　　　　행위자 수준의 비구조적 요인은 배경적이고 보조적으로 영향을 미친다.

이에 대한 답, 가설의 진위여부를 검증하기 위해서는 먼저 앞의 제Ⅲ장 내용을 복기(復碁)할 필요가 있을 것이다. 즉, 4개 시기별 중국의 대북정책과 중북관계 전개 양상은 〈표V-2〉와 같이 정리할 수 있다.

〈표V-2〉는 미중관계가 중국의 대북정책 결정에 가장 직접적으로 영향을 미치는 핵심요인(동인)이었음을 말해 주고 있다. 중국의 대북정책은 주로 동아시아 질서의 구조 속에서 강대국과의 관계를 고려해 결정되었다.

이는 구조가 행위자의 행동과 국가관계를 규정한다는 신현실주의 이론의 적실성을 확인해 주는 것이다. 또한 마오쩌둥이 '모순론'에서 제시한 '주요모순(主要矛盾)'이 기타 '차요모순(次要矛盾)'들의 존재와 발전, 강도와 방향을 결정한다는 주장과도 맥을 같이하고 있다.[1] 당초 본 논문이 설정한 핵심질문과 기본가설의 타당성과 정당성을 입증한 것이다.

〈표V-2〉 각 시기별 중국의 대북정책과 중북관계 양상

시기	중북관계의 성격	체제의 성격	외부 위협요인, 사건	중국의 대미/대북 정책
①소원기 (1991~ 1999)	우호협력관계	탈냉전 * 미국 중심 단극체제	미중 간 협력·갈등 반복 미국의 대중 견제 점증 * 중국위협론, 미일 신방위지침, TMD, 1차 북핵위기	충돌 회피, 순응협력/ 대화·안정
②복원/ 조정기 (1999~ 2006)	전통적 우호협력관계 (일반 국가관계 지향)	탈냉전 * 미국의 일방주의 강화	미국의 대중·대북 강경책 * Cox보고서, 코소보 사건, 미정찰기 충돌사건, 9·11사태, 2차 북핵위기	협력 속의 견제/ (재검토) 설득·협력 * 북한의 가치 재발견 북한〈북핵 우선(6자회담)
③냉각기 (2006~ 2009)	선린 우호협력관계 (일반 국가관계 지향)	탈냉전 * 중국 부상, 힘의 배분 변화	미중 간 협력·갈등 반복 * 세계금융위기 美, 패권 우려 대두 북, 1차 핵실험 실시	협력·견제/설득·압박 * 中, SOC 설립 대미협력〉대북협력
④정상화기 (2009~ 2012)	새로운 전통적 우호협력관계 (동맹 요소 복원)	신냉전(?) * 중국 굴기, 동아시아 G2 체제	미중 경쟁적 협력 심화 * 북, 2차 핵실험 * 미국, 아시아로 회귀 * 북한붕괴/정권교체론 대두	新미중 간 협력·경쟁/ 전략적 소통·포괄적 新경제협력 강화 * 북한안정〉북핵해결

---

[1] 이에 대한 자세한 내용은 정세현, "모택동의 우와 적 개념 – 모순론을 중심으로," 『안보연구』(1980), pp. 108-114; 이철승, "모순론과 중국 현대철학의 동향," 『진보평론』, 2001년 겨울호, 제10호 (2001), pp. 284-303 참조.

실제로 탈냉전기 미중관계의 협력과 경쟁은 곧 중북관계의 소원과 협력으로 이어지면서 우여곡절을 겪어 왔다. 1991년 냉전 종식 후 2008년까지 17여 년 동안 국제정치의 역학구조는 미국을 축으로 하는 일극체제였다. 이 기간 중국은 지속적인 경제발전을 위해 평화로운 주변환경을 조성하는 데 주력했다. 미국에 대해서는 자제와 절제를 유지했다. 북한과는 일정한 거리를 두고 선택적으로 협력하는 정책을 추진했다.

2008년 세계금융위기 이후, 중국이 사실상 G2가 된 2009년에 들어 미중관계가 협력보다 경쟁·대립의 관계로 전이되면서 중국의 대북정책도 변화했다. 중북관계가 18년 동안의 소원과 냉각, 조정상태에서 벗어나 정상화된 것은 이렇듯 미중관계의 성격 변화에 기인한 것이었다.

보다 구체적으로 살펴보자. 중북관계의 ①소원기(1991-1999) 동안, 중국은 초강대국이 된 미국과의 충돌을 회피하면서 순응했다. 중북관계는 이념보다 실리적 기준에 의거해 관계가 재설정되면서 소원할 수밖에 없었다. 1990년대 중·후반부터 미국 등 서방에 의해 '중국위협론'이 증대되고, 북핵위기가 가중되자 중국은 북한과의 관계를 재평가하기 시작한다.

②복원/조정기(1999-2006) 초, 코소보 사건과 미국 부시정부의 대중·대북 강경정책은 중북관계의 복원을 촉진했다. 그러나 9·11 테러와 2차 북핵위기 이후 중국이 WTO에 가입하고, 후진타오 체제가 출범하면서 또 한 번의 정책조정이 일어났다. 중국은 2003년부터 북핵문제 해결(6자회담) 과정에서 미국과 적극 공조했다. 미국은 중동전쟁을 치르면서 사실상 북핵문제를 중국에 위탁관리했다. 중국은 대미관계가 원만하게 되자 자신감을 가지고 북한을 그럭저럭

관리할 수 있었다.

③냉각기(2006-2009)에는 중국이 급부상함에 따라 미국의 견제가 더 강화되는 가운데 발생한 북한의 1차 핵실험은 중북관계를 크게 악화시켰다. 북한에 대한 중국의 실망과 분노는 중국으로 하여금 미국 등 국제사회와의 공조에 치중하게 했다. 중국은 대북제재 동참 등 미국과의 협력을 통한 북핵문제 해결에 주력했다. 이에 따라 북한의 대중 불신이 증대되었다. 중북관계는 최악의 상황으로 치달았다.

④정상화기(2009-2012)의 미중관계는 협력보다 경쟁·견제가 더욱 심화되어 갔다. 북한의 2차 핵실험과 천안함 사건은 미중관계를 악화시키는 계기가 되었다. 한미의 대북 압박·제제 강화는 북한의 위기를 가중시키면서 중국의 입장을 난처하게 만들었다. 중국은 딜레마 상황에서 결국 미국과의 공조를 통한 '북핵문제 해결'보다 '북한안정'을 우선순위에 두게 된다. 중북관계를 정상화하고, 동맹의 요소를 강화하는 방향에서 대북정책을 조정한 것이다.

이렇듯 중국의 대북정책 결정은 변화하는 미중관계 구조 속에서 미국의 대중정책과 대북정책에 대응하는 측면이 강했다. 미중관계가 중국의 대북정책과 중북관계의 향방과 수준을 결정하는 핵심변수로 작용한 것이다.

이와 같은 중국의 대북정책 행태는 내정의 안정적인 발전을 위한 주변의 평화환경 조성이라는 외교전략에 따른 것이다. 중국은 이 목표를 달성하기 위해 그동안 "①대국관계는 핵심적 관건(大国是關鍵)이고, ②주변국 관계는 매우 중요(周邊是首要)하며, ③개발도상국과의 관계에 기초(发展中国家是基础)해 다자외교 무대를 활

용하는 것”을 외교의 총 방침으로 삼아 왔다.[2]

외교의 초점은 강대국, 특히 핵심 관건으로 인식된 미국과의 협력관계를 안정시키는 데 맞춰졌다. 미중관계는 중국이 북한·북핵문제에 대한 구체적 정책이나 태도를 결정하는 데 핵심적인 변수일 수밖에 없었다.

이에 따라 중북관계는 미중관계의 종속변수로 되어 미중관계가 협력적인 때 중북관계가 좋지 않았다. 중국의 안보에서 북한의 가치가 상대적으로 저하되면서 갈등 양상이 두드러진 것이다. 반면, 미중관계가 소원하고 경쟁적인 국면일 때 북한의 전략적 가치가 증대되고, 중북관계가 호전되는 양상을 보였다.

---

[2] 唐世平·慕大鵬, “中国外交讨论中的中国中心主义与美国中心主义,” 『中国外交』(北京: 中国人民大学, 2009.3), p. 17.

제2절 구조·행위자, 행위자(중북) 간 상호작용 (가설①)

중국의 대북정책 결정 과정에서 구조의 중요성에도 불구하고 '구조가 곧 관계를 결정한다'는 신현실주의 이론으로 설명할 수 없는 부분이 많았다. 신고전현실주의나 구성주의의 주장과 같이 중국의 대북정책 결정에서 구조가 모든 것을 결정한 것은 아니었다.

중국의 대북정책 결정에는 중국내 상황·인식, 미중관계(구조)와 행위자(중국), 행위자와 정책대상(북한)과의 상호작용 관계에서 오는 여러 비구조적인 요인들이 영향을 미쳤다. 우선, 중국은 국익을 위해 미국을 우선시하면서도 북한을 포기할 수는 없었다. 또 국제사회의 책임대국으로서의 위상과 역할을 고려해야 했다. 북한의 위기를 관리하면서 모험주의도 통제할 필요가 있었다.

다만, 이들 요인들은 중국의 대북정책 결정에서 배경적이거나 보조적인 영향요인으로 그 중요성은 미중관계만큼 크지는 않았다. 나아가 다음에서 보는 바, 다분히 미중관계와 연동되어 상호작용 또는 결합하면서 중국의 대북정책에 영향을 미쳤다.

1. 중북 간의 동맹의 딜레마

중국의 대북정책이 미중게임의 종속변인이라면, 중북관계는 미중관계의 추이에 따라 변화될 수 있음을 시사한다. 문제는 중북관계가 기본적으로 강대국-약소국 간의 비대칭 동맹관계라는 것이다. 동맹관계에서는 통상 '연루·방기' 사이의 딜레마가 존재한다.[3] 중국이 북한으로 인해 미국과 원치 않는 분쟁에 연루되지 않으려고 하면 할수록, 중북동맹은 그만큼 균열될 수밖에 없다. 그 역의 관계도 성립된다.[4]

북한은 중국이 자국을 도외시하고, 미국과 협력을 추구하면서 상호 '이익균형(balancing of interest)을 취할 때, 중국을 곤혹스럽게 하는 도발이나 위기조성전략을 구사했다. 대미 협상력을 강화하고, 중국의 관심과 지원을 더 얻어내기 위한 '벼랑 끝 전략'이었다.[5] 때문에 북한은 중국이 미국과의 조화로운 관계를 형성하는 데 있어 가장 두드러진 장애요인이었다.

중국으로서는 북한의 벼랑 끝 전술로 초래될지도 모를 북미 간의 분쟁에 연루되는 상황을 피해야 했다. 반대로 동맹인 북한을 섭섭하게 함으로써 발생할지도 모를 북한의 대미 편승(중국 방기) 역시 예방해야 했다.

동맹의 딜레마는 중국이 북한의 안보를 보장할 수 없다는 데서

---

[3] 이에 대한 자세한 내용은 이수형, "동맹의 안보딜레마와 포기-연루의 순환," 『국제정치논총』, 제39집 1호 (1999), pp. 21-38 참조.

[4] 박홍서, "게임이론을 통해 본 중국의 대한반도 전략: 천안함, 연평도 사건을 중심으로,"(제91차 중국학연구회 정기 학술발표회 발표문, 2011.5), p. 166.

[5] 최명해, "북한의 2차 핵실험과 북중관계," 『국방정책연구』, 제25권 제3호 (2009년 가을), pp. 125-126.

기인한다. 미국이 한국의 안보를 보장하고 있는 것과 다르다. 중국은 북한의 안보를 완전하게 보장할 의지가 없고, 북한도 이를 원하지 않는다. 북한은 자신의 안보딜레마와 안전보장을 미국과의 관계정상화 속에서 해결하고자 한다.

이렇듯 중북관계에서 동맹의 딜레마는 중국이 대북정책을 결정하는 데 중요요인으로 작용했다. 중국에게 북한(지역)의 전략적 이익은 지정학적 '구조'의 문제이다. 전략적 자산(鷄肋)인 북한이 붕괴하거나 경쟁국인 미국으로 다가가는 상황을 방치할 수 없다. 북한의 대미 편승은 중국에게 최악의 시나리오다.

북한은 이 같은 중국의 이해관계를 역이용해 왔다.[6] '약자의 힘'을 최대한 활용해 '강대국(중소, 미중) 사이에서 줄타기' 외교를 지속했다. 북한은 2006년 1차 핵실험 이후 미국 측에 자신들이 중국을 방기할 수 있고, 미국에 편승할 수 있다는 신호를 노골적으로 보낸 적이 있다. 탈냉전기 내내 북한은 중국을 불신하고 자주를 강조하면서 미국에 접근하고자 했다.

동 상황에서 중국은 북한에 대한 지원을 지속, 대북 영향력이 저하되지 않도록 관리하는 것이 불가피했다. 중북 간의 갈등이 지나치게 커지고, 북한이 미국에 편승하려고 할 경우 중국은 대북관계를 강화하는 정책을 펼칠 수밖에 없었다.

2. 중북 간의 정체성·이익의 차이

탈냉전기 초 중북 간의 갈등은 행위자 차원에서 양국 간의 정체성

₆ 현성일, 앞의 책, p. 346.

과 이익의 차이가 크게 작용했다. 동구 사회주의권이 붕괴된 1990년도에 양국 간에는 '어떻게 사회주의의 길을 갈 것인가'를 둘러싸고 갈등이 표출되었다.

탈냉전 이후에는 아래 〈표V-3〉와 같이 전략적 관념상의 차이, 즉 발전노선의 문제, 경제지원 문제, 전략적 이해관계의 차이 등으로 냉전시기보다 좋지 않은 관계를 유지했다. 혈맹적 유대와 이념적 동질성이 약화되고, 실리와 전략적 이해관계의 비중이 커진 것이다.

〈표V-3〉 탈냉전 이후 중북 간 전략관념의 차이

구분	중국	북한
동맹의 모호화	북한은 우호협력 대상	중국은 안보의존의 대상이자 불신·경계의 대상
국제규칙 차별화	국제체계·규칙 수용	NPT 탈퇴, 국제사회에 도전
발전노선의 상이	개혁개방, 사회주의시장경제	개혁개방 주저, 계획경제 유지
경제원조의 시장화	시장경제 원칙 적용	무상원조의 관성 유지
북핵문제 시각	비핵화, 대북제재 참여	핵개발, 중국의 지지 요구

* 출처: 黄河吳雪, "新形势下中国对朝外交政策的调整," 『東北亞論壇』, 2011年 第5期 (总第97期), pp. 56–57 내용을 정리함.

사실, 중북 양국은 북핵문제와 천안함 사건 등 한반도 문제를 둘러싼 안보위기로 인해 동맹의 딜레마에 빠져 있다. 중국이 대국으로 부상하면서 양국 간의 간극은 더 다양한 방면에서 폭 넓게 벌어지고 있다.

디중 간의 전략적 협력은 중국이 대북관계를 유지하는 데 있어 이익의 감소(비용 증가)를 의미한다. 한중관계 진전 역시 중북관계의 유지비용을 증가시키는 것이다. 그만큼 북한이 서운하지 않게 다독여 줘야 하기 때문이다.

한편, 중국에게 한국은 경제적·전략적으로 북한보다 더 중요한 나라이다. 중국은 한국과의 협력을 강화해 한국이 미일과 한편이 되어 자국을 견제하지 못하도록 해야 한다.

북한 체제의 성격도 중국의 대북정책 결정에 영향을 미치고 있다. 북한의 시대착오적인 체제와 노선을 물론, 경제난과 국제적 고립은 중국에게 우호협력의 대상이기보다는 부담으로 간주될 수밖에 없다.

북한의 불안정 또한 안정된 주변환경 조성이라는 중국의 외교 목표 및 대한반도 정책과 상충되는 것이다. 중국은 역내 긴장을 반복적으로 고조시키고 있는 북한에 대해 큰 부담을 느끼고 있다. 이는 중국의 대북정책 결정에 부정적으로 작용하는 요인이다.

3. 책임대국으로서의 역할·위상

탈냉전 이후 중국은 적극적인 서방외교를 추진하면서 '화평연변(和平演變)'을 경계하는 한편, 자국의 이미지 쇄신에 주력해 왔다. 1989년 천안문 사태로 인해 국제사회에서 반인권 국가로 낙인찍힌 중국으로서는 이후 극단적으로 폐쇄된 불량국가인 북한과의 관계가 부담일 수밖에 없었다.

북한에 대한 대폭적인 지원과 북한을 후원하고 보호하는 외교 행태는 국제사회에 중국과 북한이 '한통속'이라는 이미지를 심어 주었다. 한미동맹의 과도한 강화가 신냉전의 분위기를 조성하듯이 중북관계의 과도한 밀착 또한 동북아에서 새로운 냉전구도를 형성할

수 있는 일이었다.[7]

따라서 중국은 1990년대 초부터 북한과 일정한 거리를 두고, 필요한 최소한의 관계를 유지해 왔다. 국제사회와의 협력을 강화하면서 대북제재에 동참하거나 경제지원을 대북 지렛대로 활용하는 등 실용주의적인 정책이 부각되도록 했다. 중국은 1차 북핵위기 이후 "핵을 보유하면 지원할 수 없다", "북핵문제로 인해 발생한 전쟁을 지원할 수 없다"는 입장이었다.[8] 북한의 도발에 의한 남북한전쟁 시 북한을 지원하지 않는다는 방침을 천명한 바도 있다.

그렇다고 중국이 북한을 몰아붙이고, 정권을 와해시키는 데 앞장설 수는 없었다. 중국의 북한에 대한 강경한 압박조치는 그 의도와 달리 동북아에서 분쟁과 혼란을 촉발할 수 있다. 반대로 북한을 지원하면 국제사회로부터 비난과 압력에 직면한다. 특히 책임대국인 중국은 대북정책을 결정하는 데 있어 '오디언스 비용(audience cost)'을 더 많이 고려할 수밖에 없다. "북한이 말을 듣지 않는다", "중국의 대북 영향력에는 한계가 있다"는 식으로 계속 국제사회의 기대를 저버릴 수 없게 되었다. 또 국제사회에 냉정과 자제만을 주문할 수도 없다.[9]

이렇듯 북핵문제 해결 등 국제사회와 공조해야 할 필요성과 북한을 안정적으로 보호해야 할 필요성 사이에서 중국의 대북정책은 시험대에 직면해 있다. 중국은 국제사회에서 존경도 받고 전략적 자산인 북한도 보호할 수 있는 방안을 고민한 결과, 2009년부터 대

---

[7] 주펑(朱鋒), 『조선일보』 인터뷰, 2011년 1월 4일.

[8] 이종석, 『2차 핵실험 이후 북한·중국관계의 변화와 함의』(세종정책연구, 2012-21), p. 11.

[9] 최명해, 앞의 논문, p. 136; 김진무·성채기·전경만, 앞의 책, pp. 156-161.

북정책을 전환했다. 북한문제와 북핵문제를 분리, 북한의 개혁개방과 중북 경제협력을 가속화해 북한의 안정과 발전을 이뤄 북한이 국제사회의 일원이 되도록 하는 것이다. 기존의 다자적 접근에서 벗어나 중북 양자적 접근을 통한 근본적인 북한·북핵문제 해결 전략이다. 아직 중국에게 북한의 안정은 국제사회의 책임대국으로서의 역할보다 더 중요한 핵심안보이익인 것이다.

4. 북한의 위기관리·통제 필요성

탈냉전기 중국은 북한과의 불편한 관계 속에서도 최소한도의 경제적 원조를 제공하고, 필요시 정치·외교적 지지·지원을 해 왔다. 김일성 사후나 김정일 사후 북한이 불안정할 때 중국은 북한 안정을 위한 정책을 더 적극적으로 추진했다. 북핵문제 해결 과정에서도 북한의 안정을 해치지 않는 수준에서 국제사회와 공조해 왔다. 자국의 전략요충인 북한이 위태롭고 위험할 경우 자국에 미칠 파장을 우려했기 때문이다.

중국이 한반도에서 무력충돌과 자국의 붕괴를 원하지 않는다는 점을 잘 알고 있는 북한은 이를 교묘하게 이용해 왔다. 일방적으로 일을 저지르고, 중국으로 하여금 어쩔 수 없이 자국을 지지하도록 강요해 왔다.[10] '계산된 모험주의'로 중북관계를 강화하거나 복원해 온 것이다.[11]

---

[10] 胡明远, "朝鲜处理国际问题行为方式及中国的对策,"『理论观察』, 2010年 04期, p. 74.

[11] 최명해, "1960년대 북한의 대중국 동맹딜레마와 '계산된 모험주의',"『國際政治論叢』, 제48집 3호 (2008), pp. 119-148.

북한의 이런 행동의 배경에는 국제정치 무대에서 소외될 개연성과 함께 자국안보에 대한 불안감이 내재되어 있다. 탈냉전기 중국의 대북정책은 북한의 이 같은 안보불안을 고려하면서 북한을 자국의 이해관계 속에 관리하려는 과정의 연속이었다고 볼 수 있다.[12]

북한을 적절하게 관리해 불확실성을 통제하고 안정을 유지해야 할 필요성은 중국이 대북정책을 강화하는 주요 요인으로 작용해 왔다. 중국은 북한의 2차 핵실험 이후, 위기에 처한 북한을 구하고, 북한이 더 이상의 도발하지 않도록 재보장(reassurance)의 방향으로 대북정책을 전환했다.

북한의 3차 핵실험 이후 중국의 대북정책 또한 미세한 변화가 있을 수 있겠지만 위와 같은 정책기조는 유지될 수 밖에 없을 것이다. 중국은 대북 압박과 제재보다 대북 지원과 설득, 필요시 압박을 병행하면서 북한을 통제 가능한 수준에서 관리하고자 한다.

---

[12] 김흥규, "신 북중 시대의 한국의 대북정치·안보정책 과제," 『신 북중 경협시대의 한국의 대북정책과제』(KIEP 국제회의 발제문, 2010.10.28), p. 90.

제3절 행위자의 위협인식이 정책 강화(가설②)

보조가설

질문 ② 중국은 어떤 상황·조건에서 대북정책을 강화해 왔는가?
가설 ② 강대국관계에서 오는 위협인식이 대북정책을 강화하도록 한다.

서론에서 제시한 위와 같은 질문과 가설 검증의 결과, 중국은 한미의 대북·대중 정책에 대한 불신과 이에 따른 위기·위협 인식이 증대될 경우 대북정책과 중북관계를 강화한 것으로 나타났다.

1991년부터 2009년 중반까지 미중관계는 갈등 속에서도 대체로 협력적이었다. 그러나 2009년 북한의 2차 핵실험 이후 중국의 부상과 미국의 쇠퇴라는 체제(구조)의 변화 과정에서 미국이 한미동맹을 강화하고 아시아로 회귀하자 상황이 변하기 시작했다.

미국의 대북·대중 견제·봉쇄 정책은 북한의 위기를 한층 증대시켰다. 특히 2006년 북한의 1차 핵실험 후 벌어진 중북 간의 갈등을 이용한 한미의 '틈새' 전략(북한붕괴·흡수통일론), 김정일의 건강 악화 및 자스민 혁명 등은 곧 중국과 북한에게 공동의 안보위협으로 다가왔다.

이에 중국은 국제사회의 비난을 무릅쓰고 실리보다 동맹의 요소를 강화하는 방향에서 중북관계를 재설정하게 된다. 위기에 처한 북한 또한 이에 적극 호응했다. 중북 양국은 한미의 위협에 대응하기 위해 양국관계를 강화하는 등 일종의 세력균형을 취한 것이다. 이러한 중국의 대북정책 양태는 왈츠(Waltz)의 신현실주의 이론이 주장하는 1개의 의문과 1개의 가설을 증명하는 것이었다.

상술한 바, 왈츠의 이론은 "왜 상이한 단위들(역사상의 중국)이 유사한 행위를 하는가?"라는 의문에서부터 출발, 결론적으로는 "어떠한 중국 정부라도 압록강으로 접근해 오는 다른 강대국을 목도한다면, 능력이 있는 한 거의 확실히 군사적으로 대응할 것이다"라는 것이었다.

2009년 중국이 대북정책을 강화한 것은 자국의 완충지역인 북한이 위험했기 때문이다. 한국과 미국의 대북정책은 북한의 붕괴와 정권교체(regime change)를 통한 흡수통일로 인식되었다. 2009년 2차 북핵 실험과 2010년 천안함·연평도 사건에 대한 미국과 한국의 태도는 중국과 북한의 경계와 우려를 크게 증폭시켰다.

그 상황에서 중국은 중북관계의 갈등을 봉합하고 틈새를 없애, 한미의 대북정책을 무력화하면서 중북관계를 새로운 차원에서 강화해 나갔다. 중국은 한미의 북한 흔들기를 좌시해서는 안 된다고 판단한 것이다.

이 같은 중국의 대북정책 행태, 즉 북한(지역)에 대한 깊고 끈질긴 중국의 전략적 이해는 중북관계에서 '뿌리'이자 '본질'을 구성하고 있다. 탈냉전기 미중관계와 관련한 중국의 대북정책 변화는 북한에 대한 전략적 이해가 변화의 한계선이자 저항선으로 작용해 왔음을 볼 수 있다. 미중관계가 아무리 중요하다고 해도 지정학적·전략적 자산인 북한을 포기하는 것은 곧 자포자기나 다름없기 때문이다.

역사적으로 '상이한 중국들'이 한반도 유사시 '순망치한'이란 공통된 논리에 입각해 대규모 군사개입을 하거나, 2009년과 같이 대북정책을 크게 강화한 사실은 북한(지역)에 대한 중국의 이해관계가 그만큼 일관되고 구조적인 문제라는 것을 시사한다.

요컨대, 미국의 아시아 회귀(재균형)에 대한 중국의 의구심과 위협인식은 중국이 북한의 입장을 배려하고 보호하는 정책으로 전환하는 데 있어 핵심적인 이유가 되었다. 2008년 세계금융위기 이후 가속화한 미중 간의 세력변화 과정에서 북한문제로 인해 조성된 위협의식이 대북정책을 강화하게 한 직접적인 요인(동인)이었던 것이다.[13]

---

[13] Zhu Feng and Nathan Beauchamp-Mustafaga, "Chinese Policy Toward North Korea in the Post-Kim Jong Il Era", *Korea Review*, Vol. Ⅱ, No. 2 (November 2012), p. 45.

제4절 대북정책의 일관된 패턴 유지

위와 같은 가설 검증의 결과는 중국의 대북정책과 중북관계의 특
징을 보다 분명하게 제시해 주고 있다. 탈냉전기 중국의 대북정책은
근본적인 변화를 보이지 않은 가운데 중북관계 또한 큰 변화가 없
었다. 중국의 대북정책이 동북아 질서라는 구조 속에서 결정되었다
는 사실, 특히 북한(지역)에 대한 중국의 역사적 인식과 지정학적 이
해는 중북관계가 특수성을 유지하도록 한 중요한 요인으로 작용
했다.

1. 대북정책의 지속성

탈냉전 이후 중북관계는 매우 다양하고 복잡한 양상 속에서 전개
되어 왔다. 계속되는 갈등 속에서 양국관계의 불신은 더욱 커져갔
다. 두 차례에 걸친 북한의 핵실험으로 인해 중북관계는 외부에서
보기에는 '임계점' 부근까지 악화된 것처럼 보였다. 중국 내의 대북
인식 또한 제한적이나마 부정적으로 변해갔다.

　　그러나 제2차 북핵위기 직후까지 고조되어 가던 중국의 부정적인 대북 '인식의 변화'는 의미 있는 '정책의 변화'로까지 연결되지는 못했다. 중국은 북핵문제를 해결하기 위해 북한이라는 전략적 자산을 잃어버리거나, 북한 붕괴라는 불확실한 상황을 감당할 수 없었다. 중북관계를 안정적으로 관리하는 가운데 영향력을 확보해 나가는 것이 국익에 도움이 된다고 판단했다.[14]

　　지난 20년 동안 중국의 대북정책과 중북관계는 냉전시대와 크게 다르지 않게 기본적으로 북한의 안정과 한반도의 평화·안정을 선호하는 기조를 유지했다. 북한에 대한 영향력을 고수하려는 '지속성'의 모습도 보여 왔다.[15]

　　물론, 중국의 대북정책에는 변화요인과 불변요인이 혼재해 있다. 중국은 국가이익의 관점에서 두 요인을 적절히 조합, 최적의 상태를 유지하고자 한다. 북한의 1, 2차 핵실험 이후 변화된 상황은 중국이 대북정책을 조정하도록 하는 분명한 요인이었다. 관건은 조정의 폭과 수준(정도)의 문제였던 바, 중국은 아래〈표V-4〉와 같이 대북정책을 조정할 경우 예상되는 문제점들을 잘 인식하고 있다.

　　아래 6개 시나리오 중 현실적 수요와 객관적 제약으로 볼 때, 중국의 국가이익에 가장 부합하는 적시적당(適時適當)한 시나리오(전략)는 ⑥, 즉 중국이 한반도 문제에 적극 관여하면서 영향력을 지속적으로 유지·확대하는 것이다.[16]

---

[14] 박병광, "후진타오시기 중국의 대북정책 기조와 북핵 인식: 1·2차 핵실험 이전과 이후의 변화를 중심으로,"「통일정책연구」, 제19권 1호 (2010), pp. 74-75.

[15] Zhu Feng and Nathan Beauchamp-Mustafaga, op. cit., p. 29.

[16] 이는 상하이국제문제연구원 공커이(龔克瑜) 연구원의 연구 결과를 黃河못雪가 인용, 정리한 것이다.

중국은 이를 대북정책과 한반도 정책의 기본원칙으로 삼고 있다. 탈냉전 시기 내내 변한 적이 없었다. 다시 말해서 북한의 전략적 가치가 근본적으로 변할 수 있는 전략적인 상황의 변화가 없는데, 이에 대응하는 정책의 근본이 변할 수 없다는 것이다.

〈표Ⅴ-4〉 중국의 대북정책 조정 시 예상되는 결과

대북 정책·태도(S)	예상되는 결과(R)
① 냉담, 경시	• 중북관계 소원, 중국의 대한반도 및 대북 영향력 저하 • 북미관계 진전, 북한의 대미 편승(중국 방기) 가능성 증대
② 교류·소통로 단절	• 중국의 특수한 영향력 상실, 미국의 대북 영향력 증대
③ 전면 제재·봉쇄	• 중북관계 악화, 북한의 적대국가가 미국에서 중국으로 변화 • 중북 국경분쟁, 동북 접경지역 불안정
④ 현상유지(不戰 不和不統)	• 남북한 및 미국 등으로부터 다양한 압력 가중
⑤ 미국의 대북정책 추종	• 중국의 영향력 상실, 주변부화, 한미의 중국 무시·반감 증대 • 북한 불안정, 남북관계 급변(충돌 포함)
⑥ 한반도 사무 적극 관여, 　특수한 영향력 지속 발휘	• 한반도 평화 유지, 중국의 지위·역할 제고, 대북 영향력 증대 • 한미의 중국 신뢰, 북미관계 진전·후퇴 지속(소강)

* 출처: 黃河吳雪, "新形势下中国对朝外交政策的调整," 『東北亞論壇』, 2011年 第5期 (总第97期), p. 57 내용을 약간 보완해 정리함.

북한은 중국이 가장 중시하는 대미관계에서의 중심고리이다. 중국의 북한 및 한반도에 대한 입장은 미중관계의 중요한 위치(문제)를 차지하고 있다.[17] 이 상황에서 최근 동북아에서 미국의 동맹체제 강화에 따른 동아시아 정세의 변화는 북한에 대한 중국의 전략적 관심을 증대시키는 요인이 되고 있다.

특히 북한문제는 중국의 역사적 과업인 타이완 통일문제와도

---

[17]　黃河吳雪, 앞의 논문, p. 62.

직접 연계되어 있다. 따라서 북한에 대한 중국의 우월적인 영향력에 손상을 가져오거나, 동북아 및 한반도의 평화·안정을 저해할 수 있는 큰 틀에서의 대북정책 변화는 쉽지 않다. 양안통일이 이루어지기 전까지 중국이 북한을 포기할 리 없다는 말이다.

중국의 양제츠 외교부장은 2009년 6월 5일 북한의 2차 핵실험 이후 대북정책 조정의 필요성이 제기된 상황에서 "중국은 대북정책을 대폭 조정할 수 없다"라고 잘라 말했다. 6월 25일, 외교부 대변인은 중국이 제재 차원에서 대북지원을 중단해야 한다는 의견과 관련 "북한과 관련된 조치들이 북한의 민생과 정상적인 경제무역 행위에 영향을 줘서는 안 된다"라고 말했다. 실제로 중국의 대북 에너지·식량 지원은 아래 〈표V-5〉와 같이 북한의 2차 핵실험 이후에도 계속 증가되었다.

〈표V-5〉 북한의 주요 물자 대중국 수입량

		2004	2005	2006	2007	2008	2009
에너지	원유	53.2	52.3	52.4	52.3	52.8	51.9
	전년대비 증감율(%)	–	–1.7	0.2	–0.2	1.0	–1.7
주요 곡물 (단위: 만톤)	보리	272	382	0	28	390	350
	전년대비 증감율(%)	–	40.4	–100	N/A	1,292.9	–10.3
	옥수수	39,337	270,798	39,216	53,688	97,637	102,017
	전년대비 증감율(%)	–	588.4	–85.5	36.9	81.9	4.5
	쌀	37,484	47,613	38,479	80,741	20,078	79,368
	전년대비 증감율(%)	–	27.0	–19.2	109.8	–75.1	295.3
	수수	120	146	25	4	67	0
	전년대비 증감율(%)	–	21.7	–82.9	–8.4	1,575	–100

* 출처: 한광희, "중국의 대한반도 정책 결정 요인: 북한 핵실험과 천안함 사건에 대한 대응비교," 「EAI, Security Brifings Series」, No.3 (2010), p. 8.

아래 〈표V-6〉 및 〈표V-7〉에서 보는 바, 양국 간 경제무역 또한 북한의 1, 2차 핵실험에도 불구하고 꾸준히 증대되어 왔다.[18] 군사교류도 북핵문제 등으로 인해 다소의 영향을 받았지만 끊임없이 이어져 왔다. 중국은 자국의 안보환경에 위협이 될 수 있는 북한의 핵실험에 대해서는 국제사회와 공조, 북한을 비판하면서도 북한의 위기가 확대되지 않게 관리하는 모습을 보인 것이다.

〈표V-6〉 1991년 이후 북한의 대중무역 비중

(단위 : 억불)

연도	대외무역 총액	대중무역액	대중무역 비중(%)	비고
1991	25.8	6.1	24	
1992	25.5	6.9	27	
1993	26.4	8.9	34	
1994	21.0	6.2	30	
1995	20.5	5.4	26	• 냉전종식
1996	19.7	5.6	28	• 한중수교
1997	21.7	6.5	30	• 1차 북핵위기 • 연 평균 30% 내외 유지
1998	14.4	4.1	28	
1999	14.8	3.7	25	
2000	19.6	4.8	24	
2001	22.7	7.4	33	
2002	22.6	7.4	33	• 2차 북핵위기
2003	23.9	10.2	43	• 北, NPT 탈퇴
2004	28.5	13.9	49	

---

[18] 중북 간의 경제관계는 시장이 기능(비교 우위 교환)함에 따라 이루어지는 것이 아니라 국제사회의 대북제재 지속과 북한경제의 비정상화, 중국 중앙 및 동북 지방정부와 북한과의 독특한 관계, 일반주민들의 빈번한 왕래 등에 의해 복합적으로 이뤄지는 양상을 보이고 있다. 오승렬, "북·중관계 결정 요인과 한국의 대응전략,"『통일과 평화』, 제4집 1호 (2012), p. 47.

연도	대외무역 총액	대중무역액	대중무역 비중(%)	비고
2005	30.0	15.8	53	
2006	29.9	16.9	57	• 1차 핵실험, 대북제재
2007	29.4	19.7	67	
2008	38.1	27.8	73	
2009	34.1	26.8	79	• 2차 핵실험, 대북제재 강화
2010	41.7	34.6	83	• 5.24 조치
2011	63.2	56.3	89	

* 출처 : KOTRA

〈표V-7〉 한중수교 이후 중북 간 군 최고위급 상호방문

시기	북한 방문	중국방문
1993년	7월, 週造田 국방부장	-
1994년	-	6월, 최광 총참모장
1999년	-	6월, 김일철 인민무력부장(김영남 수행)
2000년	10월, 週造田 국방부장	5월, 조명록, 김영춘(김정일 수행)
2001년		1월, 김영춘 총참모장(김정일 수행)
2003년	8월, 徐才厚 총정치부 주임	4월, 조명록 국방위원회 제1부위원장
2004년	-	4월, 김영춘 총참모장(김정일 수행) 7월, 김일철 인민무력부장
2006년	4월, 曹剛川 국방부장	-
2009년	11월, 梁光烈 국방부장	7월, 김영춘 인민무력부장 12월, 조명록 국방위원회 제1부원장
2010년	10월, 郭伯雄 국가군사위 부주석	5월, 8월 김영춘 인민무력부장(김정일 수행)
2011년	11월, 李繼耐 총정치부 주임	8월, 김영춘 인민무력부장(김정일 수행)

* 출처 : 김순수, 『중국의 한반도 안보전략과 군사외교』(경남대학교 북한대학원 박사학위논문, 2010), p. 230. 약간 수정·보완함.

따라서 2006년 북한의 1차 핵실험 이후 중국의 대북정책의 변화는 중국이 칼집(韜)에서 칼날(光)을 빼내 북한을 치려는 의도였다기보다 화난 표정으로 칼날을 빼내 보이는 정도였다고 볼 것이다. 대북정책 본질은 변하지 않았고, 일부 상황 변화에 따라 중국의 입장과 태도가 흔들렸을 뿐이다. 북한을 처벌하지도 않았고, 북한에 등을 돌리지도 않았다.

미중관계가 경쟁으로 가는 국면에서 중국이 중북관계를 크게 훼손하는 일은 가능하지 않다. 대북정책을 조정해 북한을 화나게 하거나 불안정하게 해서 혹 북한이 미국의 품에 안기도록 하는 일은 우둔한 전략일 것이다.

중국의 대북정책이 쉽게 변화하지 않는다는 사실은 중국의 대외정책이 갖고 있는 연속성과 일관성이라는 기조와도 맥을 같이 하고 있다. 19세기 말 이후 중국이 겪은 외환(外患)의 쓰라린 경험은 중국으로 하여금 국가안보와 정치이익, 즉 주권·독립의 보존과 경제·군사력의 발전에 매달리게 했다.[19] 개혁개방 이후 중국의 대외전략은 '독립자주적 평화외교'로 일관해 왔다.[20]

지정학의 지속성도 중국의 대북정책이 지속성을 갖게 하는 요인이다. 전략적 완충으로서 북한의 지정학적 가치는 주변정세(동북아 역학관계)의 변화에도 불구하고 고정적이고 지속적으로 작용한다. 설사 대북정책이 변한다고 해도 변화의 폭이 제한될 수밖에 없는 것이다.

스인홍(時恩弘) 교수는 향후 중국의 한반도 정책 및 한반도 국

---

[19] Harry Harding, "Change and Continuity in Chinese Foreign Policy," *Problem of Communism* (March–April, 1983), pp. 1–2.

[20] 楚树龙·金威, 『中国外交战略和政策』(北京: 时事出版社, 2008), pp. 99–100.

제정치와 관련 "길이 멀어야 말의 힘을 알 수 있고, 세월이 흘러야 사람의 마음을 알 수 있다(路遙知馬力)"고 했다.[21] 위기가 발생하면 그 실질적인 원천을 살펴봐야 한다는 말인데, 변화와 위기 상황에서 정책의 변화는 바람직한 전략이 아닐 것이다. 이제 막 출범한 시진핑 시대의 중국도 당분간 '여경재후(如鯁在喉: 목에 걸린 생선가시)와 같은 북한을 계속 안고 갈 수밖에 없을 것이다.

2. 중북 특수관계의 요인

'중북관계가 특수한가? 아니면 일반 정상국가 간의 관계인가?'의 문제는 국내 학계에서 줄곧 논쟁의 대상이었다. 이 문제는 앞서 살펴본 중국 대북정책의 지속성과 변화, 정책의 강화 또는 완화 요인과 직결되어 있다.

일반적으로 국가 간의 관계는 정치적 독립과 영토보존, 정치체제의 유지, 국위의 선양 등과 같은 일반적 국가이익의 추구에 의해 형성된다. 쌍무적인 관계에서는 상대국과 갈등요소가 상존해 국가이익을 둘러싼 갈등이 빈번하게 표출된다. 우호 또는 대립관계의 형성·유지 또한 상당히 유동적이고 일시적인 특징을 지닌다.[22] 한미·한중·한일관계에서 보듯 일반 국가관계는 국가이익을 토대로 하는 전략적 제휴를 의미한다.

특수한 관계는 장기간에 걸친 역사 과정에서 형성된 것이다. 우

---

21 时殷弘, "中国对如何面," 『中国新闻周刊』(2009.6), p. 39.

22 조준래, 『중국의 대북한관계 특수성 연구』(한국외국어대학교 박사학위논문, 2001), p. 10.

여곡절의 역사 속에서 동맹이나 우호협력관계가 공고화된 관계를 말한다. 또 특수한 혈맹관계는 제3국과의 전쟁을 통해 동맹이 공고화된 관계로 안보적 측면이 강조되는 관계라고 할 수 있다. 이런 관점에서 보면 한국전쟁 후 냉전시기의 중북관계는 분명 특수한 혈맹관계였다.

탈냉전 시기 중북관계는 분석의 단위와 수준에 따라 일반성이 강조될 수도 있고, 특수성이 강조될 수도 있을 것이다. 각각 반증의 가능성이 있으나 필자는 일반성보다는 특수성의 편에서 중북관계가 다른 일반 정상국가 간의 관계와는 다르다고 주장한다.

사실, 탈냉전 이후 중북관계는 기존의 정치적·이념적·동지적 유대가 크게 퇴색되었다. 중국의 세계화와 한중수교, 양국 내 혁명 1세대의 사망 등으로 혈맹적인 성격은 거의 존재하지 않는다.

상호 전략적인 이해관계와 포괄적인 안보위협에 대한 평가에서도 큰 차이를 보이고 있다. 일반 정상국가 간의 관계와 마찬가지로 국가이익과 경제적 실용주의가 그 자리를 차지하고 있다. 양국 관계에는 늘 기대와 불신, 협력과 갈등이 공존하고 있었다. 변화된 환경 속에서 양국이 새로운 관행과 문화를 만들어 가고 있는 것도 사실이다.

중국내 전문가들도 중북관계가 전통적인 혈맹관계로부터 국가이익을 지향하는 정상국가 관계로 변화하고 있으며, 동시에 공동이익을 추구하는 협력관계로 가고 있다는 점을 강조하고 있다.[23] 중북관계의 출발점은 각자의 국가이익이며, 중국의 대북정책은 한반도와 동북아 지역에서의 국가이익에 의해 결정된다고 말한다. 2009

---

[23] 黃河몇雪, 앞의 논문, p. 56.

년 북한의 2차 핵실험 직후 중국 외교부대변인은 "중북관계는 정상국가 간의 관계이다"라고 밝힌 바 있다.

그럼에도 중국과 한국 내의 많은 연구들의 결론을 자세히 보면 중북관계가 일반 국가 간의 관계로 변해가고 있다는 표현을 쓰고 있다. 완결이 아닌 진행 또는 지향을 말하고 있는 것이다. 한국 내 대부분의 언론과 주류 연구들은 중북관계의 협력 강화 또는 밀착을 애써 무시하거나 폄훼하는 태도를 보이고 있다.

정부와 국책연구기관들의 분석보고서 또한 중북관계가 강화되는 조짐이 보이면 늘 그것은 별것 아니라는 평가를 내렸다. 이를 뒷받침하는 증거들은 사실 증거를 위한 증거가 대분이었다. 불신과 갈등이 지배하는 중북관계, 정상국가 관계를 추구하는 중국이 북한과 그럴 리 없다는 식이었다.

그러면서도 북한에 대한 중국의 영향력 행사의 필요성을 강조하는 모순의 모습을 보였다. 중북관계의 틈이 벌어지면 벌어질수록 그만큼 중국의 대북 영향력은 약화될 수밖에 없는데도 말이다. 있는 대로 보지 않는 탓일 것이다. 보는 대로 있을 수 있고, 아는 만큼 보일 수도 있을 것이다.

중국 외교부 대변인의 언급("중북관계는 정상국가 관계")을 어떻게 봐야 하는 문제도 있다. 두 가지로 해석할 수 있는데, 하나는 그 언급이 중국정부의 입장을 대변하는 것일지라도 외교부의 대북 인식과 정책은 당 중련부와 군부의 인식·정책과 다를 수 있다는 점이다. 외교부는 중북관계를 일반 국가 간의 관계로 보려는 경향이 있는 '전략파'의 입장에 서 있다. 중련부와 군부는 외교부와 달리 '전통파'의 입장이다. 중국의 대북정책에서 외교부가 관할하는 부분은 극히 적다는 것이 일반적인 평가이다. 중국 내 전략파의 목소리는 크나 소수이고, 정책에 반영되지 않고 있다.

다른 하나는, 중국 외교부 대변인의 언급이 나온 시점의 상황과 분위기이다. 당시 중국은 북한의 2차 핵실험 직후 극도의 배신과 분노감에 차 있었다. "중북관계가 정상국가 간의 관계"라는 표현은 기자와의 질의응답 과정에서 나왔다. 일회성 발언이었다고 볼 수도 있다. 중국 고위당국자로부터 그와 같은 공식적인 언급은 찾아볼 수 없다. 또 북한의 2차 핵실험 후 유엔안보리 대북제재 결의안 채택과 관련한 중국 외교부의 공식 성명은 예기치 않게 1차 핵실험 때보다 더 완화된 표현으로 북한을 보호하는 태도를 보였다.

중국의 수사(rhetoric)와 대외관계 기준에 따르면 중북관계는 중국과 타국과의 관계에서 유일하게 '전통적 우호협력관계'로 규정되고 있다.[24] 중국이 북한과의 관계를 이렇게 규정하고 있는 이유는 공식적으로 동맹을 유지하고 있는 상황에서 '동반자관계'로 표현할 수 없고,[25] 그렇다고 일반 국가 간의 관계로 규정하기도 어려운 딜레마를 반영하는 것이다. 중국은 국제사회에서 자국이 북한과 동맹이라는 사실을 가능한 한 희석시키고자 노력하고 있다.[26]

---

[24] 중국은 국가 간 양자관계를 5단계, 즉 ①단순수교- ②선린우호- ③동반자- ④전통적 우호협력- ⑤혈맹관계로 구분하고 한중관계는 동반자관계, 중북관계는 전통적 우호협력관계로 규정하고 있다. 이에 관한 자세한 내용은 김흥규, "중국의 동반자외교 小考,"『국제정치학회보』, 제43집 제2호 (2009.6), pp. 287-320; 박규태, "중국의 대북관계: 전통적 우호협력관계의 특성,"『중국연구』, Vol. 22 (2003), pp. 53-70 참즈.

[25] 김흥규, 위의 논문, pp. 296-297. '동반자관계'는 동맹관계가 아니며, 제3자를 겨냥하지도 않는다. 전통적 우호협력관계는 북한에만 적용되는 관계이나 동맹관계는 아니다.

[26] 정재호 지음,『중국의 부상과 한반도의 미래』(서울: 서울대학교출판문화원, 2011), p. 338. 김흥규는 중북이 상호 중장기적인 비전을 논의하는 관계는 아니지만 양자 간의 관계를 넘어선 이슈를 다루면서 전면적인 협력을 추구하는 전략적 협력동반자관계와 전면적 협력동반자관계 사이 정도로 자리매김할 수 있다고 본다. 김흥규, 위의 논문, p. 299. 박규태는 중국의 대북 태도를 설명·예측할 수 있는 2개의 키워드로

중북 간의 '전통적 우호협력관계'는 양국이 현재 지향하고 목표와 이익이 크게 달라졌음에도 불구하고 냉전시대의 우호적이고 협력적이었던 관계를 명목상으로나마 유지하려는 과거지향적인 성격이 강한 관계(전통적인 친선에 바탕을 둔 우호협력관계)라고 볼 수 있을 것이다. [27]

한편, 중국의 당국자들과 한반도 문제 전문가들 대부분은 중북관계가 특수하다는 점을 부정하지 않는다. 2010년 김정일의 방중에 맞춰 세계 언론들은 중북관계의 특수성과 혈맹으로의 회귀를 비판적으로 논했다. 이에 대해 8월 30일 환구시보는 논평("안정된 중북관계가 중국에 가장 유리하다; 穩定的中朝關係對中國最有利)을 통해 사실상 중국정부의 입장을 아래와 같이 밝혔다

> …… 최근 중국 언론들은 중북관계에 대해 '특수'라는 표현을 거의 사용하지 않는다. 중국 정부가 사용하는 공식 표현은 '정상적인 국가관계'이다. 다만, '정상적 국가관계'라 해서 중북관계의 역사와 현실적 배경을 외면하는 것은 결코 아니다. 중북관계가 특수성을 띠고 있다는 것은 의문의 여지가 없다. 특수한 것 자체가 "정상적 관계"의 일부분이다 ……

중국의 한 한반도 문제 전문가는 "중북관계의 '특수성'은 사실이며, 북한 외교의 자주독립성은 훨씬 더 사실이다. 외부세계는 북한에 대한 중국의 영향력을 늘 오판해 왔다. '특수'건 '정상'이건 현

'자국의 실리에 따라 북한에 반하는 의사결정'과 '북한체제 위기 시 대북지원 강화'를 들고 있다. 박규태, 위의 논문, p. 69.

[27] 정성장, 『북한·중국 군사교류협력의 지속과 변화』(세종정책연구, 2012-16), p. 27.

재의 중북관계를 유지하고 안정화시키는 것이 중국에 가장 유리한 것이다"라고 말했다. 중국은 "동아시아 지역 환경이 어떻게 변화하든 북한이 갖는 안보 및 외교적 중요성은 지속될 것이며, 따라서 중국은 북한과의 '특수한 관계'를 버리려 하지 않을 것"이라는 의견도 있다.[28]

중국은 안정된 중북관계를 통해 외교적 탄력성(彈性)을 높이고 싶지, 중북관계가 자국의 동북아 외교에 마이너스로 작용하는 것을 바라지 않는다. 한때 한미를 비롯한 외부세계에서는 중북관계의 균열과 긴장을 의심하고, 중국이 북한에 대한 영향력을 상실한 것으로 보았다. 북한의 변동과 중국의 변화, 즉 중국의 북한 포기를 기대하면서 중북관계의 틈을 이용한 압박·견인 전략을 구사한 적이 있었다.

중국은 이러한 오해와 기도가 한반도와 동북아의 정세를 어둡게 하고 있다고 보았다. 중북관계의 틈을 없애는 것이 역내의 혼란과 긴장을 완화할 수 있는 방책으로 판단했다. 2009년부터 중북관계가 정상화의 길로 접어든 결정적인 이유였다.

사실, 중북관계는 세계 어느 나라와의 관계에서도 찾아볼 수 없는 상이한 질서와 관행, 규범 등이 발견되고 있다. 냉전시기에 형성된 사회문화적·이념적 유대의식과 동질성도 일부 잔존해 있다. 양국은 동맹을 부정하면서도 동맹조약을 유지하고 있다. 중국은 지난 60여 년 동안 긴장이 연속된 불편한 관계 속에서도 대북지원을 계속해 오고 있다.

---

[28] Liu Ming, "China's Role on the Korean Penninsula: Its Characteristics and Development," *Joint US-Korea Academic Studies* (Washington, D.C.: KEI, 2001), Vol. 11, p. 100.

특히 양국관계를 당 대 당 간의 관계로 운영하면서, 북한의 최고지도자 방중 시 최상으로 예우하고 있다. 2011년 12월 17일 김정일 사망 시 중국지도부는 후진타오 국가주석을 비롯해 당 정치국 상무위원 전원이 주중 북한대사관을 찾아 조문했다. 중국에게 북한의 중요성과 중북관계의 특수성을 반증하는 것이다.

중북관계의 형성과 전개의 역사를 보면 특수함이 그 태반이자 본질임을 알 수 있다. 양당(양국)은 건국 이전인 1930년대부터 밀월·갈등 속에서 끈끈한 역사적·인간적·심리적 연대감을 유지하는 가운데 특수한 관계를 형성·발전시켜 왔다 .

일제시대, 김일성과 빨치산들은 중공(中共)의 일원으로 항일투쟁을 했다. 국공내전 시 조선의용군의 많은 희생과 북한의 지원은 중공의 만주 확보와 공산혁명의 승리를 견인했다.[29] 한국전쟁 시 중국의 항미원조(抗美援朝)와 전후복구 지원은 양국관계가 혈맹·순치, 형제당·형제국의 특수한 관계로 발전하는 결정적인 계기가 되었다.

이 같은 특수한 관계는 냉전시기 중소분쟁과 중국의 문화대혁명을 거치면서 양국 간에는 특수한 관계의 관행이 형성되었다. 상호 지정학적인 조건과 이념적 동질성에 역사적 경험을 함께 한 관계를 유지한 것이다.

양국은 특수한 관계를 유지해 오면서도 일반 정상국가 간의 관

---

[29] 국공내전 시 소련의 단속적인 지원에 비해 북한은 중공의 투쟁에 물자, 인력, 병참선 및 피난처, 사상적 후원 등 다양한 방법으로 중공을 적극 지원했다. 특히 북한이 고향인 많은 조선인들은 동북지역에서 중공군에 편입되어 국민당 군을 축출하고, 화중·화남지역까지 추격하면서 중공의 내전 승리를 견인했다. 자세한 내용은 북한 과학백과사전출판사, 『중국 동북해방 전쟁을 도와』(평양: 과학백과사전출판사, 주체 97(2008)년) 참조.

계와 마찬가지로 이해가 일치하지 않을 경우 상호 갈등·대립하는 모습을 보였다. 탈냉전기에서도 양국관계는 W자 형태의 경로를 보이면서 빈번한 갈등과 여러 문제들이 노출되었다. 그러한 갈등은 쌍방 간의 역사적·이념적·전략적 유대에 의해 상쇄되면서 양국관계가 파탄된 적이 없었다. 특히 갈등·대립의 상황에서도 상호 공동의 안보위협이 닥칠 때는 빠르게 서로 협력·공조하는 관계로 복원되었다. 2009년 이후 중북관계도 마찬가지이다.

이와 관련 국내의 한 연구자는 냉전시기에 협력과 갈등이 지속되면서 형성된 중북관계만이 갖는 특수성을 아래 〈표V-8〉과 같이 5개의 고유한 관행과 원칙을 가지고 설명하고 있다.

〈표V-8〉 중북 특수관계의 관행과 현황

일시	주요 내용	현황
일관된 동맹관계	• '49년부터 일관된 동맹관계 유지 • 양국 간 '혈맹·형제' 관계 형성	• 동맹조약 유지 　- 근래 동맹적 요소 강화 • 조약의 실효성도 증대
굴곡의 내면관계	• 동맹관계에도 불구 내면에서 상당한 갈등·화해가 점철	• 탈냉전기에도 대체로 유사 • 북핵문제를 두고 갈등 빈번
내정불간섭 전통	• '70년대 이후 철저하게 상호 내정 불간섭 원칙 견지	• 내정불간섭 원칙 견지 • 개혁개방 직접 권고는 변화
중국, 북한 노선 견인	• 북한의 중국 따라 배우기 　- 중국의 사상·노선·체제·당정제도 등은 북한의 역할 모델	• 중국노선 일부 원용 　- 특구, 우리식 사회주의, 신사고 등 • 중국의 개혁개방 긍정 평가
중요 관계 비공개 협의	• 중요 현안을 비공개로 협의, 처리 • 양국 갈등, 군사·경제지원 등을 비밀 관리	• 냉전시기보다 약화 　- 원유와 식량 지원 비공개 지속 • 일부 전략적 소통 관행 복원

* 출처 : 이종석, "탈냉전기 북한-중국관계: 지속성과 변화,"『김정일 체제의 북한: 정치 외교·경제·사상』(서울: 아연출판사, 2004.7), pp. 82-91, 우측 현황은 추가.

이와 같은 관행과 원칙, 관성들은 일부 변화하긴 했지만 중북

우호조약과 함께 그 맥락이 오늘날까지 이어지고 있다. 이처럼 중북 관계가 아직 전통적인 관행을 유지하는 것은 중북관계가 특수하기 때문이다. 중국은 북한을 자국의 안보에서 특수한 전략지역으로 간주하고 있다. 정치적 안전이라는 측면에서 중국과 북한은 제도와 이념을 같이 하고 있다. 지정학적으로도 북한의 안정과 존재는 자국의 안보이익과 결부되어 있다.[30] 중국 내 조선족의 대부분은 혈연적으로나 지역적으로 한반도 북부와 결부되어 있다.

결론적으로 중북관계는 상호 특수한 관계라고 볼 것이다. 보다 정확하게 말하면 "특수한 관계하의 정상적인 나라와 나라 간의 관계"이다.[31] 마치 전략적 이익과 부담이 교차하는 미국과 이스라엘 간의 관계와 같다고나 할까.[32]

중국과 북한은 2011년 양당 간 전략대화에서 "양국 간의 전통적이고 특수한 친선협조관계를 굳건히 이어나갈 것이다"라고 확인했다. 양국은 계기시마다 상호관계의 전통성과 특수성을 부인하지 않고, 대대손손 유지·발전시켜 나갈 것을 다짐하고 있다.

이 같은 상황에서 북한은 사실상 강력한 대국으로 부상한 중국의 일부가 되어 가고 있다.[33] 2009년 이후 중북관계의 밀착 과정에서 중국의 '동북공정'이 경제적으로 현실화되고 있는 형국임을 부정

---

[30] 陸俊元, "中國在韓半島的安全利益與對策," 『東北亞硏究』(長春: 吉林社會科學院, 1997), p. 37.

[31] 천펑쥔(陣峰君), '북중 '혈맹관계'에 대한 오해와 진실,' 『내일신문』 중국시평, 2012년 7월 12일.

[32] 張洎匯, "中國對朝鮮政策可借鑒美以關系," 『鳳凰衛星TV』, 2012年 3月 12日. 통일부 (정세분석국), 『북한 공개정보 자료집(I)』(2012 상반기), p. 170 참조.

[33] Gordon G. Chang, "Policy Implications of China-North Korean Relations", *Inter national Journal of Korean Studies*, Vol.XVI No. 1 (Spring 2012), p. 46.

할 수 없다. 중국은 나진항과 청진항을 사실상 조차(租借; 각각 50
년, 30년)했다.[34] 중북 양국은 나진과 황금평-위화도 경제특구에서
중국의 인민폐를 사용하기로 합의했다. 기능주의적 관점에서 중북
통합은 남북통합과 비교할 수 없을 정도로 앞서가고 있다.[35] 남북
통일열차가 어디로 가고 있는지 점차 불확실해지고 있는 형국이다.

---

[34] 「環球網」・「財迅」, 2012年 9月 12日 확인 보도.

[35] 중국은 북한에 자국의 인민폐 통용을 검토하는 것으로 보인다. 孙秋枫·张婷婷, "试
论朝鲜货币人民币化的可能性," 「社会科学战线」, 2012年 第1期, pp. 248-249, 2012
년 9월 26일 베이징에서 개최된 2개 경제특구 설명회에서 중북 양국은 동 특구에서
북한화와 위안화를 함께 통용하게 된다고 공식 발표했다.「新京報」, 2012年 9月 27
日 보도.

결론

VI

이 책은 탈냉전기 중국의 대북정책 결정 요인과 논리를 가설을 검
증하는 방식으로 분석했다. 그 결과, 탈냉전기 전체를 통괄하는 가
장 중요한 정책결정 요인은 체제(구조) 수준의 미중관계였다. 신현실
주의 이론이 주장하는 바와 같이 기본적으로 '구조'가 '관계'를 결
정한 것이었다.

중국은 미중관계가 협력적일 때 중북관계를 다소 느슨하게 관
리했다. 경쟁·대립적일 때 강화하는 패턴을 보였다. 전반적으로는 대
미협력을 위해 대북관계를 등한시하는 경우가 더 많았다. 그런 가
운데 협력·갈등의 미중관계가 협력·경쟁 또는 대립의 관계로 변화
하면서 중북관계가 복원되거나 정상화되어 갔다.

특히 강대국인 미국에 의해 북한의 위기가 가중되고 안보위협
을 느낄 때는 언제나 그랬던 것처럼 중국은 중북관계를 강화하는
방향으로 정책을 조정·전환했다. 그 중심에는 중국의 부상과 미국
의 견제·봉쇄라는 미중 간의 힘겨루기가 자리 잡고 있었다.

탈냉전기 중국은 자국의 최대 국가목표인 평화발전(平和發展)

을 위해 미국과의 협력에 중점을 두었다. 그러면서도 전략적 이해가 걸린 북한과의 관계가 파탄에 이르지 않도록 관리했다. 중국의 대북정책은 미국과 관련된 핵심국가이익과, 북한과 관련된 핵심안보이익 사이의 균형을 찾는 과정이었던 셈이다.

그 과정에서 북한의 대중국 인식과 정책, 양국 간의 물밑 상호작용도 중국의 대북정책 결정에 상당한 영향을 미쳤다. 중국은 북한이 미국에 편승하려는 것을 차단하기 위해 주의를 기울였다. 대미관계도 중요하지만 북한이라는 전략적 자산을 포기할 수 없었기 때문이다.

북한(지역)에 대한 중국의 전략적인 이해는 중북관계가 한계상황으로 치닫지 않도록 하는 저항선이자 한계선이었다. 중국은 자국의 전략적 이해가 훼손되지 않는 수준에서 대북지원과 협력을 유지하면서 북한을 관리했다. 북한의 불안정과 불확실성을 통제하려는 중국의 의지는 확고했다. 이는 중국의 대북정책과 중북관계가 지속적으로 특수한 성격을 갖게 하는 주요인으로 작용했다.

이처럼 중국이 시종일관 북한에 대한 영향력의 '끈'을 놓치지 않기 위해 지속적으로 노력한 것은 전통시대 중국이 한반도 국가에 대해 취한 기미부절(羈縻不絕) 또는 조공관계를 유지한 것과 유사한 것이었다. 동아시아 전략 구도 속에서 미국과 중국은 남한과 북한에 대한 영향력의 끈을 놓을 수 없는 것이다.

한편, 본 연구는 미중관계가 동북아 역학구조를 변화시키면서 중북관계는 물론 역내 국가 간의 관계에 직접적인 영향을 미친다는 사실도 발견할 수 있었다. 미중관계가 경쟁·대립의 양상으로 전이될 경우 한미동맹이 강화되고, 중북관계가 강화되면서 한중관계와 남북관계, 중일관계 또한 악화될 수밖에 없었다.

역으로, 미중관계가 우호적이고 협력적이면 중국의 대북정책에서 북한의 전략적 가치가 감소해 중북관계가 소원해지는 반면, 한중관계는 협력적으로 변할 수 있다. 미중 협조체제에 따라 도발적 행동이 어렵게 될 북한은 '의존의 분산'을 추구하게 되면서 남북관계와 북미관계가 개선될 수 있는 여지가 커지게 된다.

특히 한중관계와 중북관계가 협력적일 때 남북관계 개선의 여지가 많아지게 되는데, 이 경우는 미국의 전략적 이해를 침해할 수 있는 것으로 남북한과 중국 간의 3각 협력관계는 그 발전이 제한적일 수밖에 없다. 일본까지 남북중 협력체제에 가세할 경우 미국의 동아시아 전략은 치명적일 수 있다. 한반도 평화체제 구축 및 동북아지역 안보패러다임이 뿌리내리기 어려운 이유이다.

이 같은 동북아 역학구조 속에서 향후 중국의 대북정책과 중북관계의 양태는 다음과 같이 예측할 수 있을 것이다.

첫째, 중국의 대북정책 결정은 앞으로도 대미 협력관계와 북한의 전략적 가치 평가 사이에서 최적의 조합을 구하는 형태가 될 것이다. 중국은 미국의 아시아 회귀와 자국 봉쇄를 차단해야 하고, 일본·필리핀 등과의 영유권 분쟁, 대만문제에서 미국의 협조를 받아야 할 필요성이 커지고 있다. 중국이 북한을 무조건 비호만 한다면 북한문제보다 더 큰 핵심이익이 걸린 문제에서 미국의 협력을 받을 수 없게 된다. 따라서 중국은 북한으로부터 오는 비용과 부담을 최소화하기 위해 북한의 변화를 더욱 촉진해 나갈 수밖에 없다. 다만, 중국은 한미의 대북정책과 달리 '변동을 위한 변화'가 아닌 '안정을 위한 변화'를 추구할 것이다. 북한의 3차 핵실험으로 북핵 상황이 더 악화될 경우 중국은 원칙을 포기하지 않으면서도 사태가 위험해지지 않도록 중재조정에 적극 나설 것이다.

둘째, 중국은 여전히 한미의 대북정책을 고려하고, 그에 대응하는 차원에서 중북관계의 수준을 검토할 것이다. 그럼에도 대국으로 부상한 중국은 상대적 자율성을 바탕으로 미국 등 국제사회의 눈치를 보기보다는 자국의 국가이익에 맞춰 중북관계를 조정해 나갈 것이다. 미중관계가 세력전이의 국면으로 진입할 경우 중북관계는 보다 더 강화될 수 있다.

셋째, 미국의 상대적인 쇠퇴는 북미관계 개선의 여지를 감소시키면서 북한의 중국 의존을 더욱 심화시킬 것이다. 그럼에도 2020년 이후 중국의 국력이 미국을 추월하고, 동아시아에서 패권을 잡아 양안통일을 이룰 경우 중북관계의 변화가 불가피할 것이다. 그 경우 중국의 강대국 관계에서 북한의 전략적 가치가 약화되면서 중북관계의 일반성이 강화될 수 있다. 그때가 되면 한반도에 '기회의 창'이 열리고, 통일열차가 한반도·유라시아 대륙을 달릴 수도 있을 것이다.

한편, 중국의 부상과 미국의 상대적 쇠퇴가 불가피한 현실은 또 다른 예측을 낳을 수 있다. 이러한 추세는 미중관계의 세력전이 양상과 함께 중북관계가 강화되는 방향으로 전개될 가능성을 예고하고 있다. 중북관계가 강화되면 북한체제의 안정성이 증대되어 당분간 북한이 붕괴하거나 남한으로 통일될 가능성은 그만큼 낮아질 수 있다.

또 중국의 '북한 안정' 우선 정책은 북핵문제 해결을 위한 국제사회의 대북제재 효과를 반감·무력화시키면서, 선 북핵문제 해결 논리가 약화되고 중국변수와 대화를 통한 평화적 해결의 중요성이 증대될 수 있다. 북한의 중국화와 대중국 의존의 증대는 한반도 문제에서 중국의 영향력을 제고, 한국의 주도권을 약화시킴으로써 한국의 남북관계 개선 노력과 통일의 비용·시간을 증대시킬 것이다.

그렇다고 한국의 대북정책 및 대중정책의 공간이 없는 것은 아니다. 중추·중견국가로 성장한 한국은 과거의 한국이 아니다. 한국 정부의 정책 선택이 동북아 및 한반도 상황을 좌우하는 중요한 변수가 될 수 있다. 동북아의 평화·발전을 추구하는 중국은 한국과의 협력이 필수적이다. 북한의 남북관계 개선의 수요는 중국에 대한 의존이 심화될수록 커진다. 북한문제와 관련 유사한 고민과 딜레마를 안고 있는 한중 양국은 북한변화, 남북관계 개선(평화·안정), 비핵화라는 대북정책을 공유하고 있다. 통일된 한반도는 중국에 안정된 '평화발전'과 '평화환경'을 제공하는 큰 이익이 아닐 수 없다. 중국의 대북정책 및 대한반도 정책의 목표는 불량국가인 북한을 끌어안는 것이 아니라 평화롭고 안정된 한반도 국가이다.

이런 점을 감안, 중국의 대북정책이 한국과 협력적인 방향에서 추진되도록 하기 위해서는 2009년 10월 이후 중북관계 강화가 주는 다음과 같은 정책적 함의 등을 고민할 필요가 있다.

첫째, 한미동맹의 대북정책 공조가 강하면 강할수록 중국과 북한은 이를 존중하고 변화하기보다 위협으로 인식한다. 이에 대응하는 중북관계의 밀착과 정책공조는 한반도의 원심력을 증대시키면서 동북아의 신냉전을 초래, 남북관계의 구심력이 고갈되면 강대국 중심의 동맹정치가 한반도를 지배한다. '안보·자율성 교환 모델(Autonomony-Security Trade-Off Model)'의 전형이라고 할 수 있는 한미동맹관계에서 한국이 미국에만 올인한다면 한국의 자율적(독자적)인 대북정책과 대중국 협력외교의 여지는 좁아진다. 안보를 보장받는 대신 대북정책의 자율성을 내줄 수도 있다.[1] 한국의 국제

---

[1] 이와 관련 국내 언론의 칼럼 2개는 시사하는 바가 매우 큰 것으로 보여진다. 「중앙

적 위상과 전략적 가치는 유사 이래 가장 높아졌다. 세계 7대 수출 대국에 세계 10위권의 중추·중견국가(pivot·middle power)가 되었다. 한미동맹의 적절한 균형(견제·협력)과 독자적인 정책공간은 한국이 한반도 문제의 주도권을 행사할 수 있는 필요조건이다.

둘째, 분단국가에서 일방이 공개적으로 타방의 붕괴와 통일, 탈출을 외치면 외칠수록 그만큼 그 가능성은 감소된다. 중국의 오랜 분열과 통일의 역사는 "적대관계에서 일방이 통일을 외치면 타방은 긴장하고 결사반대하며 사활을 걸고 대책을 강구한다"는 사실(史實)을 말해 주고 있다. 2009년 이후 중북관계의 밀착은 한미의 대북·통일 정책에 대한 중북 양국의 위기의식에서 비롯되었다. 한미의 대북정책이 중국의 전략적 이해를 침해한다는 오해와 불신을 초래, 중국으로 하여금 북한의 전략적 가치를 재평가하게 하는 일은 전략적이지 않다. 한미의 대북 압박·제재가 가중되면 될수록 남북관계는 악화되고 긴장과 대결의 가능성만 높일 뿐, 북한의 의미 있는 변화와 남북통일 가능성은 사라지게 될 것이다.

셋째, 중북관계의 현상과 인식의 불일치를 극복하는 일도 중요하다. 특히 북한문제와 대북정책에 대한 한중 양국의 인식의 차이와 불신의 골을 좁혀 나가는 구동축이(求同縮異)가 필요하다. 그러기 위해서는 중국의 대북정책 의도, 중북관계의 본질과 실체를 '보는 대로가 아닌, 있는 그대로 봐야'한다. 보다 냉정하고 객관적인 시각으로 보면 부상한 중국은 이미 한미의 일방적 요구와 희망에 따라 변할 나라가 아니다. 더구나 중국의 대북 영향력은 동북아 역학

일보』 김영희 칼럼, "'박근혜 외교'에 바란다"(2013년 1월 18일), 『내일신문』 임춘웅 칼럼, "미국이 절대로 안된다 했다"(2013년 1월 30일) 참조.

구조가 변화하지 않는 한 거의 행사할 수 없는 영향력이다. 중국은 북한의 3차에 걸친 핵실험과 미사일 발사를 저지하지 못했다.

넷째, 중국(행위자)이 상황 변화에 따라 자국의 대북정책을 일부 조정하고, 북한에 할 말과 할 일을 하는 것은 중북관계 역사에서 늘 있어온 것이다. 이전에는 표면화되지 않았던 일들이 일부 나타나고 있을 뿐이다. 모든 국가 간의 관계에서 나타나는 자연스러운 현상이기도 하다. 이를 중국의 대북정책 변화로 보는 것은 신중할 필요가 있다. 산을 제대로 보려면 나무보다 숲을 보고, 나무도 뿌리와 그 역사를 볼 수 있어야 한다. 행위자 수준에서 드러난 일시적이고 단편적인 현상보다 큰 흐름의 구조와 추세를 파악하는 것이 현상을 제대로 보고, 예측도 보다 정확하게 할 수 있다.

끝으로, 중북관계와 같이 남북관계 또한 동북아 역학구조의 틀을 벗어날 수 없다는 사실이다. 중국의 대북정책과 중북관계는 한국의 대북정책과 남북관계와 직결되어 있다. 중국과의 소통과 협력 없이 한국이 북한·통일문제를 해결할 수 없다는 것은 엄연한 현실이다. 한국의 국가과제인 경제발전과 남북통일은 강대국으로 부상한 중국의 도전을 어떻게 잘 관리하느냐는 문제가 되고 있다.

"역사의 패턴은 반복된다. 그러나 역사는 그대로 반복되지 않는다"그 한다. 중국변수가 크게 작용하는 미중관계와 중북관계의 기저와 흐름, 간극을 정확히 읽고 계산해 남북관계의 발전과 통일한국의 미래를 여는 통찰력, 지혜가 절실한 때이다.

최근 중국은 그동안 북한의 변화를 촉구하는 신중한 '권고'의 태도에서 벗어나 보다 적극적으로 권장하는 가운데 변화하지 않으면 안된다는 '경고'의 메시지를 보내고 있다. 여기에서 더 나아가 변화하고 있는 중국이 북한을 '포기'하고 한반도 평화통일을 선택할

지의 여부는 한국의 선택과 의지에 달려 있다고 해도 과언이 아닐
것이다.

참고문헌

1. 국문자료

〈단행본〉

강명세 지음, 『중국의 부상과 동북아 질서의 재정립』(세종정책연구 2012-5).

김연철 외, 『북한, 어디로 가는가?』(서울: 플레닛미디어, 2009).

김열수, 『국가안보, 위협과 취약성의 딜레마』(서울: 법문사, 2011).

김지희·김웅진 외, 『비교지역연구전략』(서울: 인간사랑, 2003).

김진무·성채기·전경만, 『북한과 중국』(서울: 한국국방연구원, 2011).

김철우, 『김정일 장군의 선군정치』(평양: 2000).

김택현·이진일 외, 『역사의 비교, 차이의 역사』(서울: 선인, 2008).

김한규, 『요동사』(서울: 문학과 지성사, 2004).

______, 『천하국가, 전통시대 동아시아 세계질서』(서울: 소나무, 2005).

김흥규, 『중국 국제정치 분야 싱크탱크 연구 –후진타오 시기를 중심으로』(외교안보연구원 정책연구과제, 2009).

동북아시대위원회, 『동북아 관계사의 성격』(서울: 동북아역사재단, 2009).

마틴자크 지음, 안세민 옮김, 『중국이 세계를 지배하면』(서울: 부키, 2010).

마크 레너드 지음, 장영희 옮김, 『중국은 무엇을 생각하는가』(서울: 돌베개, 2011).

매들린 올브라이트, 백영미 역, 『마담 세크리더리(Madam Secretary)』(서울: 황금가지, 2003).

문대근 지음, 『한반도 통일과 중국』(서울: 늘품플러스, 2009).

문정인 지음, 『중국의 내일을 묻다』(서울: 삼성경제연구소, 2010).

문흥호 지음, 『중국의 대외전략과 한반도』(서울: 울력, 2006).

배기찬, 『코리아, 다시 생존의 기로에 서다』(서울: 위즈덤하우스, 2005).

백학순, 『오바마정부 시기의 북미관계, 2009-2012』(세종정책연구, 2012-12).

북한 과학백과사전출판사, 『중국 동북해방 전쟁을 도와』(평양: 과학백과사전출판사, 주체97(2008)년).

북한대학원대학교, 『2003-2010년 6자회담 관련 북한자료』(2010년 2학기 북한외교론 강의자료, 2010).

서진영, 『21세기 중국외교정책』(서울: 폴리테리아, 2006).

어우양산(歐陽善) 저, 박종철·정은이 역, 『중국의 대북조선 기밀파일』(서울: 한울, 2008).

이근욱 지음, 『왈츠 이후 국제정치이론의 변화와 발전』(서울: 한울, 2009).

이동진 외 지음, 『중국 동북연구 – 방법과 동향』(서울: 동북아역사재단, 2010).

이무성 편저, 『국제정치의 이해』(서울: 높이깊이, 2010).

이병주 감수/남주성 역주, 『欽定 滿洲源流考 상, 하권』(서울: 글모아, 2010).

이세기 지음, 『李世基의 중국관계 20년』(서울: 중앙books, 2012).

이수훈·조대엽 공편, 『한반도 통일론의 재구상』(서울: 선인, 2012).

이종석, 『북한-중국관계, 1945-2000』(서울: 중심, 2000).

______, 『2차 핵실험 이후 북한·중국관계의 변화와 함의』(세종정책연구, 2012-21).

______, 『현대 북한의 이해』(서울: 역사비평사, 2002).

이종석 외, 『김정일 체제의 북한: 정치 외교·경제·사상』(서울: 아연출판사, 2004).

자오찬성 저, 김태완 역, 『중국의 외교정책』(서울: 오름, 1996).

전성흥·이종화 편, 『중국의 부상, 동아시아 및 한중관계에의 함의』(서울: 오름, 2008).

정덕구, 『한국을 보는 중국의 본심』(서울: 중앙books, 2011).

정성장, 『북한·중국 군사교류협력의 지속과 변화』(세종정책연구, 2012-16).

정재호 편, 『중국연구방법론』(서울: 서울대학교출판문화원, 2010).

정재호 지음, 『중국의 부상과 한반도의 미래』(서울: 서울대학교출판문화원, 2011).

조성렬, 『한반도 평화체제』(서울: 푸른나무, 2007).

조영남, 『21세기 중국이 가는 길』(서울: 나남신서, 2009).

존 나이스미트·도리스 나이스비트 지음, 안기순 옮김, 『메가트랜드 차이나』(서울: 비즈니스북스, 2010).

中國 國防大學 저, 박종원·김종운 역, 『中國 戰略論』(서울: 팔복원, 2001).

최명해, 『중국·북한 동맹관계: 불편한 동거의 역사』(서울: 오름, 2009).

최춘흠, 『중국의 동아시아 전략과 대북한 정책』(통일연구원 연구총서 01-20).

통일부, 『북한 공개정보 자료집(I,II)』(서울: 통일부, 2012 상반기).

피터 보올러·이완 리스 모러스 지음, 김봉국·홍성욱 책임번역, 『현대과학의 풍경 2』(서울: 궁리, 2010).

칼 라크루아·데이빗 매리어트 지음, 김승완·황영미 옮김, 『왜 중국은 세계의 패권을 쥘 수 없는가』(서울: 평사리, 2011).

콜린 프린트 지음/한국지정학연구회 옮김, 『지정학이란 무엇인가』(서울: 도서출판 길, 2009).

한국정치학회 중국분과 편, 『중국 현대국제관계』(서울: 오름, 2008).

한석희, 『국제정치 이론에서 본 중미관계의 미래, 2008년 세계금융위기 이후를 중심으로』(EAI 중국패널보고서, 2012).

허문영·마민호, 『중국의 부상에 대한 북한의 인식과 대응』(서울: 통일연구원, 2011).

헨리 키신저 저, 권기대 역, 『헨리 키신저의 중국이야기』(서울: 민음사, 2012).

현성일, 『북한의 국가전략과 파워엘리트』(서울: 선인, 2007).

홍정표·장즈롱 지음, 『현대 중국외교론』(서울: 나남, 2011.4).

후나바시 요이치 지음 / 오대영·김동호 옮김, 『축의 이동; SHIFT OF AXIS』(서울: 중앙books, 2010).

〈논문, 글〉

강근형, "국제정치의 성격 변화와 패권이론,"『국제정치논총』, 제35집 2호 (1996), pp. 5–38.

강용범, "북한 핵문제와 중국–북한 관계의 현황,"『한국동북아논총』, 제41호 (2006), pp. 427–446.

강정일, "북중동맹의 공고성에 관한 연구,"『전략연구』, 통권 제54호 (2012), pp. 127–153.

고수석, 『북한·중국 동맹의 변천과 위기의 동학』(고려대학교 박사학위논문, 2007).

김갑식, "동북아 지역안보패러다임과 북핵문제,"『통일문제연구』, 제21권 2호 (2009), pp. 1-42.

김강일, "중국의 동북아전략과 대한반도정책,"『JPI정책포럼』, Vol. 19. (2009), pp. 1-14.

김경일, "중국의 부상과 동아시아 지역질서 변화,"(서울대학교 통일평화연구원 창립 6주년 기념 HK평화인문학연구단 학술회의 발표문, 2012).

______, "북중관계 현황과 변화 전망,"『제114회 흥사단 금요통일포럼 자료집』(2011).

김순수,『중국의 한반도 안보전략과 군사외교』(경남대 북한대학원 박사학위논문, 2010).

김영호, "신현실주의(Neorealism)의 비판적 고찰,"『국제정치논총』, 제37집 2호 (1997), pp. 3-23.

김예경, "중국의 부상과 북한의 대응전략: 편승전략과 동맹, 유화 그리고 현안별 지지정책,"『국제정치논총』, 제47집 2호 (2007), pp. 75-96.

김용호, "비대칭동맹에 있어 동맹신뢰성과 후기 동맹딜레마: 북·중 동맹과 북한의 대미 접근을 중심으로,"『통일문제연구』, 제13권 2호 (2001), pp. 5-37.

김정은, "우리의 사화과학은 온 사회의 김일성-김정일주의화위업수행에 적극 이바지하여야 한다,"(평양: 조선노동당출판사, 주체101(2012)년), pp. 1-23.

김태운, "신현실주의와 신자유주의의 국제정치관 – 인식과 공유의 차이,"『정치정보연구』, 제8권 제2호 (2005), pp. 190-211.

______, "미중간 세력전이 가능성과 동북아 안보협력질서," 『아시아연구』, 제12권 제1호 (2009), pp. 3-33.

김한권, "미국의 현실주의적 대(對)중국 전략하의 중국·인도 관계," 『주요국제문제분석』(외교안보연구원, 2010).

김현욱, "미중관계와 한반도 정세 분석," 『주요국제문제분석』(외교안보연구원, 2011).

김흥규, "후진타오 신외교노선과 북중관계," 『주요국제문제분석』(외교안보연구원, 2008).

______, "중국의 동반자외교 小考 –개념, 전개 및 함의에 대한 이해," 『한국정치학회보』, 제43집 제2호 (2009), pp. 287-305.

______, "미·중 갈등과 북핵문제," 『주요국제문제분석』(외교안보연구원, 2010 봄).

______, "변화하는 북중관계와 한국의 국가전략," 『제114회 흥사단 금요통일포럼 자료집』(2011).

______, "김정은 정권의 출범과 중국의 대북정책," 『통일방송연구』(KBS 남북협력기획단, 2012).

______, "한반도 통일에 대한 중국의 입장 및 역할, 대중정책에 대한 함의와 더불어,"(흥사단 세미나 발제문, 2012).

______, "신 북중시대의 한국의 대북정치·안보정책 과제," 『신 북중 경협시대의 한국의 대북정책과제』(KIEP 국제학술회의 발제문, 2010).

남상수, "근대적 시공간의 탄생: 한반도 인식의 지정학적 기원과 중국," 『세계정치』, 제25집 1호 (2004), pp. 174-204.

남종호, "중국의 북한 재인식과 전망," 『국제지역연구』, 제11호 (2007), pp. 213-229.

문흥호, "후진타오 집권기 중국의 대북한 인식과 정책: 변화와 지속,"『북한, 어디로 가는가?』(서울: 도서출판 플래닛미디어, 2009), pp. 15-44.

______, "후진타오 집권기 중국의 대북한 인식과 정책,"『중소연구』, 제33권 2호 (2009), pp. 15-47

巴殿君(바덴쥔), "탈냉전시기 중국과 한국의 대북정책 및 그 역할,"『북한학연구』, 3권 1호 (2007), pp. 57-77.

박규태, "중국의 대북관계: 전통적 우호협력관계의 특성,"『중국연구』, Vol. 22 (2003), pp. 53-70.

박동훈, "중국의 대북정책 변화와 중한관계: 천안함 사건 이후를 중심으로,"『한국과 국제정치』, 제27권 제2호 (2011년 여름), pp. 119-147.

박동훈·강용범, "중국의 대북정책 논리와 북중관계,"『국제문제연구』, 제11권 제3호 (2011 가을), pp. 117-146.

박병광, "후진타오시기 중국의 대북정책 기조와 북핵 인식: 1·2차 핵실험 이전과 이후의 변화를 중심으로,"『통일정책연구』, 제19권 1호 (2010), pp. 55-78.

______, "북미관계 개선과 중국의 입장,"『주간국방논총』, 제1180호 (2007), pp. 31-52.

______, "중국의 군사적 부상과 동북아 안보: 군사력 증강 현황과 파급영향을 중심으로,"『국제문제연구』(2010. 가을), pp. 27-59.

박인휘, "중국과 동북아 국제관계: 중국의 대외정책분석과 지정학적 특성,"『중소연구』, 제25집 1호 (2001), pp. 57-83.

______, "G2시대의 세계질서 전망과 한국의 외교정책,"『정책연구』, 통권 169호 (2011 여름호), pp. 1-31.

박종철, "북·중관계 연구현황에 관한 분석,"『사회과학연구』, 제34호 (2010), pp. 80-102.

박창희, "지정학적 이익 변화와 북·중 동맹관계: 기원, 발전, 그리고 전망,"『중소연구』, 제31집 1호 (2007), pp. 27-57.

______, "북한급변사태와 중국의 군사개입 전망,"『국가전략』, 2010년 제16권 1호 (2010), pp. 31-59.

박홍서, "신현실주의 이론을 통한 중국의 대한반도 군사개입 연구 – 1592년, 1627년, 1894년, 그리고 1950년 사례를 중심으로,"『한국정치학회보』, 제40집 4호 (2006), pp. 181-200.

______, "북핵위기시 중국의 대북 동맹안보딜레마 관리 연구,"『國際政治論제28권 (2001), pp. 331-351.

박휘락, "천안함 사태 이후 동북아시아 세력정치(power politics)의 잠재성과 한국의 정책 방향,"『외교안보연구』, 제6권 제2호 (2010), pp. 1-33.

민병원, "국제관계 연구의 인식론 – 웬트의 과학적 실재론에 대한 메타이론적 고찰,"『國際政治論叢』, 제50집 2호 (2010), pp. 7-33.

배식한, "가설연역법을 활용한 학술적 글쓰기 교육,"『교육교양연구』, 제2권 제1호 (2008), pp. 149-170.

변창구, "중국의 동아시아 전략과 동아시아공동체 구상,"『한국동북아논총』, Vol. 59 (2011), pp. 5-23.

徐 勇, "20世纪中国地缘战略与炕美援朝战争关系,"『동북아 국가와 민족관계』(육군사관학교 제13회 화랑대 국제심포지엄 논문집, 2006), pp. 87-105.

서정경, "동아시아지역을 둘러싼 미중관계: 중국의 해양대국화를 중심으로,"『國際政治論叢』, 제50집 2호 (2010), pp. 87-114.

서진영, "후진타오 체제의 중국과 북한 핵문제: 중국의 대한반도 정책
　　은 변화고 있는가?,"『동아시아연구』, 제7호 (2003), pp. 9-34.
스인홍, "북핵문제와 한반도에 대한 중국의 대응,"『2010년도 한반도
　　정세전망과 북핵문제』(국가안보전략연구소 국제학술회의 발표문,
　　2009).
신상진, "중국의 대북한 인식변화 연구,"『통일정책연구』, 제17권 제1호
　　(2008), pp. 265-291.
＿＿＿, "중국의 대북정책과 6자회담,"『북한경제리뷰』, 2011년 1월호
　　(KDI, 2011.1), pp. 29-54.
＿＿＿, "후진타오 집권 초기 중국의 대북정책 결정 요인 분석,"『북한
　　연구학회보』, 제10권 1호 (2006), pp. 207-228.
신종호, "중국의 외교정책결정 구조 변화 및 한반도에 대한 시사점,"
　　『CEO REPORT』, No. 33 (2009), pp. 1-21
안인해, "북핵실험이후: 중국의 대북정책 현황과 전망,"(한국국제정치학
　　회 하계 학술회의, 2006), pp. 210-232.
양준희·박건영, "신고전적 현실주의(Neoclassical Realism) 비판,"『國際
　　政治論叢』, 제51집 3호 (2011), pp. 7-26.
＿＿＿, "월츠의 환영(幻影),"『한국과 국제정치』, 제27권 통권 74호
　　(2011), pp. 63-79.
양준희, "월츠의 신현실주의에 대한 웬트의 구성주의의 도전,"『國際政
　　治論叢』, 제41집 3호 (2001.11), pp. 25-46.
오승렬, "북·중관계 결정 요인과 한국의 대응전략,"『통일과 평화』, 제4
　　집 1호 (2012), pp. 37-67.

원동욱·김재관, "중국의 대북 정책과 동맹의 딜레마: 천안함 사건을 중심으로," 『현대중국연구』, 제12집 1호 (2010), pp. 31-63.

이근욱, "현실주의 이론의 새로운 변화," 『전략연구』, 통권 제38호 (2006), pp. 211-225.

이기현, "중국의 대북정책과 북중동맹의 동학," 『JPI정책포럼 발표자료집』, Vol. 71 (2011), pp. 1-17.

이남주, "북중관계 발전을 어떻게 볼 것인가?," 『KNSI 현안진단』, 24호 (2006), pp. 3-4.

______, "중국 대북정책의 변화와 북한의 개혁개방," 『통일한반도와 동아시아공동체』(KIFS 제9차 미래전략포럼 발표문, 2011).

이동률, "변화하는 중국과 북중관계," 『한반도와 중국: 비전과 과제』 (코리아연구원 국제학술회의발표문, 2011).

______, "중국의 대북전략과 북중관계, 2010년 이후 김정일의 중국 방문 결과를 중심으로," 『세계지역연구논총』, 29집 3호 (2011), pp. 297-320.

이동준, "중국인의 대북인식과 북중동맹," 『평화연구』, 제20권 2호 (2012년 가을호), pp. 365-388.

이상숙, "데탕트 시기 북중관계의 비대칭 갈등과 그 영향," 『한국정치학회보』, 제42집 제3호 (2008), pp. 439-456.

______, "북중우호조약의 현대적 함의와 양국관계," 『주요국제문제분석』 (외교안보연구원, 2011).

이선진, "동남아, 미국과 중국의 각축장," 『국가와 정치』, 제18집 (2012), pp. 1-20.

이성일, "한중중국교정상화 이후 중국의 대북 영향력 변화에 관한 고
찰 – 북중관계의 변용을 중심으로-,"『동북아문화연구』, 제28집
(2011), pp. 385-405.

이수형, "G-2 체제와 한국의 외교안보전략 모색,"(국회입법조사처 용역
보고서, 2011).

______, "국제체제의 변화가 동맹의 유형 및 기능에 미치는 영향,"『국
방연구』, 제52권 제2호 (2008), pp. 111-132.

이영형·김승준, "유라시아 동부지역 Pivot area의 성격과 북핵 6자
회담에 참가하는 주변 4강의 개입전략에 대한 지정학적 해석,"
『OUGHTOPIA』, 제22호 (2007), pp. 203-230.

李章源, "동아시아의 미중 갈등과 한중관계: 세력전이론적 시각에서,"
『중소연구』, 제35권 제2호 (2011 여름), pp. 43-76.

이정남, "냉전기 중국의 대북정책과 북중 동맹관계의 동학,"『평화연
구』, 2011년 봄호 (2011), pp. 125-154.

______, "중국 대북정책의 변화와 북한의 개혁개방,"(KIFS 제9차 미래
전략포럼 발표문, 2011).

이종석, "북중경제 협력의 심화 특징과 함의,"『정세와 정책』, 7호 (2011),
pp. 9-124.

______, "탈냉전기 북한-중국관계: 지속성과 변화," 이종석 외, 『김정일
체제의 북한: 정치외교·경제·사상』(서울: 아연출판사, 2004).

이철승, "모순론과 중국 현대철학의 동향,"『진보평론』, 2001년 겨울호,
제10호 (2001), pp. 283-304.

이초식, "科學的 認識에 있어서 發見과 正當化의 맥락에 관한 考察,"
『철학』, 제26집 (1985), pp. 79-105.

이태환, "북한의 2차 핵실험과 중국,"『정세와 정책』, 2009년 7월호, pp. 1-5.

______, "한반도 통일에 대한 중국의 입장,"『세종정책연구』(2011년도 후반기).

이희옥, "김정은 정권의 출범과 중국의 대북정책,"『통일방송연구』(KBS 남북협력기획단, 2012).

______, "중국의 부상과 미중관계의 새로운 변화: 중첩의 확대와 갈등의 일상화,"『외교안보연구』, 제6권 제2호 (2010), pp. 37-68.

______, "김정일 방중, 중국 그리고 6자회담,"『한반도포커스』, 제7호 (경남대학교 극동문제연구소, 2010).

장용석, "북한의 자주-의존의 딜레마와 헤징전략,"(평화재단 평화연구원 제54차 전문가포럼 발표문, 2012. 5.22), pp. 43-82.

______, "북·중관계의 성격과 중국의 부상에 대한 북한의 인식,"『평화와 통일』, 제4집 1호 (2012), pp. 69-97.

전병곤, "중국의 북핵 문제 인식과 중북 관계의 변화,"『중국학연구』, 제35집 (2006), pp. 259-282.

______, "중국의 북핵 해결 전략과 대북 영향력 평가,"『국방연구』, 제54권 제1호 (2011), pp. 25-50.

전성흥, "[시론] 중국, '포스트 김정일 북한' 先占하다,"『조선일보』, 2011년 12월 23일.

______, "두개의 한국정책 바로보기," http://blog.naver.com/PostPrint. nhn?blogId=lestephan&logNo=50094533843 (2012.11.18 검색)

정경영, "미중분쟁 가능성과 한국의 안보전략,"『군사논단』, 제64호 (2010), pp. 99-122.

정세현, "모택동의 우와 적 개념 – 모순론을 중심으로," 『안보연구』 (1980), pp. 103-117.

정욱식, "미·일 동맹의 재편과 동북아의 미래," 『역사비평』, 제72호 (2005), pp. 171-197.

정종욱, "정상회담 이후 중국의 한반도정책," 『제주대학교 논집』, 제12집 (2001).

정천구, "중국의 대외정책과 남북한 통일문제," 『통일전략』, 제10권 제2호 (2010), pp. 189-235.

조영남, "중국의 부상과 동아시아 지역질서의 변화," 『중소연구』, 제34권 제2호 (2010), pp. 41-70.

조준래, 『중국의 대북한관계 특수성 연구』(한국외국어대학교 박사학위논문, 2001).

주장환, "중국의 동아시아정책과 한반도," 『KNSI 특별기획』, 제25-2호 (2009), pp. 1-31.

주재우, "한반도 통일에 대한 중국의 담론," 『글로벌정치연구』, 제3권 제2호 (2010), pp. 63-84.

주형민, "미중관계의 과거, 현재, 미래: 협력자 혹은 경쟁자," 『평화연구』, 제19권 제1호 (2011), pp. 75-123.

채규철, "북중간 갈등상태와 관계 재정립 가능성," 『국제문제연구』 (2008 봄), pp. 87-118.

청샤오허(成小河), "최근 북중 정치·외교관계의 특징과 시사점," 『신(新) 북-중 경협시대의 한국의 대북정책 과제』(KIEP 주최 국제학술회의 발제문, 2010).

최강·박준성, "천안함 사건 이후의 한반도 주변 안보정세와 주요 도
전,"『전략연구』, 통권 제50호 (2010), pp. 69-97.

최명해, "북한의 대중 '의존'과 중국의 대북 영향력 평가,"『주요국제문
제분석』(외교안보연구원, 2010).

______, "1960년대 북한의 대중국 동맹딜레마와 '계산된 모험주의,"
『國際政治論叢』, 제48집 3호 (2008), pp. 119-148.

______, "북한의 2차 핵실험과 북중관계,"『국방정책연구』, 제25권 제3
호 (2009년 가을), pp. 115-147.

최우선, "중국의 부상과 미국의 대응,"(『주요국제문제분석』(외교안보연
구원, 2011).

하도형, "중국의 대외정책의 전환에 관한 연구- 조화세계의 제기와 전
략적 의도를 중심으로,"『동아연구』(2008.2), pp. 167-191.

한광희, "중국의 대한반도 정책 결정 요인: 북한 핵실험과 천안함 사건
에 대한 대응비교,"『EAI, Security Brifings Series』, No.3 (2010).

한석희, "6자회담'과 중국의 딜레마,"『國際政治論叢』, 제45집 1호
(2005), pp. 175-200.

______, "탈냉전 시기의 중국의 대한반도 정책: 중국의 국가이익과 주
변안정, 그리고 한반도 정책,"『연세사회과학연구』, 제7집 (2001), pp.
69-89.

한홍구, "민생단 사건의 비교사적 연구,"『한국문화』, 25 (2000).

허문영·마민호, 『중국의 부상에 대한 북한의 인식과 대응』(서울: 통일
연구원, 2011).

황재호, "중국의 굴기(The Rise of China): 겸손과 오만사이,"『국제정
치논총』, 제49집 5호 (2009), pp. 383-390.

기타 각종 남북한 언론보도 자료 등

2. 영문자료

Chang, Gordon G., "Policy Implications of China-North Korean Relations," Inter national Journal of Korean Studies, Vol.XVI No. 1 (Spring 2012).

Gilpin, Robert, War and Change in world Politics (UK: Cambridge University Press, 1981).

Glaser, Bonnie S., "China's Policy in the Wake of the Second DPRK Nuclear Test," China Security, Vol. 5, No. 2 (2009).

Park, Han S., "North Korea as a U.S.-China Flashpoint?," Korea Review, Vol. II, No. 2 (November 2012).

Harding, Harry, "Change and Continuity in Chinese Foreign Policy," Problem of Communism (March-April, 1983).

Lee, Heeok, "China's Rise and China's Policies toward Strategic Neigh bors Southeast Asia: A Regional Approach," China and Its Strategic Neighbors (경남대학교 개교 65주년기념 국제학술회의, 2011.6.3).

Huang Fengzhi·Jin Xin, "Assessment of North Korea Nuclear Six-Party Talks", CIR, Vol. 22 No. 1 (January/Februaryn 2012).

Liu Ming, "Some Thoughts on Recent Korean Peninsula Neclear Devel opment," 「大国关系与东亚热点问题」, 國際研討會 (2009.6.15).

______, "China's Role on the Korean Penninsula: Its Characteristics and Development," Joint US-Korea Academic Studies (Washington, D.C.: KEI, 2001), Vol. 11.

Miasnilov, Valdimir S., "China's North Korea Policy: The first Step Toward New Relations", 『중소연구』, 19(1).

Martine, Dora A. E., "China's Approach to Co-existing with its Neigh bors," Second World Forum on China Studies (SASS Press, 2008.3).

Mearsheimer, John J., The Tragedy of Great Power Politics (New York: W.W. Norton & Company, 2001).

Organski, F. K., World Politics (Second ed. New York: Alfred A. Knopf, 1968).

Rozman, Gilbert, "China's Foreign Policy: Who makes It and How is It made," (The Asian Institute for Policy Studies, May 19–21, 2011).

Shambaugh, David, "China and Korean Peninsula: Playing for the Long Term," The Washington Quarterly, Vol. 26 No. 2 (2003).

Kim, Samuel. S., "The Making of China's Korea Policy in the Era of Reform," in David M. Lampton, ed., The Making of Chinese Foreign and Security Policy in the Era of Reform (Stanford: Stanford University Press, 2001).

Scobell, Andrew, "China and North Korea: From Comrades-in-Arms to Allies at Arm's Length," SSI(Strategic Studies Institute) Monograph (March 2004).

Sutter, Robert, "China and North Korea after the Cold War: Wariness, Caution, and Balance," International Journal of Korean Studies, Vol.XIV, No. 1 (Spring 2010).

Tan Youzhi, "Public Diplomacy and China's National Image, Contem porary International Relations," 『现代国际关系(英文版)』, 2012年 02期.

Tang Yongsheng, "Reflections on How to Handle Possible Changes in the Korean Peninsula, Contemporary International Relations," 『现代国际关系(英文版)』2012-02-15.

Walt, Stephen M., The Origins of Alliances (Ithaca: Cornell University Press, 1987).

Waltz, Kenneth N. Theory of International Politics, Reading (Mass.: Addison Wesley, 1979).

______, "A Response to My Critics," Robert O. Keohane, ed. Neorealism and its Critics (New York: Columbia University Press, 1986).

Wendt, Alexander, Social Theory of International Politics (Cambridge: Cambridge University Press, 1999).

Shi, Yinhong, "China and the North Korean Nuclear Issue: Competing Interests and Persistent Policy Dilemma," Korean Journal of Defense Analysis, Vol.21, No.1 (March 2009).

Yu, Yingli, "China and Competing for World Power," China and Its Strategic Neighbors, (경남대 극동문제연구소·프리드리히 나우만 재단 주최 경남대학교 개교 65주년기념 국제학술회의, 2011.6.3).

Ji, You, "Understanding China's North Korea Policy," China Brief, Vol.4, Issue 5 (March 3, 2004).

Zhu Feng, "Cheonan Impact, China's Response and the Future of Northeast Asian Security," 『전략연구』, 제49호 (2010.7).

______, "On Obama's Asia-Pacific Strategy, Contemporary International Relations," 『現代国际关系(英文版)』, 2012年 01期.

Zhu Feng and Nathan Beauchamp-Mustafaga, "Chinese Policy Toward North Korea in the Post-Kim Jong Il Era," Korea Review, Vol. Ⅱ, No. 2 (November 2012).

3. 중문자료

〈단행본〉

鄧毅平(떵이핑), 『朝鮮半岛 -地緣環境的挑戰与應戰』(上海古籍出版社, 2005).

蓮玉明(랜위밍)·武建忠(우잰중) 主編, 『中國國力報告: 2010-2011』(中國時代經濟出版社, 2011).

劉長敏(류창민), 『論朝鮮核問題解決中的國際斡旋與調停』(中國法政大學出版社, 2007).

劉金質(리우진즈)·楊准生(량준성), 『中國對朝鮮·韓國文獻選編, 1949-1994』(北京: 中國社會科學出版社, 1994).

刘金质(리우진즈) 外 3人 編, 『中国与朝鲜半岛国家关系文件资料汇编, 上·下』(北京: 世界知识出版社, 2006).

劉靜波(리우징버) 主編, 『21世紀初中國國家安全戰略』(北京: 時事出版社, 2006).

門洪華(먼훙화) 著, 『構建中国大戰略 – 國家實力, 戰略觀念与國際制度』(北京大学出版社, 2005).

宋越來(숭우에라이) 著, 『中國策 – 新世紀,大視野与我們的治國方略』(武漢出版社, 2010).

叶自成(예즈청), 『中國大戰略』(北京: 中國社會科學出版社, 2003).

汪高鑫(왕고신)·程仁桃(청런타우), 『东亚三国, 古代关系史』(北京工业大学出版社, 2006).

王東福(왕둥푸) 著, 『朝鮮半島与東北亞國際關係史研究』(延邊大學出版社, 2002).

王小甫(왕샤오푸) 主编, 『盛唐时代东北亚政局』(上海辞事出版社, 2003).

杨 毅(양이) 主編, 『中国國家安全戰略構想』(北京: 時事出版社, 2008).

杨军(양쥔)·王秋彬(왕추빈), 『中国与朝鲜半岛关系史论』(北京: 社会科学文献出版社, 2006).

越啓正(우왜치정) 外 2人, 『對話: 中國模式』(北京: 新世界出版社, 2010).

魏志江(워이즈쟝), 『中朝关系史研究』(中山大学出版社, 2006).

张幼文(장유원)·黄仁伟(황런워이), 『中国国际地位报告』(北京: 人民出版社, 2008).

朱 锋(주펑), 『国际关系理论与东亚安全』(中国人民大学出版社, 2007).

中國 國務院新聞辦公室, 『中國的和平發展白書』(2011.9.6).

中國未來走向 編寫組 編, 『中國未來走向 – 聚焦高層決策与國家戰略布局』(北京: 人民大出版社, 2009)

金骏远(진쥔왠), 『中国大战略与国家安全』(中国社会科学出版社, 2008).

陈常胜(천창성), 『中韩交流三千年』(中华书局出版, 1997).

陳峰君(천펑쥔)·王傳劍(왕촨잰), 『亞太大國与朝鮮半島』(北京大學出版社, 2002).

楚樹龍(추수룽) 編, 『中國外交戰略和政策』(北京: 時事出版社, 2008).

楚树龙(추수룽)·金威(진워이), 『中国外交战略和政策』(北京: 时事出版社, 2008).

朴键一(퍄우잰이), 『中国与朝鲜半岛的研究』(北京: 民族出版社, 2006).

胡鞍钢(후안강), 『中国崛起之路』(北京大学出版社, 2007).

______, 『中国大战略』(浙江人民出版社, 2003).

〈논문, 글〉

龚克瑜(궁커위), "中国在朝核问题上的国家利益作用和前瞻性思考," 『国际观察』, 2008年 第2期.

______, "巧解中朝之惑," 『當代世界』(2009.7).

任卫东(런웨이둥), "朝鲜半岛形势发展基本逻辑," 『中国国防报』(2010-12-07, 009).

刘 鸣(류밍), "中国与亚太地区关系30年," 『中国对外开放30年 学术研讨会』(上海社会科学院, 2008.11.13-14).

刘鸣(류밍)·刘阿明(류아밍), "朝鲜核试验与核发展趋势: 评价与展望," 『上海社会科学院朝鲜半岛研究中心 专题研究报告 NO.1』, (2007.1).

刘建飞(류잰페이), "国际金融危机背景下的中国对外战略站," 『中国外交』(中国人民大学, 2008.6).

刘金质(류진즈), "中国对朝鲜半岛国家的政策," 『世界经济与政治论坛』, 2007年 第05期.

李南周(리난저우), "朝鲜的变化与中朝关系——从'传统友好合作关系'
    到'实利关系,"『现代国际关系』, 2005年 第9期.

李欣欣(리신신), "关于推动中朝边境经贸合作的新突破 -黄金坪经济区
    开发建设的几点建议,"『特區经济』(2012.5).

李元烨(리왠화), "东北亚地缘政治与中美对朝鲜半岛的政策,"『韩国学论
    文集』第十二辑.

李俊(리쥔)·江范硕(쟝판쉬), "中朝经贸关系发展现状与前景展望,"『東北
    亞論壇』, 2012年 第2期 总第100期.

陸俊元(리쥔웬), "中國在韓半島的安全利益與對策,"『東北亞研究』(長
    春: 吉 林社會科學院, 1997).

李成仁(리청런), "睦隣友好促進全面合作, 黨的對外工作理論與實踐,"
    『當代世界』(2010.10).

林利民(린리민). "未来十年中美关系的'范式'选择与中国对美战略",『国
    际关系学院学报』, 2012(02).

______, "国际政治大趋势与中国新机遇,"『中国国防报』, 2012-05-22
    (021).

______, "未来十年中美关系的'范式'选择与中国对美战略,"『国际关系
    学院学报』, 2012(02).

______, "世界地缘政治新变局与中国的战略选择,"『现代国际关系』,
    2010年 第4期.

马荣升(마잉성)·程炜(청웨이), "复活冷战体制,势将危及地区和平,"『中国
    国防报』, 2012-07-24.

满海峰(만하이펑), "新时期中朝关系定位与中朝边境地区经济合作发
    展,"『辽东学院学报(社会科学)』(2011).

门洪华(먼훙화), "中国的崛起与东亚安全秩序的变革," 『国际观察』, 2008年 第2期.

______, "中國東亞戰略的展開," 『當代亞太』, 2009年 第1期.

孟庆义(멍칭이), "朝鲜半岛统一问题研究的新视角," 『东南大学学报(哲学社会科学版』, 2010年 05期.

傅梦孜(부멍즈), "关于中国国际影响力问题的若干思考," 『现代国际关系』, 2011年 01期.

沈丁立(선딩리), "東亞: 熱戰不熱, 冷戰不冷" 『社會觀察』(2012.6).

孙秋枫(순츄펑)·张婷婷(장팅팅), "试论朝鲜货币人民币化的可能性," 『社会科学战线』, 2012年 第1期.

时殷弘(스인훙), "中国对如何面," 『中国新闻周刊』(2009.6).

袁鹏(아이펑), "关于构建中美新型大国关系的战略思考," 『现代国际关系』, 2012年 05期.

扬毅(양이) 外, "中国周边外交战略: 历史, 现壮与未来," 『当代亚太』, 2009年 第11期.

延静(앤징), "1992年钱其琛秘访朝鲜," 『领导文萃』, 2011.1 (上).

王洛林(왕루어린), "加强東北邊境研究, 促進學科建設," 馬大正 主編, 『中國東北邊疆研究』(北京: 中國社會科學出版社, 2003).

王木克(왕무커), "中朝互助条约的存与废," 『世界知识』(2011.14).

王湘穗(왕샹수이), "以经济合作推动东北亚安全," 『现代国际关系』, 2012年 01期.

王逸舟(왕이조우), "中国外交十特色," 『中国外交』(中国人民大学, 2008.8).

王 帆(왕판), "中国的大国和平战略," 『中国外交』(中国人民大学, 2009.2).

吳白乙(우바이이), "對中國外交重心与周边秩序構建几点思考,"『当代亚
　　太』, 2008年 第3期.

牛新春(우신춘). "中美关系: 相互尊重才能建立战略互,"『中国国防报』,
　　2012-05-15 (021).

禹颖子(유잉즈), "近期中朝边境地区经济合作发展趋势剖析,"『社会科
　　学战线』, 2012年 第1期.

于美华(위메이화), "中朝关系究竟怎么样,"『世界知识』, 2008年 第4期.

魏志江(워이즈쟝), "朝鮮棄核背景下的中國對北核政策"(KIDA 주최 제
　　1회 북한군사포럼 발제문, 2008.11.20).

魏志江(위이즈쟝)·谢洋(쎄양), "论朝鲜弃核和美国奥巴马政权上台后中国
　　对朝核问题的政策选择,"『当代韩国』(2008年 冬季号).

张东明(장둥밍), "关于中朝产业开发与合作问题的几点思考,"『東北亞論
　　壇』, 2011年 第5期 总第97期.

張璉瑰(장랜구어이), "朝鮮追求和平協定目的何在,"『環球時報』
　　(2010.2.26).

______, "朝鮮核問題與我國安全,"『領導者』, 第44期 (2012.2).

______, "朝鮮核問題現狀與美國責任,"『東北亞學刊』, 2012年 5月 第2
　　期(總第2期).

张保平(장바오핑), "我国边境安全的基本态势,"『中国外交』(中国人民大
　　学, 2008.9).

张文木(장원무), "天安舰事件后东亚战略形势与中国选择,"『太平洋学
　　报』, 第18卷 第11期 2010年 11月.

张蕴岭(장윈링), "构建中国与周边国家之间的新型关系,"『中国外交』(中
　　国人民大学, 2008.3).

张玉山(장위산), "朝鲜经济政策的变化对长吉图通道建设的影响," 『東北亞論壇』, 2011年 第4期 总第96期.

郑永年(정융롄), "中国大国思维与大国责任," 『中国外交』(中国人民大学, 2008.11).

朱辽野(주랴우에), "后朝核时期的中朝关系走势," 『辽东学院学报(社会科学版)』, 第12卷 第6期 2010年 12月.

朱 锋(주펑), "2008年朝核问题走势," 『现代国际关系』, 2007年 第12期.

______, "后天安舰时代半岛无核化进程评析," 『现代国际关系』, 2011年 第10期.

______, "东亚安全局势: 新形势, 新特点与新趋势," 『现代国际关系』, 2010年12期

季志业(지즈예), "换班年'令朝鲜半岛充满不确定性," 『现代国际关系』, 2012年 01期.

金景一(진징이)·金强一(진챵이), "朝鲜半岛的地缘政治意义及其对我国的影响研究," 『延边大学学报(社会科学版)』, 第41卷 第4期 (2008.8).

金 哲(진쩌), "新阶段中朝经贸合作的新特点及新思路," 『当代亚太』, 2010年 第6期.

金灿荣(진찬룽), "东北亚新变局与'后金正日时代'的朝鲜半岛," 『现代国际关系』, 2012年 第1期.

金灿荣(진찬룽)·刘世强(류시챵), "未来十年的世界与中国: 国际政治视角," 『现代国际关系』, 2010年 S1期.

金强一(진챵이), "解决朝鲜半岛问题的方法'视角及路径选择," 『東北亞論壇』, 2012年 第2期 总第100期.

_______, "中美日东北亚战略框架之中的朝鲜半岛问题——朝鲜半岛问题
　　与东北亚大国战略指向关联的研究,"『东疆学刊』, 2008年 03期.

曹楚(차오추), "朝鲜不是中國的王牌而是戰略不資産,"『西陸網』, 2012
　　年 6月 6日.

蔡建(차이잰), "朝核危机再起中国如何对应,"『世界知识』, 2009年 第9
　　期. 2005年 3月.

陈龙山(천룽산), "朝鲜半岛统一问题略论,"『东北亚研究』, 1999年 第2期.

陈向阳(천상양), "朝鲜半岛紧张局势及其走势,"『国际资料信息』, 2011年
　　第1期.

陣君(천쥔), "中朝重開首腦外交,"『中國新聞周刊』(2010.11).

陈峰君(천펑쥔), "朝鲜半岛和平统一中国乐观基成,"『东北亚研究』, 2001
　　年 第1期.

_______, "21世紀朝鮮半島對中國的戰略意義,"『國際政治研究』, 2001
　　年 第4期.

权哲男(촨저난), "朝鲜对外贸易结构特征及其对中朝经贸关系的影响,"
　　『延边大学学报(社会科学版)』, 2011年 6月 第44卷 第3期.

崔立如(최이리루), "朝鲜半岛安全问题: 中国的作用,"『现代国际关系』,
　　2006年 第9期.

楚树龙(추수룽), "东北亚战略形势与中国,"『现代国际关系』, 2012年 01期.

楚树龙(추수룽)·郭宇立(궈위리), "中国'和平发展'战略及模式,"『现代
　　国际关系』, 2008年 第2期.

楚树龙(추수룽)·陈松川(천숭촨), "美国在走向衰退吗?,"『现代国际关
　　系』, 2011年 第4期.

仇發華(슈파화), "中國在朝鮮核問題上的作用及其受局限的原因分析,"
『東北亞論壇』第14券 第2期.

祁怀高(치화이고우), "溫家寶的 訪朝意義," 『世界知识』(2009.20).

唐世平(탕스핑)·綦大鹏(치따펑), "中国外交讨论中的中国中心主义与美国
中心主义," 『中国外交』(北京: 中国人民大学, 2009.3).

康埈榮(캉쥔룽), "中國第五代領導人對韓半島政策展望," 『中国研究』,
第55券 (2011).

庞朕(팡랜), 杨鑫宇(양신위), "从同盟到伙伴: 中朝关系的历史演变,"
『重庆社会主义学院学报』, 2008 年 第3期.

何志工(허쟝궁)·安小平(안쇼우핑), "朝鲜半岛和平协定与和平机制,"
『东北亚论谈』, 2008年 第17卷 第2期.

和静钧(허징쥔), "金正恩执政后的中朝局势," 『時政觀察』(2012.6).

黄昭宇(황자오위), "中美建设性合作关系的动力与路径," 『国际关系学
院学报』, 2012-01-20.

黄凤志(황펑즈)·金新(진신), "朝核问题六方会谈机制评析," 『现代国际
关系』, 2011年 12期.

黄凤志(황펑즈)·呂平(뤼핑), "中国东北亚地缘政治安全探析," 『现代国际
关系』, 2011年 06期.

黄河吴雪(황허우쉐), "新形势下中国对朝外交政策的调整," 『東北亞論
壇』, 2011年 第5期 (总第97期).

胡明远(후밍웬), "朝鲜处理国际问题行为方式及中国的对策," 『理论观
察』, 2010年 04期.

기타 『人民日報』, 『環球時報』, 『新華通迅』, 『鳳凰衛星TV』, 각종 인터
넷 포털 사이트 등.